Dirk Stermann

Sechs Österreicher
unter den ersten Fünf

DIRK STERMANN

sechs österreicher
unter den ersten fünf

**ROMAN EINER
ENTPIEFKENISIERUNG**

ULLSTEIN

8. Auflage 2010

ISBN 978-3-550-08835-3

© 2010 by Ullstein Buchverlage GmbH, Berlin
Alle Rechte vorbehalten
Gesetzt aus der Swift
Satz: LVD GmbH, Berlin
Druck und Bindearbeiten: CPI – Clausen & Bosse, Leck
Printed in Germany

Für Christine

Wintersemester 1987/88. Ein Freund brachte mich mit seinem alten Taxi von Düsseldorf nach Wien. Wir fuhren lange nach Süden, dann nur mehr nach Osten. Meine Mutter kommt aus der DDR, mein Vater sagte deshalb immer, sie sei Russin. Ich fühlte mich auf den Spuren meiner Mutter.

1987 war Wien das Ende der Welt. Ich kannte niemanden, der schon einmal in Wien gewesen war. In Deutschland weiß man traditionellerweise sehr wenig über Österreich. Ich wusste immerhin, wie die Briefmarken aussahen, weil meine Großmutter im Sommer gern ins Salzburger Land fuhr. Dort lernte sie einmal das schwedische Skinationalteam kennen. Die schwedischen Skifahrer unterschrieben alle auf einer Autogrammkarte, die sie mir später freudestrahlend überreichte. Ich kannte niemanden davon, weil ich mich noch nie fürs Skifahren interessiert hatte. Meine Oma war enttäuscht, dabei kannte sie auch keinen der abgebildeten Skandinavier.

Meine Oma sagte gern: »Ich fahr wieder nach Österreich«, sie sagte aber auch: »Ich geh jetzt nach 2000« – so hieß ihr Supermarkt in Duisburg, ihrer Geburtsstadt und auch meiner. Nach 2000 – das klang sehr zielorientiert, war aber einfach nur ein Grammatikfehler.

Als Kind war ich einmal in Wien gewesen. Mein Bruder

lernte dort in der Kaisergruft das Pfeifen, zwischen den adeligen Knochen der Habsburger. Ich wiederum war beeindruckt von den prachtvollen Marmortoiletten im »Hotel Sacher«. So nobel hatte ich meine Kinderblase noch nie zuvor entleert. Das war Anfang der 70er Jahre. Damals fuhren Wiener noch nach München, um zu sehen, wie es im Westen ausschaut, erzählte mir später ein ORF-Techniker.

Prag, Bratislava, Budapest stand auf den Verkehrsschildern. Das hatte Mitte der 80er Jahre etwas von verbotener Welt, es klang geheimnisvoll, nach Eisernem Vorhang, furchterregend.

Mit fünfzehn war ich mal in der DDR gewesen, das war das Fremdeste, was ich jemals gesehen hatte. Fremder als Kairo oder Saigon. Dieses Gefühl hätte ich heute gern wieder einmal. Ewig schade, dass die Mauer fiel, denn jetzt ist überall alles gleich.

Eine einzige Tante meiner Mutter war alt genug gewesen, um uns einmal aus der DDR besuchen zu dürfen, nur Alte und Sterbende bekamen dort ein Ausreisevisum. Tante Olga war eine unangenehm dicke Frau ohne jede Herzlichkeit. Sie hatte lange Wunschlisten dabei und schenkte uns im Gegenzug für all die Jeans und Salamis ein selbstgehäkeltes Taschentuchsackerl, das ich damals noch nicht Sackerl genannt habe. Wie habe ich es stattdessen genannt? Tüte war es keine, Tüten sind aus Plastik, also habe ich wahrscheinlich Taschentuchtasche oder Taschentuchtäschchen gesagt. Tante Olga dürfte es egal gewesen sein, sie fuhr dann ja auch wieder zurück nach Magdeburg und verschwand für immer im kommunistischen Orkus.

Mit fünfzehn dann, auf Klassenfahrt in Leipzig, beeindruckte mich die diesige Dunkelheit am Abend. Keine Werbungen, kaum Beleuchtung, kein einziges Auto in Metallic. Aber in einem schwach erleuchteten Jugendzimmer sah ich durchs Fenster an der Wand ein Shakin'-Stevens-Poster. Natürlich war Shakin' Stevens Schrott, aber ich dachte, nun sieh mal einer an … Das Wohnhaus, in dem das Poster hing, war grau, und der Putz fiel von den Wänden. Durchs offene Fenster des Busses roch es unmodern, nach Kohleöfen und selbstgefördertem Öl.

Jahre später sagte mir eine Ostberlinerin, die nach der Wende einen Wiener geheiratet hatte, dass ihr Wien viel vertrauter sei als Westberlin. Das fühlte ich mit fünfzehn natürlich nicht, weil ich ja überhaupt nie an Wien und Österreich gedacht habe. Ich war gegen Amerika, fand Holland gut und das Mittelmeer – aber Österreich? Das war was für meine Oma.

Das Taxi meines Freundes hatte einen Motorschaden. Er fuhr daher direkt in eine Werkstatt im 3. Bezirk. Sie lag in einem Hinterhof. Der Mechaniker sah aus wie der Einbeinige bei *Kottan*, und auch der Hinterhof sah aus wie bei *Kottan*. *Kottan* war Pflichtschauen bei meinem Vater, obwohl bei dieser Serie die Rolle des namensgebenden Kommissars gleich zwei Mal neu besetzt wurde. »Der erste Kommissar war der beste Kottan«, lautete das Mantra meines Vaters, »hat sich umgebracht« der ständige Nachsatz. So lag über Wien für mich auch immer etwas Düsteres. Während mein Vater den Tod eher wienerisch sah – wenn es stimmt, dass der Tod ein Wiener ist. »Der hat's geschafft«, hieß es immer, wenn die Nachricht kam, dass jemand gestorben sei, und schon bei meiner Geburt hatte er zu den Krankenschwestern gesagt: »Der erste Schritt zum Tod.«

»Aber was alles dazwischen liegt ...«, versuchten es die Schwestern mit rheinischem Frohmut.

»Wenn's hochkommt, Not und Trübsal«, schmetterte mein Vater jeden Versuch ab, Optimismus für eine Option zu halten.

Mein Duisburger Urgroßvater hatte einmal in der Salzburger Innenstadt einer alten Frau auf die Wölbung ihres Hutes gehauen. Diese Wölbungen hatten ihn immer maßlos gereizt. Das Vakuum ließ ihm keine Ruhe, diese Wölbung musste er einfach hinunterdrücken. Er klopfte der Salzburger Pelzträgerin auf den Kopf und ihr die Kopfbedeckung auf diese Weise flach. »So wird aus dem Luftschiff ein Hut«, sagte er strahlend, während die Österreicherin den Kopf schüttelte und sich leichttat, dem Charme meines Uropas zu widerstehen.

Diese Geschichte kannte ich, aber das war, von *Kottan* abgesehen, auch die einzige Situation, in der meine Ruhrpott-Familie jemals mit Österreichern in Kontakt getreten war. Wobei mir jetzt einfällt, dass ich mit vier Jahren einmal im Sommer am Wörthersee war. Ein Bauernhof mit Pool. Mein Bruder war frisch geboren und schrie ununterbrochen, und ein Schwein wurde geschlachtet. Zu dieser Touristenattraktion wurde ich in den Stall geführt und sollte zusehen. Ich lief sofort wieder hinaus, aber in den nächsten Tagen musste ich immer an einer riesigen Tonne vorbei, die bis oben hin mit Blut gefüllt war. Die Schreie des Schweins habe ich noch immer im Ohr, die Schreie meines Bruders nicht mehr. Auch das war Österreich: gefährlich, mit Tonnen voller Blut. Ich war für die Einheimischen auch damals schon ein Piefke gewesen, wusste es aber nicht. Kinder wissen meistens noch

nicht, dass sie Tschuschen, Piefkes, Ösis, Kanaken oder Katzl-
macher sind.

Wenn man dann irgendwann draufkommt, dass man
Deutscher ist, ist das eine mittlere Katastrophe. Viel uncoo-
ler kann eine Nationalität nicht sein, spießig und schuldig,
na bravo, lieber Gott, was für eine Mischung. Darum gab ich
mich früh international. Lernte Sprachen, reise viel, und
wenn man mich fragte, woher ich kam, nuschelte ich ne-
bulös herum oder sagte »Europa«. Ich glaube, dass die Deutschen die EU unbedingt deshalb wollten, weil sie jetzt immer sagen können, sie seien Europäer.

Deutschland nervte, und Wien hatte 1987 als vorüberge-
hende Wahlheimat etwas Freakiges. Ich kannte niemanden
außer mir, der nach Wien ging, und fühlte mich allein schon
deshalb wohl. Deutschland hinter mir gelassen, Südosteu-
ropa vor mir – herrlich. Bereit für alles Fremde, ohne jedes
Vorurteil, weil ich mir ja noch nie Gedanken über dieses
Land und seine Bewohner gemacht hatte. Ich hatte keine Meinung zu Österreich und den Österreichern und freute mich
darüber. Womit ich nicht gerechnet hatte: Jeder Österreicher
hatte eine Meinung zu den Deutschen. Alle dort machten
sich von Kindesbeinen an Gedanken über Deutsche, Deutschland und typisch Deutsches, und ich war plötzlich, stärker als
je zuvor, »deitsch«, wie man nur deitsch sein kann.

Nachdem ich also gerade versucht hatte, Deutschland
hinter mir zu lassen, wurde ich in Wien zum täglichen
Deutschsein verurteilt. Am ersten Abend saß ich mit Hobby-
dramaturgen der »Gruppe 80« in einem Gumpendorfer Lokal. Man begann über Peymann zu schimpfen, was ja völlig
okay ist, aber man beschimpfte ihn aufgrund seiner Her-

kunft. Ich als naiver Internationalist versuchte die Wogen zu glätten, aber die Damen und Herren Freien Theaterschaffenden spuckten fast vor Erregung und brüllten: »Alle Deutschen sind präpotent!«

Als meine Oma mir bei meinem nächsten Heimaturlaub erzählte, sie sei nach 2000 gegangen, weil »et dort gerade so billige Kartöffelchen gibt, datt hat mir et Änne erzählt«, erklärte ich ihr, sie sei präpotent. Meine dicke Tante Lotte, fast 200 Kilo schwer und mit einer riesigen Tüte Chips in der Hand, nickte lachend und meinte: »Dent, datt is sicher watt mit die Zähne.«

»Prä Po Dent, das heißt, man hat hinten am Arsch Zähne«, erklärte Tante Lotte, während ihr Chipsbrösel auf den gewaltigen Busen fielen. »Datt is mein Zwilling. Ich wieg für zwei, bin aber allein auf die Welt gekommen, aber aus'm Steißbein wachsen mir Zähne. Datt isse. Oder er, weiß ich nich. Prä heißt hinten, ne, Dirk?«

Nach wenigen Wochen verließ ich meine präpotenten Verwandten wieder, die als Großsippe in einem Arbeiterhaus in Duisburg lebten. Drei Großonkel und mein Urgroßvater hatten zusammen nur zwanzig Finger, die anderen lagen in der Fabrik. Bei der Verabschiedung wusste ich nie, wem ich welche Hand geben sollte. Dem einen fehlten an der linken Hand Finger, dem anderen rechts. Ich fuhr, wie meine Oma mal richtig sagte, zurück »nach Wien«.

Dort grüßte mich täglich der Oachkatzlschwoaf. Wenig Beliebteres gibt es in Österreich, als Deutsche »Oachkatzlschwoaf« sagen zu lassen. Manchmal täglich, manchmal im Minutentakt. »Sag mal Oachkatzlschwoaf!« Noch nie hab ich irgendjemanden im Alltag »Oachkatzlschwoaf« sagen hören, und schon früher in Deutschland hab ich nie das Wort »Eichhörnchenschweif« gebraucht, nicht mal im Biologieunterricht.

Deutsche lieben es, wenn Wiener sprechen. Deutsche glauben, alle Wiener sprächen so wie André Heller. Für Wiener wiederum klingen Deutsche wie ein stotternder, knatternder Leopard-II-Panzer. Aber irgendwie gescheit. Als ich auf der Uni während eines Seminars mal pinkeln musste und mich mit den Worten meldete: »Entschuldigung, ich muss mal pinkeln«, hörte ich, wie eine Studentin ihrem Sitznachbarn zuflüsterte: »Mah, is der gscheit.« Aber vielleicht lag die Reaktion auch an dem Fach Theaterwissenschaft, wo so ein Satz schon ganz klug wirken konnte.

Auf dem Weg zum Klo fiel mir seinerzeit ein, dass mich einmal ein Steirer »Marmeladinger« genannt hatte, beim Frühstück, während er selber ein Marmeladenbrot aß. »Du isst ja selber Marmelade«, rief ich. »Ja, aber ihr Deutschen seid Marmeladinger«, sagte er und biss genauso wie jeder Deutsche ins Marillenmarmeladenbrot, das in Deutschland Aprikosenmarmeladenbrot heißt. Insofern sah ich mich eher als Aprikosinger denn als Marmeladinger. Ob Helmut Kohl eigentlich irgendwann mal zu seinem konservativen, österreichischen Parteifreund Andreas Khol gesagt hat: »Andreas, ich heiß Kohl, du heißt Khol, warum sagen's zu mir Piefke?«

War das alles wegen meines Urgroßvaters? Weil er der Frau in Salzburg auf den gewölbten Hut geklopft hatte?

Meine Würstelfrau vom »Naschmarktstadl« war die Erste, die das Eis brach. Ein Jahr lang aß ich bei ihr fast täglich eine Wurst, meistens Käsekrainer mit süßem Senf und Brot. Ein

Jahr lang sprach sie kein Wort mit mir, weder bei der Bestellung noch bei der Verabschiedung. Plötzlich, nach einem Jahr, sagte sie unvermittelt: »Ich habe Verwandte in Münster. Sind ganz liebe Leut.«

Ich verschluckte mich fast, als ich das hörte. Schließlich verabschiedete ich mich, drehte mich um und vernahm im Rücken noch: »Baba.«

Das war, nach einem Jahr, wie ein »Hallo«.

»Deine Eltern sind Alt-68er, meine Alt-38er«, meinte Robert, als wir im Frühling 2008 in Floridsdorf, dem 21. Wiener Gemeindebezirk, auf dem Weg zur Haltestelle der Linie 30 waren. Wir gingen an der Ostmarkgasse vorbei. Ein Plakat der Freiheitlichen Partei Österreichs strahlte uns entgegen. Es forderte *Abendland in Christenhand*.

»Pummerin statt Muezzin, erinnerst du dich?«, fragte Robert.

»Jaja«, antwortete ich gelangweilt. Die Pummerin ist die Glocke im Wiener Stephansdom, die zu Silvester das neue Jahr einläutet. Offenbar hatte die FPÖ kleine, rassistische Kinder zu einem Reimwettbewerb aufgerufen.

Wir kamen an einem weiteren das Abendland rettenden Plakat vorbei. Hier hatte jemand *Flaschenpfand* übers *Abendland* geklebt. *Flaschenpfand in Christenhand* stand nun da. Wir mussten lachen.

Als wir erneut an einem FPÖ-Plakat vorbeikamen, schrieb Robert mit einem Kugelschreiber *Katholizismus ist heilbar* über das Wort *Christenhand*. Als Volksschulkind hatte er mit den weißen *Rettet den Steffl*-Gelddosen aus Blech über die Mariahilfer Straße gehen müssen, um Geld für den unersättlichen Stephansdom zu sammeln. Der Dom war wie ein frommes Loch, in das Geld geworfen wurde. Ein Beweis, dass es Gott nicht geben konnte. Jedes Gebäude ist irgendwann einmal fertig, nur der Dom nicht. Ein offensichtlicher Sisyphusdom. Jedes Wiener Schulkind wurde seit Jahrzehnten dazu verdonnert, für den Steffl betteln zu gehen, egal, ob es Moslem war oder evangelisch und ausgetreten wie Robert.

»Gott war auch evangelisch, zumindest zum Zeitpunkt, als er aus der Kirche austrat«, sagte Robert, der seinen Zivildienst in Israel gemacht hatte. In Ein Gedi, einem Kibbuz am Toten Meer, hatte er als Bademeister gearbeitet, der vielleicht sinnloseste Job der Welt – es kann dort niemand untergehen. Deshalb hatte er viel Zeit, sich mit jungen Studentinnen aus Tel Aviv oder Haifa zu beschäftigen. Nur hin und wieder bekam ein hautkranker Deutscher das brennende Salzwasser in die Augen oder ein sich kratzender Russe lag unbeholfen auf dem Bauch, unfähig, sich in dem schweren Wasser selbständig zu drehen. Dann ließ Robert kurz von der jeweiligen Studentin ab und rettete Neurodermitiker und Psoriatiker, die dort wochenlang kurten. Erzählte er jedenfalls.

»Ist dieses Tote Meer so etwas wie der Zauberberg?«, fragte ich.

»Eher eine Zaubersenke. Es liegt etwa 400 Meter unter dem Meeresspiegel. Das Sonnenlicht kommt dort gefiltert an, deshalb kann man länger in der Sonne liegen. Klimatherapie nennt man das. Die Mineralien im Wasser, der hohe

Bromgehalt in der Luft, die Sonne … Du siehst die unterschiedlichsten Hautkrankheiten. Ich mochte am liebsten die Vitiligopatienten. Irre komplizierte Kur, sie müssen ganz exakte Sonnen- und Schattenzeiten einhalten. Kurz rein in die Sonne und wieder zurück, ein ständiger Kampf zwischen Sonnenbrand und Pigmentierung.«

»Nie gehört«, grummelte ich.

»Weißfleckenkrankheit. Scheckhaut. Eine Pigmentstörung. Am Toten Meer sind sie aber alle quietschvergnügt, weil jeder krank ist. Man muss sich nicht genieren, jeder hat irgendwo Flecken oder Tupfen. Die meisten sind da echt entspannt.«

Einer Frau aus Nürnberg, die aussah wie die klassische Kriegsverbrecherin, spitz und hart mit mitleidslosem Blick, hatte er Schwimmtampons besorgen müssen, weil das Salzwasser ihrem Intimbereich üble Schmerzen zufügte. Sie lag im Meer, brüllte wie am Spieß und hielt sich die Scham. Die späte Rache Israels: Salz auf fremde Wunden, fand Robert. Einmal zeigte er mir ein Foto des syrischen Symphonieorchesters, das er in Ein Gedi aufgenommen hatte. Die übermütigen Musiker, übrigens größtenteils Russen, sprangen gemeinsam kopfüber in die Salzkloake, in der nicht mal Bakterien überleben. Robert fotografierte sie, als sie schreiend und fluchend salzblind aus dem Wasser stapften.

Besonders schmerzhaft ist das Wasser bei offenen Wunden. Schon eine kleine Schnittwunde macht so ein Bad zum Höllenritt. Ein Ägypter, der in Österreich lebte, litt unter schwerer Neurodermitis. Den ganzen Körper hatte er sich aufgekratzt und er sprang, weil er das Jucken nicht mehr aushielt, ins Tote Meer. Robert hatte ihn noch warnen wollen, aber zu spät. Der Schrei war lauter als der Lärm der Hubschrauber, die über den nahen Hoteldächern kreisten, auf denen hautkranke Europäerinnen nackt in der glühend heißen Sonne lagen. Mit den sich drehenden Rotorblättern versuchten die jungen israelischen Soldaten die Handtücher wegzuwehen, um freien Blick auf die nackten Frauenkörper zu haben.

»Unter den Soldaten leiden auch viele an Hautkrankheiten, kein Wunder, wenn du in einem permanenten Aggressionszustand bist. Übrigens nicht nur die israelischen Soldaten, auch die UNO-Soldaten – blaue Helme, rote Flecken. Ist urverbreitet. Krieg ist schlecht für die Haut«, dozierte Robert, Zivildiener, Hobbydermatologe und verzweifelt bemüht, seine Jugend zu bewahren, indem er »ur« verwendete, das verstärkend gemeint ist und besonders von Wiener Schülern benutzt wird. Urheiß, urgut, urleiwand, eine Uruhr.

Nach Dienstschluss trieb Robert gern im Toten Meer vor sich hin. In der Dunkelheit blickte er auf die unbeleuchtete Wüste, die einzigen wenigen Lichter leuchteten aus dem Kibbuz. Wenn er mit den Ohren untertauchte, hörte er das Salz, aus dem das Tote Meer zu dreißig Prozent besteht. Seine Haut habe sich hier so weich angefühlt, sagte er, wie der vielbesungene Babypopo – ohne dass Robert je schon einmal einen Babypopo angefasst hätte. »Sicher ein Bild, das irgendein schwuler Priester geprägt hat«, meinte er.

Nach der Dämmerung war niemand mehr im Wasser. Die Touristenbusse waren nach Jerusalem weitergefahren oder über die King Hussein Bridge nach Jordanien. Robert war ganz allein. »Ich fühlte mich wie Österreich in der großen weiten Welt«, erzählte er wehmütig. »Ich habe alles, um zu funktionieren: Arme, Beine, Haare am Arsch und Bartwuchs im Gesicht, alles. Ein autarker Körper bin ich – und treibe in einer seifigen Salzsuppe. Nicht mal eine Bakterie da, kein einziges Lebewesen. Einmal trieb zwanzig Minuten lang in der Dunkelheit schweigend ein alter Mann neben mir. Er sah aus wie Ephraim Kishon und trug auch so eine getönte Brille, obwohl es finster war. Wir sprachen nichts, ich kannte ihn nicht. Nach zwanzig Minuten fragte er mich auf Deutsch: ›Sind Sie Wiener?‹ – ›Ja, wieso?‹ – ›Das hört man‹, kam die Antwort, und der Mann trieb weiter. Ich hatte kein Wort gesagt. Merkwürdig, was?«

»Vielleicht hast du so raunzend geschwiegen, dass er dich daran erkannt hat.«

Robert raunzte irgendetwas und schwieg. Ich musste unwillkürlich grinsen.

»Findest du es eigentlich ärgerlich, dass ihr Österreicher Deutsch sprechen müsst? Dass ihr keine eigene Sprache habt?«

»Das *ist* unsere Sprache!« Robert fuhr auf. »Ihr habt sie uns weggenommen, so wie die Haydnhymne. Und was habt ihr Deutschen mit der Sprache gemacht? Wir sagen: ›Ich gehe in die Schule.‹ Ihr sagt: ›Ich gehe zur Schule.‹ Wie wär's, wenn ihr Deutschen mal hineingehn würdet? Uns trennt …«

»… die gemeinsame Sprache«, vollendete ich sein Lamento.

Die Studentinnen aus Tel Aviv und Haifa, mit denen sich Robert während seines Zivildienstes bevorzugt beschäftigte, waren überwiegend bewaffnet, erzählte er mir. Seiner Meinung nach gab es wenig Geileres als eine Kompanie junger Frauen in Uniform mit umgehängter Maschinenpistole.

Im Kriegsfall würde er sich denen sofort ergeben, in der Hoffnung, dass was geht. »Ich hab eben meinen Zivildienst ernst genommen. Während ich Sex mit den Soldatinnen hatte, konnten sie nicht auf Araber schießen«, posaunte der Friedensficker aus Wien. Das war wohl der Klassiker unter den sexuellen Phantasien von Zivildienern: junge bewaffnete Frauen in Uniform. Wehrpflichtige haben dafür wahrscheinlich Phantasien mit Frauen aus sozialen Berufen: Sex mit der Altenpflegerin oder der Behindertenbetreuerin. In Israel dauert die Wehrpflicht ewig, Zivildienst gibt es nicht. Den machen Deutsche und Österreicher, als Sühnearbeit.

»Herrliche Sühnearbeit«, sagte ich. Robert nickte. Klaus, ein Freund von ihm, hatte seinen Zivildienst in Auschwitz gemacht. Er fuhr heute noch manchmal hin, wenn es dort eine Party gab, wo er dann auflegte. Er war DJ und hatte sich den etwas albernen Namen »Merchant of Venice« gegeben.

In einer Diskothek in Auschwitz hatte er sich während des Zivildienstes in eine Kellnerin aus Krakau verliebt. Agnieszka arbeitete im jüdischen Viertel von Krakau, in Kazimierz, in einem für Touristen hergerichteten Schtetl-Lokal, dem »Rubinstein«. Dort gab es koscheres Essen und jeden Abend Klezmer-Musik. Nach seinem Zivildienst ging Agnieszka mit ihm nach Wien – die große romantische österreichisch-polnische Aussöhnung. »Ty wadna iestes!«, sagte DJ Merchant of Venice ihr noch immer mehrmals am Tag. »Du bist schön!«

»Ty Alfons iestes! – Und du ein Trottel!«, antwortete sie dann.

Für Klaus ist Auschwitz seitdem positiv besetzt. »Seine Großmutter dagegen schimpft heut noch, weil sie nicht versteht, was er dort gemacht hat«, erzählte Robert. »Weil sie meint, dass es gar keine Gaskammern gab. Da musst du mal dabei sein, bei ihr im Pensionistenheim, die sitzen alle zusammen vorm Fernseher und sagen: ›Das ist ein Jud, das ist einer, und das ist ein Jud. Die ist ein Jud, der ist ein Jud!‹ Den ganzen Tag sitzen sie so da. Die Deutschen waren begeisterte Nazis, aber schlechte Antisemiten, heißt es. Wir Österreicher waren dafür schlechte Nazis, aber begeisterte Antisemiten.«

»Wie heißt das Pensionistenheim? Kurt-Waldheim-Stift?«

»Nein, das ist so ein Gewerkschaftsheim. Da werden die Alten von Vietnamesinnen gepflegt. Klaus' Oma hätte natürlich lieber ihren Enkel als persönlichen Zivildiener gehabt. Klaus hat ihr dann mal gesagt: Oma, bei mir würdest du verhungern. Ich würd dir nichts kochen, weißt du, warum? Ich leugne die Existenz von Gasherden. Aber die Oma hasst die freundlichen Asiatinnen. Sie sagt immer, dass sie diesen Frühlingsrollenduft nicht aushält. Findest du, dass Frühlingsrollen unangenehm riechen?«

»Kommt wohl drauf an, was man reintut. Aber was hat sie denn gegen intensiven Geruch? Hitler soll ja sehr unangenehm aus dem Magen heraus gerochen haben«, sagte ich. »Jaja, da sieht man's wieder«, erwiderte Robert, »ihr Deutschen habt euch viel mehr mit der Vergangenheit beschäftigt. Wir in Österreich glauben noch immer, dass Hitler ganz lieblich aus dem Mund roch. Wie ein Berchtesgadener Alpenveilchen.«

»Nee. Der stank bestialisch. Wie vergorene koreanische Hundesuppe. Deshalb sprach er oft im Freien, weil sich das dann ein bisschen verflüchtigen konnte.«

»Auf dem Heldenplatz hat man nichts gerochen?«

»Doch. Aber man dachte, der Donaukanal sei übergegangen und braune Brühe sei ausgetreten. Es war aber nur der Führer. Stauffenberg hatte mit seiner Bombe nur für bessere Luft sorgen wollen, wie wir heute wissen. 1000 Jahre Mundgeruch«, brummte ich. »Mit der Parole hätten die Nazis weniger Erfolg gehabt. Mundgeruch ist schwer vermittelbar. Nicht verkultbar. So wie Prostatabeschwerden und nächtlicher Harndrang. Damit kannst du schwer bei Frauen punkten. ›Du, ich tröpfle nach, magst du zu mir nach Hause kommen?‹ Hat Hitler wohl einen klaren geraden Strahl gehabt? Wenn du Führer bist, macht dich das nicht fertig, dass du in dir eine Vorsteherdrüse hast? Wenn ich Führer wär oder Papst, würd ich mir die Prostata rausreißen. Keine Macht neben mir würd ich dulden, schon gar nicht von so 'nem Vorsteher.«

Wir waren inzwischen am Floridsdorfer Spitz. Rumpelnd bog die Straßenbahn um die Ecke, und wir stiegen ein.

In der Sitzreihe neben uns sang ein schätzungsweise Zwölfjähriger in einem violetten Austria-Wien-Trikot »Es wird ein Wein sein, und wir wern nimmer sein«, ein wehleidiges Trinkerlied, das Hoffnung macht auf ein Glas, falls man wiedergeboren wird. »I muaß in mein früheren Leben a Reblaus g'wesen sein«, sang der ein Meter dreißig große Bub weiter. Er hatte einen flachen Hinterkopf – wahrscheinlich ein Tscheche oder Slowake. Dort werden, so heißt es, die Hinterköpfe der Neugeborenen plattgedrückt. Dann wickelt man die Babys in enge Decken, wie in Zwangsjacken, und legt sie auf die Wickeltische. Durch den platten Hinterkopf rollen sie nicht runter und bleiben unversehrt, während in

Deutschland und Österreich immer wieder Kinder vom Wickeltisch purzeln, weil die Köpfe die Form von Eiern haben.

Ich führte unsere Betrachtungen fort. »Ich glaub, Hitler hat im Ersten Weltkrieg bei einem Gasangriff seine Eier verloren. Sein Schwanz hing daher leblos an ihm dran und blickte freudlos auf den Boden, und wenn er ihn stimulieren wollte – nichts. Impotent in Nazihänd. Weißt du, wozu die Prostata gut ist?«

»Ja«, antwortete Robert. »Damit's beim Wichsen nicht staubt.«

»Ab vierzig sollte man sich die Prostata anschauen lassen«, sagte ich und klang dabei wie eine Sprechstundenhilfe.

»Ich bin aber noch nicht vierzig.« Robert blickte aus dem Fenster. Wir fuhren nun über die Alte Donau. Die Sonne spiegelte sich auf dem Wasser. Er hatte recht. In drei Wochen erst würde er vierzig werden.

Der Zwölfjährige öffnete zischend eine Dose Ottakringer Bier, nahm einen tiefen Schluck und begann erneut zu singen: »Wann i amol stiarb, miassn mi d' Fiaker trogn und dabei d' Zither schlogn, weil i das liab, liab, liab.«

Er hatte eine viel zu tiefe Stimme, die nach Zigaretten und Alkohol klang und roch. Ein unheimliches Kind mit einem unglaublichen Frnak im Gesicht – einer Knollennase, die man seinem ärgsten Feind nicht wünscht. Auf seinem rechten Turnschuh stand mit violettem Edding das Wort »blunzn« geschrieben, auf dem linken das Wort »fett«. Übersetzt hieß das: »Betrunken wie eine Blutwurst.« Ich dachte wieder an Hitlers Gemächt.

»Kannst du dich noch erinnern, wie wir einmal Jörg Haider gesehen haben? Er trug eine Einkaufstüte mit einem Rasierer. Von Braun!«

Robert lächelte. »Haider fuhr wenigstens einen Phaeton, und ich fahr immer noch Straßenbahn. Außerdem war's ein Remington-Rasierer. Wir hätten's nur lustiger gefunden, wenn's ein Braun gewesen wär.«

»Als Haider ein Kind war, schaute seine Mutter immer mal aus dem Fenster und sagte: ›Ich muss mal kurz nach dem Rechten schauen.‹« Ich lachte. »Ich find's jedenfalls sicherer, mit dir Straßenbahn zu fahren als mit Haider Auto.«

Wir zuckelten am Donaupark vorbei. Hier hatte ich mir beim Fußballspielen vor Jahren mal ein paar Bänder gerissen. Im Donaupark steht der originell benannte Donauturm, von dem man sich mit einem Bungeeseil in die Tiefe stürzen kann. Wir spielten am Fuße des Turms Fußball, ich blickte während des Spiels nach oben zu einem Trottel, der sich runterstürzte, und dachte mir, Wahnsinn, wie gefährlich das ist, und trat in ein Maulwurfloch. Man hörte es in meinem Bein so laut schnalzen, dass der Turmspringer laut aufschrie, weil er glaubte, sein Bungeeband sei gerissen.

Im Lorenz-Böhler-Unfallkrankenhaus lag ich dann auf einer Trage neben einer Frau um die fünfzig. Auch sie lag auf einer Trage. Ein Pitbull war mit einer Leine daran festgemacht. Der Hund hatte keinen Maulkorb und wirkte sehr aggressiv. Unruhig zerrte er an der Leine und scharrte mit seinen Krallen am Linoleumboden. Ich vergaß meine Schmerzen und konzentrierte mich auf meine Panik.

»Was ist? Was schaun wir denn so deppert?«, kam es von der Seite. Die Frau trug ein weißes Unterhemd, das an der Seite blutgetränkt war.

»Tut mir leid. Ich wollte nicht blöd schauen. Ich hab mir die Bänder gerissen. Entschuldigung.«

»Hast was an mein Hund zum Aussetzen, Deitscher?«

»Nein, hab ich nicht.« Mir brach der Schweiß aus, was nichts mit meiner Verletzung zu tun hatte. Würde der Hund mich anfallen, könnte ich nicht einmal weglaufen, bestenfalls wegkriechen. Ein gefundenes Fressen für einen Kampfhund, der kampflos seine Beute reißen könnte. Ein Glückstag für ihn – ich hörte seine Magensäfte jubelnd brodeln.

»Hat der Hund Sie gebissen? Wegen dem Blut …«, stammelte ich.

»Der Hund? Hamms dir ins Hirn gschissen? Mein Hund beißt mi net. I beiß eam, aber weil i eam so liebhab, dass i eam fressen könnt, vastehst? Na, die Wunde ist von einem gschissenen Oaschloch, der mein Hund deppert angschaut hat. Das mag i net, wenn ma mein Hund deppert anschaut. Da hab i eam in die Goschn ghaut, und er hat mir sei Messer in die Seiten gsteckt. I hob eam oba das Messer aus der Hand grissen und eam in den Bauch gsteckt, dem Schwindligen.«

Erst jetzt bemerkte ich die beiden Polizisten, die neben ihr auf Krankenhausstühlen warteten.

»Ich würde unserem bundesdeutschen Freund raten, den Hund von der Wilden Wanda nicht deppert anzuschauen«, sagte der eine Polizist zum anderen.

»Halt die Pappn, du Vollkoffer«, rief die Wilde Wanda. »Der Deitsche und i, mir san Freind. Net woar, Deitscher? Wir Hinnigen miassen zammhalten.«

Später erfuhr ich, dass meine neue Freundin die einzige Zuhälterin Wiens war. Sie war lesbisch, schickte ihre Freundinnen auf den Strich und war bekannt dafür, sehr jähzornig und ständig gewaltbereit zu sein. Mehrmals saß sie im Gefängnis, weil jemand ihre Hunde blöd angeschaut hatte und sie dazu neigte, wortlos zuzustechen. Wort- und grußlos. Jeden Konflikt bewältigte sie mit der Faust oder dem Messer.

Ich wurde in den Gipsraum geschoben und bekam einen Gehgips bis zum Knie, strahlend weiß. Mit Krücken bewegte ich mich ungeschickt Richtung Ausgang, als ich hinter mir eine laute Stimme hörte: »Heast, woart!«

Die Wilde Wanda winkte mir zu, mit Handschellen. Ihre Wunde war versorgt worden, nun stampfte sie zu mir, mit dem Hund an der Leine, dahinter die Polizisten, in Sicherheitsabstand zum Hund.

»Des is gschissen, mit die Krücken. Oba du gwöhnst di scho dran«, sagte sie. »Heast, hobts es an Schreiber?«, fauchte sie die Polizisten an.

Unterwürfig reichte ihr einer einen Kugelschreiber. Trotz ihrer Wunde beugte sie sich runter zu meinem Bein. *Wanda* schrieb sie auf den Gips. »Gute Besserung«, sagte sie und warf den Stift dem Polizisten an den Kopf.

»Ihnen auch. Gute Besserung.«

»Danke, aber des kummt zu spät. Bei mir hülft ka Besserungsanstalt. Da is Hopfen und Malz verlorn. Gemma, Bambi.«

Der Hund bellte, und Wanda zog mit Bambi und den beiden von ihr gezähmten Polizisten ab.

Der Junge mit den blunznfetten Schuhen sang den alten Sigi-Maron-Schlachtruf »Leckts mi aum Oasch«. Robert verzog das Gesicht.

»Wie kann man so falsch singen? Da blutet man ja aus den Ohren. Johannes Wittgenstein, der Bruder des Philosophen, war so musikalisch, dass er schon als Kind weinend zusammenbrach, wenn die Blasmusik auch nur einen falschen Ton spielte, wusstest du das? Und Paul, ein anderer Bruder von Ludwig, war Pianist und hatte im Ersten Weltkrieg den rechten Arm verloren. Er setzte seine Karriere trotzdem fort. Wie das ganze Land Österreich. Nur noch ein Arm, aber musikalisch. Und mit wem besuchte Ludwig Wittgenstein in Linz die Schule?«

»Ist das ein Quiz?«, fragte ich.

»Mit Adolf Hitler. Ein veganer Diktator und ein schwuler Philosoph – fast ein Traumpaar. Das ist eben ein kleines Land, da kommt's zu den seltsamsten Begegnungen«, seufzte Robert.

Wir fuhren über die Floridsdorfer Brücke. Die Sonne reflektierte auf dem Wasser. Unter uns fuhren Radfahrer. Von Passau bis Budapest.

»Schön, nicht? Eigentlich sehr schön«, sagte Robert.

»Darfst du das? Wien schön finden?«, frage ich.

»Dir gegenüber schon. Wenn du aus Wien kämst, wär's ein bissl merkwürdig, Wien öffentlich schön zu finden – solange man hier ist. Wenn man im Ausland ist, kann man Wien auch loben. Wien …« Genüsslich sprach er es aus. »Wiiien. Sagt sich gut. Besser als Duisburg, was?«

»Ja. Und sieht auch besser aus, Wien. Besser als Duisburg. Ich glaube, Duisburg war immer schon hässlich. Schon vor dem Krieg. Ich glaub, Duisburg wurde durch die Bombardierung sogar eher schöner. Und ja, Wien klingt auch viel besser. Natürlich. Wiien. Wiie'n Tortenstück. Ja, wiie'n Kuchen. Vielleicht ein Geburtstagskuchen?«

»Jetzt hör auf. Fängst du wieder an? Ich will keinen Kuchen, und ich will kein Fest. Ich finde eher vierzig Gründe, die gegen eine Party sprechen, als einen einzigen dafür. Warum sollte ich meinen vierzigsten Geburtstag feiern? Kannst du mir das verraten?«

Ich konnte es ihm nicht verraten und sah aus dem Fenster. Auf einem Plakat wünschte der Wiener Bürgermeister allen Wienerinnen und Wienern einen erholsamen Sommer, in kurzem Hemd, das Sakko lässig über die Schulter geworfen. Wo immer man den Bügermeister auf Bildern sah, vermutete man hinter ihm ein Glas Weißwein oder ein großes Bier. König und Mundschenk in einer Person. Der Mann hatte ein Gesicht, das ohne Glas vorm Mund einsam wirkte. Ein anderes Plakat der Österreich-Werbung zeigte einen idyllischen Bergsee, ein hölzernes Bootshaus mit Steg und ein Pärchen, das ins Wasser sprang. *Wann haben Sie das letzte Mal in Trinkwasser gebadet?* lautete der Slogan.

»Auch schön«, sagte ich.

»Der Almsee ist das. Saukalt. Gletscherwasser. Viel Spaß, wennst da reinspringst. Dem Mann wird's sein Zumpferl zerrissen haben wie dem Messner die Zehen. Das ist Patriotismus: für Österreich den Schwanz opfern!«

»Ist das danach eigentlich immer noch Trinkwasser?«, murmelte ich, verwarf den unappetitlichen Gedanken aber gleich wieder.

»Am Almsee hat der Konrad Lorenz, dieser Verhaltensforscher, seine Experimente mit den Graugänsen gemacht«, fuhr Robert fort. »Im Salzkammergut gibt's ja viele Gänse – nicht alle sind Tiere. Gleich nebenan bei den Salzburger Festspielen sieht man praktisch nur welche. Alte, verschrumpelte Graugänse. Wusstest du, dass Graugänse – also die Tiere, meine ich –, dass die sich das Aussehen von Menschen merken? Die erkennen einen nicht am Geruch oder an der Stimme, sondern am Aussehen. Verrückt, oder? Der Lorenz ist 1989 gestorben. Nach zehn Jahren hat man eine lebensgroße Lorenzfigur gebaut, superecht hat die ausgesehen, selbst seine Schwestern haben gesagt, dass der künstliche Lorenz dem echten total ähnelt. Die Figur haben sie dann an den Almsee gestellt. Man wusste, dass noch Gänse leben, die als junge Gänse mit ihm gearbeitet haben. Und tatsächlich, sie sind alle gekommen und haben den alten Lorenz begrüßt.«

»Wir könnten dir zum Vierzigsten auch eine Statue hinstellen«, sagte ich. »Als Zeichen unserer Zuneigung.«

Robert lachte. »Wollt ihr nicht auch warten, bis ich ein paar Jahre tot bin? Ihr könntet mich ausstopfen und mit dieser Puppe Riesenpartys feiern.«

»Ein Fest. Ein Abendessen. Du wirst vierzig!« Ich merkte selber, wie unsexy das klang.

»Wenn ein Hundstrümmerl vier Tage lang auf der Straße liegt, gibt's auch kein Fest«, seufzte er.

»Bei aller Kritik, aber ich würde dich nie mit Hundescheiße vergleichen.«

»Macht's, was ihr wollt. Aber kein Fest!«, schloss Robert unmissverständlich die Diskussion.

Schweigend fuhren wir weiter.

»Dirk, mit dem dotterweichen D wie Damentoilette«, murmelte Robert plötzlich.

»Bitte?«

Der Blunznfett-Bub lachte. »Des is urgut«, rief der Junge. »Haaßt der Deitsche so?«

»Ja, so heiße ich«, grummelte ich.

Die Straßenbahn fuhr an einem Würstelstand vorbei, der den unglücklich gewählten Namen »Zum rostigen Wurstkessel« trug. Ich dachte an Frau Resch und ihre Zange und den Abend, als ich Robert kennengelernt hatte. Ich dachte an 1988, als es noch zwei Deutschlands gab und Córdoba erst zehn Jahre zurücklag. Als Sophie noch nicht meine Frau war, sondern anderen Jungs übers Haar strich, und ich bei »Kina« nur an China dachte und noch nicht an meine Tochter.

»Wie geht's Ihnen außer schlecht?«

»Wie's mir geht? Gschissen.«

Im Licht der Neonröhren verschwammen ihre grauen Haare mit dem grauen Gesicht zu einer grauen Wand zwischen Bergen von Würsten, Pfefferoni und eingelegten Zwiebeln. Ihr weißer Arbeitskittel sah aus, als hätte schon der Erfinder der Wurst in diesem Kittel geschlachtet.

»Und Ihnen?« Während Frau Resch dies fragte, riss sie eine Wurst mit einem stumpfen Messer in verschieden große Teile. Die Wurst hielt sie mit einer hölzernen Wurstzange fest.

»A gschissen. Mir geht's richtig gschissen.«

Ich sah mir meinen Nachbarn am Würstelstand an. Er sah

aus wie der polnische General Jaruzelski, er trug auch diese Brille mit den bernsteinfarbenen Gläsern. Er tat mir leid, gut, er war in Erwartung einer Burenwurst, aber die schien nicht die Lösung seines Problems zu sein.

Er torkelte. Sofort fragte Frau Resch: »Noch a Bier?«

Er nickte und hielt sich an einem Teller voller Senf fest, der auf dem Vorbau des Würstelstands von einem Vorgänger abgestellt worden war.

»Herrgott, is des gschissen«, rief er und versuchte sich die Hände an der Außenfassade des Würstelstands abzuwischen, was bei Metall gar nicht so leicht ist. »Was is'n des für eine Scheiße«, brüllte er und schlug mit seiner senfigen Faust gegen das Fenster.

Mit einer einzigen Bewegung schnappte Frau Resch mit der hölzernen Wurstzange nach der Nase des Jaruzelski-Doubles.

»Sans deppert? Das tut doch weh«, schrie er, während sie ihm geübt die Nase verbog und an ihr zog.

»Da wird nichts am Stadl abgewischt!«, sagte sie ganz ruhig und bestimmt und hakte nach: »Und – was wird hier nicht?«

»Lassens meine Nase los! Hörens sofort auf, so zu ziehen – Sie reißen mir die Nase ab!«

»Was wird hier nicht?«, wiederholte sie, wie eine sehr geduldige Lehrerin.

»Da wird nix abgewischt an dem gschissenen Würstelstand«, knurrte er.

»Wie bitte?«

»Da wird nichts abgewischt an Ihrem Würstelstand!«, brüllte Jaruzelski in die Wiener Nacht.

Sie ließ seine Nase los und schnitt seelenruhig die vor ihr liegende Wurst weiter auf.

»Ein Ottakringer?«, fragte sie, wieder ganz Geschäftsfrau.

Jaruzelski nickte und wischte sich die senfigen Finger an einer beleuchteten Werbetafel ab, auf der dafür geworben wurde, den Kot seines Hundes mithilfe schwarzer Plastiktüten von der Straße zu entsorgen: *Nimm ein Sackerl für mein Gackerl.* Unter der Schrift prangte nun der Abdruck einer Hand aus Senf.

Jaruzelski zahlte und torkelte in Richtung Faulmanngasse. Ich sah noch, wie er mit dem Kopf gegen die Markise des Pferdefleischhauers lief. Wahrscheinlich kann man durch Bernstein nur schemenhaft sehen.

»Dem geht's aber wirklich gschissen«, sagte ich zaghaft zu Frau Resch. Tatsächlich sagte ich »gschissn« und nicht »geschissen« beziehungsweise »beschissen«, weil ich signalisieren wollte, kein Tourist zu sein, auch wenn ich erst seit wenigen Tagen in Wien war. Damit hatte ich mein erstes Prinzip gebrochen: nicht zu versuchen, so zu tun, als wäre ich von hier.

Gleich am ersten Tag hatte ich einen Kölner kennengelernt, der seit einem Semester in Wien studierte: Hartmut, Erbe eines Spielzeugfachhandels. An der Uni hatte er mich angesprochen, »aus Deutschensolidarität«, wie er mir erklärte. Er wohnte am Getreidemarkt, ganz in meiner Nähe, und drückte mir gleich zur Begrüßung ein peinliches Vokabelheft in die Hand.

»Hier, kannst du gut gebrauchen. Steht alles drin. Hier!«

Er öffnete das speckige Heft. »Paradeiser – Tomate‹. Links steht das österreichische Wort, rechts das richtige.« Er sagte tatsächlich »richtige«. Ich runzelte die Stirn, aber Hartmut fuhr unbeirrt fort: »Also: ›Karfiol – Blumenkohl‹. ›Fisolen – Bohnen‹. ›Pickerl – TÜV‹. Oder hier, auch ganze Sätze: ›Treffen wir uns gleich da.‹ Wir Deutschen gehen dann ›später nach dort drüben‹, stimmt's? Der Österreicher trifft sich aber ›sofort hier‹. ›Gleich da‹ heißt hier ›sofort hier‹. Sogleich hier. Jetzt an diesem Ort.«

Er stammelte jetzt ein wenig, offenbar hatte er sich selbst im Sprachdschungel verirrt. Ich erlöste ihn.

»Hab's verstanden, Hartmut. Danke. Prima Heft. Dann geb ich's dir gleich da wieder zurück, wenn's recht ist. Ich schlag mich schon durch, denk ich. Aber sehr nett, danke.«

»Und wie heißen Fisolen in Kärnten? Na? Wie nennt der Kärntner die Bohne?«

»Weiß ich nicht, Hartmut. Ess ich zur Not Möhren als Beilage.«

»Karotten. Nicht Möhren. Und Erdäpfel, nicht Kartoffeln. Und die Bohnen heißen hier Fisolen, aber in Kärnten Strankalen.«

»Dann kann mir ja jetzt nichts mehr passieren«, erwiderte ich und ließ Hartmut stehen. Gleich da.

Doch Hartmut war nicht so leicht abzuschütteln in seiner zwangsbeglückenden teutonischen Solidarität. Schon tags darauf lud er mich auf eine abendliche Party, in der Schleifmühlgasse. Ich kannte noch niemanden, und obwohl mir Hartmut nicht sonderlich sympathisch war, willigte ich ein. Er ließ mich im Uni-Buffet seine Wurstsemmel bezahlen, und wir verabredeten uns für den Abend. Er roch nicht besonders gut, schien sich aber hier auszukennen. Das schadet nicht, so jemanden zu kennen, dachte ich, fremd in der Stadt, wie ich war.

Die Tür ging auf. »'n Abend. Möchtest du auch einen Gespritzten trinken?«, begrüßte Hartmut mich und war sichtlich stolz, dass er sich im Gegensatz zu mir trinktechnisch heimisch fühlte.

»Ich weiß nicht«, antwortete ich.

»Weißweinschorle«, erklärte er.

»Nee, dann lieber nicht bespritzt.«

»Gespritzt.«

»Nee, eben nicht. Lieber nur Wein. Ich mag es nicht, wenn Wein nassgespritzt wird«, erwiderte ich und beobachtete Hartmut, wie er zur Bar ging. Dann blickte ich mich um. Solche Wohnungen hatte ich bisher nur in französischen Filmen gesehen. Die Räume hatten sicher vier Meter hohe Decken, und es schien, als wäre der Stuck zusätzlich stuckiert worden. Eine Art Doppelstuck. Es gab zwölf Zimmer, alle mit riesigen Flügeltüren.

»Wow, sind wir hier beim Kaiser von Österreich?«, fragte ich ein rothaariges Mädchen, das auf meine Frage aber nicht einging, sondern sich weiter mit einer verschlafen wirkenden blonden Frau unterhielt, die neben mir eine carokaffeefarbene Brühe trank. »Was ist denn das?«, fragte ich die Blonde leicht angewidert. Die Rothaarige wandte sich mir zu. »Cola-Rot«, antwortete sie – immerhin wurde sie jetzt gesprächig. »Roter mit Cola. Ein Bauerngetränk.« Warum sie es denn dann trinke, so als Nichtbäuerin, fragte ich. »Cola-Rot ist was für Gscherte, weißt du«, erklärte sie.

Ich meinte, »gescheit« verstanden zu haben, und fragte deshalb: »Aha, also ab einem bestimmten IQ, oder wie?«

»Was? Bist du angschütt?«, fragte sie, musterte mich kurz und abschätzig und wandte sich dann ab. Ich überprüfte mich. Nein, ich hatte mich nicht angeschüttet.

Ich war fast froh, als Hartmut endlich mit dem Wein zurückkam. Er hatte sich einen Rotwein mit Cola gemischt, wie er mir erklärte. »Das trinkt man hier. Cola-Rot, musste dir merken.«

»Kenn ich schon«, antwortete ich. »Davon wird man klug.«

»Gschert, nicht gscheit!«, rief die Rothaarige, die sich erneut zu mir umdrehte. »Gschert, geschoren, die Haare ab, wie Knechte am Hof. So sagt man zur Landbevölkerung. Cola-Rot trinken Leute aus St. Pölten, wenn sie in die große Stadt kommen, direkt von ihrem Bauernhof. Alles klar?« Sie wandte sich wieder ab.

»Danke für die Erklärung«, sagte ich und blickte gemeinsam mit Hartmut traurig auf sein Provinzgetränk.

»Sag mal, was ist das eigentlich für eine Party? Flick?« Ich hatte, noch in Deutschland, beim Zahnarzt gelesen, dass Herr Flick zusammen mit seinen Milliarden nach Österreich gegangen war. So wie ich. Nur eben mit Milliarden.

»Nee, das ist 'ne WG. Die wohnen hier zu zehnt. Die Wohnungen sind hier spottbillig. Paul, was zahlt ihr hier?«

Ein schlanker Typ mit Woody-Allen-Brille, aber etwa dreimal so groß wie sein berühmter Brillenfreund, drehte sich zu uns. Er sprach so langsam, dass ich dachte, seine Antwort in Superzeitlupe zu hören. »Eh gschissen viel. Jeder von uns zahlt im Monat fast 350 Schilling«, schleppte sich der Zwei-Meter-Hüne durch die zwei kurzen Sätze.

»Das sind ja nur fünfzig Mark!« In Düsseldorf hatte ich für eine Vierzehn-Quadratmeter-Wohnung in Bilk fast 500 Mark bezahlt. Mit Klo am Gang.

»Friedenszins«, slomote Paul.

Was sollte das sein? Bekam man hier Zinsen auf seine Miete, aber nur, wenn man friedlich drin wohnte?

Es handelte sich hierbei um eine Art festgeschriebene Altmiethöhe und hieß, man bezahlte 1988 für eine Wohnung nicht mehr als zum Beispiel 1948. Das erfuhr ich aber erst später, als ich mir selber für ein paar Schilling mehr eine Wohnung in der Papagenogasse mietete, einer Sackgasse gleich neben dem Theater an der Wien. Wenn ich mein Fenster öffnete, hörte ich immer irgendein Lied aus *Cats*, das damals dort gespielt wurde. Und hinter den Fenstern des Theaters sah man am Abend die armen Musicalmenschen in ihren albernen Katzenkostümen. Musik wie Katzenpest. Nur Pantomime war schlimmer als Musical. Ausdruckstanz vielleicht auch. Ich hatte irgendwo gehört, dass die Mullahs im Iran Verbrecher vor die Wahl stellen: Hand ab oder *Cats* ansehen, und die meisten entschieden sich für Hand ab, verständlicherweise.

Neben mir wohnte eine brustamputierte Alkoholikerin und unter mir eine Alkoholikerin mit Kleinkind, die regelmäßig betrunken im Treppenhaus lag. Wenn man ihr helfen wollte, schrie sie: »Du Oasch willst mir ja eh nur das Kind wegnehmen!«

»Nein, will ich nicht. Ich möchte Ihnen nur helfen.«

Sie murmelte unverständliche Dinge, die Wörter »Jugendamt« und »Kind« kamen darin vor. Mehrmals vergaß sie, dass sie während des Trinkens kochte. Dichter Rauch drang dann aus ihrem Fenster. Zusammen mit einem unheimlichen Nachbarn klärte ich die Situation, indem der Nachbar mithilfe einer großen Leiter, die ich unten festhielt, bemerkenswert gekonnt bei ihr durchs Fenster einstieg und das Feuer löschte. Aus dem Qualm hörte ich sie undeutlich »Jugendamt« und »Kind« rufen.

Der Nachbar war blass und hatte dünnes Haar, klarsichtfolienfarben. Seine Pullover waren blass wie er und schienen auch aus dünnem Haar gewebt zu sein. Er verließ seine Wohnung nie, jedenfalls nicht tagsüber, was mir sehr recht war, denn so fungierte er als menschlicher Rauchmelder für die Wohnung der trinkenden Mutter.

Die brustamputierte Alkoholikerin, die zwischen mir und dem Blassen wohnte, besorgte sich jede Nacht einen anderen Mann aus den vielen Lokalen und Branntweinstuben rund um den Naschmarkt. Sie war sehr schwer, selbst mit nur einer Brust, man hörte es an den Schleifgeräuschen, wenn ihre Männer sie die Treppen raufzogen, und dann hörte man, wie versucht wurde, ihre Wohnung aufzubrechen. Denn mit der Brust hatte sie auch die Fähigkeit verloren, ihre Wohnungsschlüssel mit sich zu tragen. Ich bekam für solche Fälle einen Ersatzschlüssel von ihr, aber bevor der zum Einsatz kam, versuchten die nächtlichen Ankömmlinge, sich anderweitig zu behelfen. Die Männer fuhrwerkten oft um vier Uhr früh mit einem Stemmeisen an der Tür herum, neben sich die beinahe besinnungslose dicke Frau auf dem Boden, und schauten irritiert, wenn ich mit einem Schlüssel in der Hand aus der Nebenwohnung kam und wortlos die Tür aufsperrte.

Aber all das wusste ich noch nicht, als ich auf der Party in der prachtvollen Wohnung in der Schleifmühlgasse war. Es war mein zweiter Tag in Wien.

»Willste auch ein Cola-Rot?«, fragte Hartmut.

»Wieso eigentlich immer *ein* Cola? *Eine* heißt's ja wohl. *Eine* Cola.«

»Mach mal ruhig, du bist hier nicht in D-dorf, hier heißt das eben *ein* Cola. Sächlich, verstehste?

»Sächlich? Meinst du jetzt sächsisch?« Ich war verwirrt. Hartmut war merkwürdig. Er war sehr groß und hatte tiefsitzende Akne, tief in der Haut verankert, aber auch tief unten im Gesicht. Mit den Knochen verwachsen. Sein Kinn war übersät mit Kratern und aktiven Vulkanen, kleinen roten Aknehügeln mit eitrigen, gelben Krönchen. Der Rest des Gesichts war fast menschlich, immerhin. »Akne Fortuna«, sagten wir in Düsseldorf, wegen Fortuna Düsseldorf und den Vereinsfarben Rot und Weiß, und deshalb sagten wir auch Pommes Fortuna, wenn's mit Ketchup und Mayo sein sollte.

»Sächsisch? Was soll das denn jetzt? *Das* Cola heißt es hier, Mann, du musst echt noch viel lernen. *Das* Cola, aber *der* Radio. In Wien sagt man *der* Radio und *der* Polster, nicht *das*. Und Polster ist Kissen.«

»Der Kissen?«

»*Das* Kissen, *der* Polster.«

»Alles klar, dann bin ich ja jetzt gerüstet. Jetzt kann wohl nichts mehr schiefgehen, danke, Hartmut, das mit der Cola war echt ein guter Tipp.«

»*Dem* Cola – *das* Cola heißt's, klar?«

»Echt, Hartmut, du scheinst mir ein echter Auskenner zu sein.«

»Wirste auch noch lernen. Wie lang willste bleiben?«

»Weiß nicht – ein, zwei Semester. Bin ja grad erst angekommen. Sag mal, kannste mir noch eine Rotwein bringen – oder ein Rotwein, ich weiß ja nicht, wie das heißt.«

»*Ein* Rotwein, ganz normal. Männlich. Kennst du Travnicek?«

»Was? Nee, kenn ich nicht. Bringst du mir trotzdem ein Glas? Ich kann's mir auch selber holen, aber ich kenn hier keinen, ist irgendwie peinlich, ich bin ja nur Gast hier in diesem Land, stimmt's, Hartmut?«

Hartmut nickte und streckte den Kopf. Unvorteilhaft, sein Kinn so zu präsentieren, wenn man unter Fortunahaut leidet. Aber Hartmut hatte etwas vor. Er räusperte sich. Mit einer leicht veränderten Stimme begann er zu sprechen, offensichtlich bemüht, irgendeinen österreichischen Dialekt nachzuahmen.

»Was wollens trinken? – A Viertel. – Rot oder weiß? – Hams schon mal einen roten Sliwowitz gsehn?« Er schaute mich triumphierend an.

»Versteh ich nicht«, sagte ich. »Was war das jetzt?«

»Wienerisch. Urwienerisch, Qualtinger. Kennst du, oder?«

Nein, kannte ich nicht. Ich kannte überhaupt wenig, ich war schlecht vorbereitet auf Wien. Ich wusste nichts über sächliches Cola und nichts über Qualtinger, aber ich wusste, dass das, was Hartmut da gesprochen hatte, irgendwas war, aber kein Wienerisch. Ich war erst kurz hier und hatte auch noch nicht bewusst Wiener oder Wienerinnen belauscht, meine rheinischen Ohren noch nicht auf die neue Frequenz eingestellt, trotzdem, das, was Hartmut da geredet hatte, schien mir eher Sächsisch als Wienerisch zu sein.

»War das jetzt Sächsisch, Hartmut?«

Sein Kinn pulsierte dunkelrot. »Was? Bist du bescheuert, oder was? Das war Wienerisch.«

»Aha, das war Wienerisch. Entschuldigung« – ich tippte der Rothaarigen an die Schulter –, »entschuldige, kommst du aus Wien?«

»Ja, wieso?« Sie trank Schnaps, das gefiel mir gut. Eine Frau mit einem Schnaps.

»Kennst du einen gewissen Quartinger?«

»Qualtinger, Mensch! Helmut Qualtinger! Das gibt's doch nicht, den wirst du doch kennen, hast du bis jetzt im Keller gelebt, oder was? Ein Kabarettist ist das, so ein ganz Dicker mit Bart, hast du nicht diesen Mittelalterfilm gesehen? Da hat der mitgespielt, in der Rose, im Namen, da war der ein Mönch, musste doch kennen!«

»Ja und?«

Die Rothaarige machte einen sehr gelangweilten Eindruck. Sie trank den Schnaps aus und nahm sich vom Tisch einen zweiten. Weil ich ihr auf das Glas schaute, sagte sie: »Holunderschnaps. Aus dem Burgenland. Was ist jetzt mit dem Qualtinger?«

»Mein Kollege hier kann den gut nachmachen. Hartmut, mach doch mal.«

»Was soll das denn jetzt? Ich bin doch hier keine Nummer, oder was?«

»Weißt du«, sagte ich an die Rothaarige gewandt, »er kann total toll Wienerisch. So von wegen Cola und Radio und Trabitschek.«

»Travnicek?«, fragte sie.

Ich sah, wie der Gastgeber drei neue Flaschen Rotwein auf den Getränketisch stellte.

»Ja, kann der total gut, wart mal, ich hol mir nur schnell eine Flasche von der Rotwein.«

Bis ich in dieser Riesenwohnung bei dem Tisch angelangt war, waren alle drei Flaschen bereits leer. Unglaublich, wie schnell die hier alle trinken können, dachte ich und nahm stattdessen eine schmale Flasche Birnenschnaps mit, die auch einen Korken hatte, also irgendwie mit dem Rotwein verwandt war. Als ich wieder bei Hartmut und der Rothaarigen angekommen war, goss ich ihr Glas voll. Mein leeres Weißweinglas füllte ich auch randvoll an.

»Und? Hat er jetzt schon den Qualtinger gemacht? Er kann den wirklich unglaublich gut.«

»Ich dachte, du kennst den überhaupt nicht? Woher weißt du dann, ob er den gut nachmachen kann?«

»Das spür ich«, sagte ich und nahm einen Schluck. »Komm, Hartmut.«

Hartmut lächelte. »Ich weiß nicht … ich bin ja jetzt kein Imitator oder so.«

»Was ist jetzt, machst du's jetzt oder net!« Die Rothaarige trank ihr Glas aus und hielt es mir hin. Schnaps war weiblich, so viel war klar.

»Klar macht er das – Hartmut, los!«

Die verschlafene Blonde und der Allen-Hüne sahen jetzt auch interessiert zu.

Endlich begann Hartmut mit den Vorbereitungen. Erneut streckte er sein Kinn in die Höhe und stand da wie eine eitrige Abschussrampe. Er räusperte sich und legte los:

»Was wollens trinken? – Ein Viertel. – Rot oder weiß? – Hams schon mal an roten Sliwowitz gsehen?«

Die Pause, die nun entstand, war eigentlich für den Applaus oder das Gelächter vorgesehen. So hatte sich Hartmut das wahrscheinlich gedacht. Aber die Pause blieb Pause, bis der Woody-Allen-Hüne langsam zu sprechen begann.

»Das war der gschissenste Qualtinger, den ich je ghört hab.«

Weil er so langsam sprach, war die Wirkung seiner Kritik umso heftiger. Und er hatte recht. Es klang, als würde Willy Millowitsch André Heller nachmachen oder Didi Hallervorden Bruno Kreisky.

Die Rothaarige nahm sich selber einen Nachschlag vom Birnenschnaps und trank ihr Glas sofort wieder leer, als ob sie das Gehörte runterspülen müsste. »Pfoah, wannst einen Rat willst, lass es, red, wies'd redst in Nordrhein-West-Bochum, aber vergiss es mit dem Wienerischen. Prost!« Und wieder goss sie sich ein. Sie hielt mir die Flasche hin, aber ich deutete auf mein Weinglas, das noch immer voll war.

»A Viertel Sliwowitz? Du gfallst mer«, sagte sie und kippte nach hinten um. Ich kümmerte mich um sie, und jetzt war mir das Geschlecht des Schnapses nebensächlich.

Ich entschloss mich, die Rothaarige mithilfe der verschlafenen Blonden nach Hause zu bringen. Wobei die verschlafene Blonde noch mehr gebracht werden musste als die Rothaarige. Hartmut war nach seiner Niederlage abgerauscht, und als ich den Woodymann fragte, ob er mithelfen würde, antwortete er so etwas wie: »Eigentlich bin ich selber nicht in der Verfassung, ich halte mich nur künstlich auf den Beinen, wenn es dich nicht stört, bring sie doch du heim, du hast ja eh grad mit ihr auch eher mehr zu tun gehabt als ich, ich bin ja da doch eher nur so, nicht wahr, daneben, noch dazu zufällig ja eher gestanden …«

Da er pro Wort bis zu zehn Sekunden brauchte, sah ich mich außerstande, seinen Erklärungen bis zum Schluss zu folgen, was wohl auch seine Absicht gewesen war.

»Kannst *du* mir wenigstens helfen, deine Freundin heimzubringen?«, fragte ich die Blonde, die mich ansah, als sei sie zum ersten Mal in ihrem Leben aus dem Schlafzimmer gekommen.

»Was?«, erwiderte sie im Allen-Tempo.

»Wir müssen deine Freundin nach Hause bringen. Wo wohnt sie?«

»Was? Bei mir. Wir wohnen zusammen. Girardigasse. Uh.«

Sie knickte um, als hätte sie Stöckelschuhe an, dabei trug sie Turnschuhe. Ich hatte die Wohnungstür bereits geöffnet, sie hatte das wohl nicht mitbekommen, wollte sich dagegenlehnen und fiel in die offene Tür, blieb liegen und kotzte durchs Treppengeländer vom dritten Stock ins Erdgeschoss. Ich hatte noch niemals zuvor ein so pompöses Treppenhaus gesehen, mit marmornen Säulen und verzierten schmiedeeisernen Geländern. Selbst vollgekotzt hatte es noch etwas Imperiales. So war es wohl gewesen, wenn Kaiser Franz Joseph von einem ungarischen Fürsten mit Tokajer die Leber geschmiert bekam und durch ein höchstwohlgeborenes Würgen seinen K. u. k.-Körper wieder in Gleichklang brachte.

»Geht's?«

Aber schon bei der Frage war mir klar, nein, es ging nicht, und sie schon gleich gar nicht.

Mit zwei betrunkenen Frauen im Arm versuchte ich nun in den schmiedeeisernen Aufzug aus dem 17. Jahrhundert zu kommen. Der Aufzug hatte eine hölzerne Tür mit Buntglas, davor befand sich ein Gitter, das sofort zufiel, wenn man es losließ, um die Tür zu öffnen. Während ich mit den beiden Mädchen kämpfte, warf ich einen ersten Blick in den Aufzug. Es gab keine Knöpfe, sondern dicke Stifte, die man wohl in die Wand schieben musste. Auf einem Schild stand *Berlin, 1907*. Es gab einen rot gepolsterten Sitz und einen prachtvollen Spiegel, in den wahrscheinlich schon Arthur Schnitzler und Alma Mahler geblickt hatten, um sich die Frisur zu richten oder die Schuppen von der Schulter zu schnippen.

Mir rann der Schweiß die Stirn runter, und so richtig gut ging es mir nach dem Viertel Schnaps auch nicht. Endlich hatte ich es geschafft, die beiden auf den Sitz zu platzieren, wo sie schlapp ineinanderfielen. Ich drückte den »P«-Stift, aber nichts passierte, der Aufzug bewegte sich nicht. Ich drückte den »M«-Stift, ohne zu wissen, was »M« bedeuten könnte, ich drückte den »H«-Stift, den »P«-Stift, den »1«-Stift – nichts. Also zog ich die beiden Mädchen wieder vom Sessel hoch, kämpfte mich mit beiden im Arm durch Tür und Gitter zurück ins Treppenhaus, wo ich mit dem rechten Fuß in die Überreste des blonden Mädchens trat, die es nicht ins Erdgeschoss geschafft hatten. Genauso wenig wie wir drei.

Drei im dritten Stock, dachte ich. Also neun. Mir wurde schwindlig.

Während wir durch meine Schwäche nunmehr stark schwankten, kam eine ältere Dame mit Hund an uns vorbei. »Gsindel«, sagte sie. »Angenehm, Stermann«, erwiderte ich. Die Alte begann zu schimpfen, und die Rothaarige kicherte kurz, bevor sie wieder in sich zusammenfiel.

Drei Stockwerke, das sollte wohl irgendwie gehen, dachte

ich mir, riss mich zusammen und wankte vorsichtig los, links die Rote, rechts die Blonde im Arm. Wie Konsul Weyer im Palais Schaumburg.

»Seid ihr okay?«, keuchte ich, weil sie sich kaum regten.

»Was?«, murmelte die Rothaarige. Das glaubte ich zumindest, dabei tropfte sie aus dem Mund auf meine Schulter. Die Blonde ließ ihren Kopf auf meine andere Schulter fallen, was ich als Zustimmung betrachtete. Vorsichtig, Stufe für Stufe, drei Stockwerke, irgendwie. Im zweiten Stock dampfte ich wie ein Thyssen-Stahlwerk. Schweiß fiel in dicken Tropfen hinunter auf den mit Jugendstilornamenten verzierten Kachelboden. Ich versuchte sie mit dem Fuß wegzuwischen, ich war ja nur Gast in diesem Haus, in diesem Land, dachte ich betrunken, ich kann denen nicht ihre Häuser vollschwitzen, da werden die sich bedanken, die Frau Gsindel und die anderen, gut, wenn die beiden sich übergeben, ist das deren Sache, noch eine Stufe, und noch eine, aber ich, als Deutscher, das weiß ich doch nun auch schon – da ist es nicht gut, deren Wohnungen hier nass zu machen.

Erster Stock. Alles drehte sich. Ich sah verschwommen, wie der Woody-Allen-Typ mit zwei anderen an uns vorbeihuschte. Gehen ging bei ihm offensichtlich deutlich schneller als sprechen.

»Der Aufzug! Wieso geht das Scheißding nicht?«, rief ich.

»Brauchst einen Schlüssel, ist nur für Hausbewohner«, antwortete er langsam und verschwand schnell.

»Halt mal, du bist doch Hausbewohner! Kannst du mir nicht den Aufzug checken? Oder kannst du mir vielleicht wenigstens helfen? Mit den beiden hier? Ich kann kaum mehr!«

Aber ich hörte nur ihre hastigen, immer leiser werdenden Schritte und nach einer ganzen Weile die Haustür zuschlagen. Komisch, dass das so lang gedauert hat, dachte ich mir. Die waren doch ganz schön flott, Woody und seine Freunde, und wir sind doch schon im ersten Stock, oder? Was kann denn da so lang dauern?

Ich mobilisierte meine Kräfte, schulterte beide Frauen, so wie ich in Düsseldorf in den Ferien Zementsäcke geschultert hatte, als ich einmal beim Tiefbau gearbeitet hatte. Aber die Zementsäcke hatten keine spitzen Schuhe an, mit denen sie mir immer an dieselbe Stelle in der Kniekehle traten.

»Könntest du damit aufhören? Oder die Schuhe ausziehen?«, fragte ich die Blonde.

Gut, dass die andere Turnschuhe trug, dachte ich, noch eine Stufe, ablenken. Beim Bau, erinnerte ich mich, da war Norbert gewesen, Hilfsarbeiter, um die vierzig, die ärmste Sau am ganzen Bau, immer hatten sie ihn verarscht, der Baggerfahrer und der Polier, die Könige der Baustelle, die Habsburger vom Bau. Immer wieder hatten sie mit ihm »Ostfriesisch Fußball« gespielt, noch eine Stufe, und wieder ein Tritt, kannst du bitte aufhören, mir ins Knie zu treten? Norbert, sagten sie, nachdem sie in den Sand ein Fußballfeld gezeichnet hatten, welche Seite nimmst du? Rechts, sagte Norbert, nach kurzem Nachdenken, gut, Norbert, dann nehmen wir links. Welche Farbe haben deine Trikots, Norbert? Norbert dachte wieder nach. Blau, sagte er. Gut, Norbert, unsere sind rot. Noch eine Treppe, das gibt's doch gar nicht, wie viele Scheiß-Treppen hat dieses verfickte Haus denn? Norbert, wie viele Tore schießt du in der ersten Halbzeit? Hm, sagte Norbert und kratzte sich am staubigen Kopf, zwei schieß ich. Nicht schlecht, Norbert, nicht schlecht, wir schießen nur eins, führste zur Halbzeit, echt gut. Norbert freute sich tatsächlich, unsicher lächelte er. Und Norbert, in der zweiten Halbzeit? Wie viele Tore schießt du da? Weiß nicht, noch eins vielleicht? Verdammte Stufen. Super, Norbert. Noch eins, also insgesamt drei, was? Norbert nickte. Tja, Pech gehabt, wir schießen drei in der zweiten Halbzeit, haste verloren, vier zu drei für uns.

Ich stand im Erdgeschoss. Aber keine Haustür war zu sehen. Dafür an der Wand ein Schild: *Hochparterre.* Ich stand da wie Norbert. Das Haus hatte mich reingelegt, so wie man ihn reingelegt hatte. Das gibt's doch nicht, dachte ich. Erster Stock, dann Erdgeschoss – oder? Ich ließ die beiden Mädchen vorsichtig zu Boden, stand mit zittrigen Beinen da und blickte ins Treppenhaus hinunter. »Ist das hier versteckte Kamera, oder was?«, schrie ich.

Das Licht ging aus. Es war stockfinster. Ich kroch auf allen vieren zu den beiden Mädchen.

»Ich weiß nicht, was hier los ist. Irgendeine Riesensauerei. Das Haus hat kein Unten, ich lass euch kurz allein, gut? Mal nachgucken – das gibt's ja nicht.«

Wenn sie auf meine Verzweiflung reagiert haben sollten, dann sehr diskret. Viel mehr als ein vernuscheltes »Gurt« konnte ich nicht verstehen. Was das wohl heißen sollte? »Gurt«, murmelte ich vor mich hin, während ich vorsichtig zur Treppe kroch und mich auf dem Po sitzend Stufe für Stufe nach unten kämpfte. Vielleicht »Gurt« im Sinne von »Schnall dich an«? »Pass auf« wollten sie wohl sagen.

Plötzlich ging das Licht wieder an und ich saß vor Lech Wałęsa. Der gleiche Bart, die gleiche Frisur, der gleiche leicht verkniffene Gesichtsausdruck. Allerdings nichts mit Solidarität.

»Hat man Ihnen ins Hirn gschissen?«, krächzte mich Lech Walesa an. »Sind Sie von dem Gsindel oben?«

»Nein, ich kenn sie zwar, aber nur, ich weiß nicht, sie ist mit dem Hund an mir vorbei.« Wieso er dachte, ich gehöre zu der alten Frau, war mir rätselhaft.

»Wissen Sie, wie viele Hunde es in Wien gibt? Hunderttausend Hunde kacken uns zu, verstehen Sie? Die Straßen ein reines Fäkalientrottoir, pfui. Wissens, was so ein Hund am Tag scheißt?«

»Nein, puh, keine Ahnung«, keuchte ich, immer noch im Sitzen. »Wie viel denn?«

»Wie viel? Weiß ich nicht, aber zu viel. Die Stadt ist die Stadt des Hundes, man muss sich zurückziehen, hierher, in seine eigenen vier Wände, nur hier hat man seine Ruhe, ganz Wien ist ein vollgeschissner Zwinger. Aber wenn ich jetzt nicht einmal mehr daheim meine Ruhe hab, wissens? Es ist eine Arschpartie, das Leben!«, lamentierte er.

Der Mann tat mir leid. Ich wusste nicht genau, was sein Problem war, aber dass er eines hatte, war offensichtlich.

»Entschuldigung, geht's hier auch irgendwo raus?«, fragte ich vorsichtig. Der Schnaps hatte meine Zunge pelzig gemacht, sie fühlte sich dicker an, als ich sie in Erinnerung hatte.

»Auf die Straße? Zu den gschissenen Hundsviechern wollen Sie?«

Ich bereute sofort, gefragt zu haben. »Ich verstehe das nicht, ich bin neu hier, ich weiß nicht, wieso ich nicht vom ersten Stock nach unten komme. Ins Erdgeschoss. Bei uns kommt unter dem ersten Stock immer das Erdgeschoss.«

»Gurt«, sagte jetzt auch er. Was war das nur für ein Teufelsgesöff gewesen? Waren hier alle neben der Spur, mich eingeschlossen?

»Unter'm ersten Stock ist das Hochparterre, dann kommt's Mezzanin, da unten, sehen Sie?« Er zeigte nach unten. Ich rutschte auf dem Hintern näher ans Geländer und sah, was er sah. Die Reste der Blonden.

»Da hat wer hergspiebn! Es derf net woar sein. Hure!« Mit dem Wort »Hure« schmiss er seine Tür zu.

Ich wusste nicht, ob er vielleicht mich mit »Hure« meinte, aber es war mir auch egal. Ich fand, »Hure« passte als wütender Ausruf ganz gut zu diesem ganzen Abend.

Endlich waren wir unten. Ich wuchtete die beiden komatösen Frauen durch die Eingangstür und erstarrte vor Kälte. Auf der Straße wehte ein eisiger Wind, Schneeflocken fielen auf die Schleifmühlgasse. Das hatte ich in Düsseldorf auch ab und zu mal gesehen. Aber anders als in Düsseldorf blieben sie hier auch liegen. Es lag tatsächlich Schnee! Anfang Oktober! Damit hatte ich nicht gerechnet. Ich hatte eine Jeansjacke an, wie sie in der niederrheinischen Tiefebene für den Herbst fast übertrieben scheint. Dort braucht man Kleidung gegen Nebel und leichten Niederschlag, aber das hier war wie eine Liveschaltung zu den Olympischen Winterspielen.

Die Autos waren komplett unter Schneebergen begraben, am Straßenrand waren große Schneewehen, darunter waren wohl Fiestas, Golfs und Ford Taunusse. Verrückt, dachte ich. Verrückt und angenehm schön. Hätte ich nicht die beiden betrunkenen Mädchen im Arm gehabt, wäre es geradezu kitschig gewesen. Girardigasse, dachte ich, während mir die dicken Flocken wie Watte auf den Kopf fielen.

Ich lehnte die Mädchen vorsichtig gegen ein Blumengeschäft, sagte sanft »Gurt« zu ihnen und zog meinen Stadtplan hervor. Ich hatte Glück, die Girardigasse war ganz in der Nähe, auf der anderen Seite des Naschmarkts. Ich sah mir meine beiden neuen Freundinnen an. Die ersten Wienerinnen meines Lebens. Nicht schlecht, dachte ich.

»Könnt ihr nicht doch gehen?«, fragte ich, aber nichts deutete darauf hin.

Ich sah nach rechts, wo eine Straßenbahn vorsichtig um die Ecke bog und wie ein Schneepflug den Schnee aus den Schienen schob. Ob die hier andere, spezielle Straßenbahnen haben?, fragte ich mich, so wie die in Kanada andere Schiffe haben müssen, alles Eisbrecher, sonst kommen die kanadischen Schiffe ja gar nicht durchs gefrorene Meer, andere Schiffe als zum Beispiel am Niederrhein, die brauchen das nicht, die brauchen nicht mal Licht, weil das Ruhrgebiet nachts aus vielen Schornsteinen leuchtet, und die Straßenbahnen in Düsseldorf müssen sich nie durch Schnee kämpfen, vielleicht einmal in hundert Jahren, 1929, das war ein strenger Winter, aber gab's da überhaupt schon Straßenbahnen?

Die Rothaarige hatte nur ein langärmliges T-Shirt an. Ich legte ihr meine völlig eingeschneite Jeansjacke um die Schultern. Wie der heilige Martin, dachte ich, dabei hatte ich die Jacke natürlich nicht mit meinem Schwert in zwei Teile geteilt.

Im Schnee, da saß ein armer Mann, hatt' Kleider nicht, hatt' Lumpen an, summte ich vor mich hin, und genau in dem Moment entgleiste die Straßenbahn. Das hatte ich noch nie gesehen. Wie eine Modelleisenbahn hüpfte sie einfach vom Gleis, und ein Wagen stand mitten im Schnee.

»Mir ist kalt«, hörte ich die Blonde stöhnen. Sie hatte ebenfalls nur ein langärmliges T-Shirt an. Langärmlige T-Shirts waren offenbar angesagt. *Fruit of the Loom* stand auf ihrem drauf.

»Die Straßenbahn ist entgleist«, sagte ich.

Vor der Paulanerkirche standen die Fahrgäste und der Schaffner, gestikulierten und wurden weiß. Ihre Stimmen wurden von den Flocken verschluckt.

Nicht aber die Stimme der Blonden. »Was is'n das für ein Schaaß?«, quäkte sie.

Meinte sie die Straßenbahn, den Schnee oder mich? Jedenfalls nutzte ich ihre Wachphase sofort aus und sagte bestimmt: »Wir gehen jetzt. Ich halte deine Freundin, aber du gehst selber!«

Und so ging ich los, die Rothaarige im Arm. Die andere stolperte hinter uns her.

»Wir gehen in die Girardigasse«, lautete mein Kommando. Das Ganze hatte etwas von *Doktor Schiwago* oder *Krieg und Frieden*, irgendwas Russisches jedenfalls, mit Omar Sharif und Pelzmützen und Muffs und viel Frost. Ich summte die *Schiwago*-Melodie, während meine Schritte im Schnee knirschten. *Doktor Schiwago* für Arme.

»Was singstn du den *Dritten Mann*? Ois a Touristenschaaß«, meckerte die Blonde.

»Das ist *Doktor Schiwago*. Kein Touristenscheiß. Tolstoi.«

»Na! *Krieg und Frieden* ist Tolstoi, *Doktor Schiwago* nicht. Aber was du da pfeifst, ist eh der *Dritte Mann*. Pfoah, is mir schlecht.«

»Nicht in den Schnee«, schnaufte ich sie an. »Der ist so … weiß.«

Wir überquerten die Operngasse. Die Ampeln waren ausgefallen und blinkten nur gelb. Das gelbe Licht spiegelte sich im Schnee.

»Schön, was?«, sagte ich.

»Ja, toll, Schnee halt«, erwiderte die Blonde. Klar, sie war abgebrühter. Für sie war Schnee so alltäglich wie für mich Nieselregen.

Ein Radfahrer fuhr lautlos an uns vorbei. Mitten durch den Schnee, mitten auf der Operngasse, kein einziges Auto weit und breit. »Tot?«, rief er lachend und meinte damit wohl die Rothaarige, die ich leblos im Arm hielt. »Eh a schöne Nacht zum Sterben«, rief er noch und hielt den Daumen nach oben.

Ich nahm die Rothaarige wieder in die Zementsackhaltung, und sofort trat sie mir in die Kniekehle. Ich erinnerte mich an die Wassertropfenfolter, von der ich kürzlich gelesen hatte: immer ein Tropfen Wasser auf dieselbe Stelle, stundenlang. Hatte ich noch nie ausprobiert, aber die Kniekehlenfolter schlug in die gleiche Kerbe. Bei einem besonders heftigen Tritt schrie ich auf und knickte entkräftet ein. Wir landeten zusammen im Schnee. Befreit von der Last und dem Schmerz lag ich dort, im weichen Weiß. Kurz war ich glücklich.

Die Flocken fielen mir in die Augen, und die Blonde fragte ungerührt: »Und jetzt?«

Die Rothaarige schlug die Augen auf und sagte: »Gemma ins ›Trabant‹. Die ham an super Marillenschnaps.«

»Marillen Monroe«, murmelte ich und las auf einem Schild vor einer Torausfahrt: *Das Tor muss immer geschlossen bleiben. Oder offen.*

Das »Trabant« war ein enger Schlauch. Dicht gedrängt standen die Leute vor der Bar. »Im ›Flieger‹ gibt's zwei Tequila zum Preis von einem, aber hier gibt's besseren Marillenschnaps.« Die Rothaarige schien plötzlich wieder lebendig zu sein. Sie schüttelte ihr verschneites Haar und lächelte mich an. »Ist das deine Jacke? Mah, lieb«, sagte sie, beugte sich vor und küsste den lockigen Mann neben mir.

»Das Bier ist lauwarm. Erkälten werd ich mich dadurch nicht«, knurrte er und rieb sich seinen Dreitagebart.

Die Rothaarige schmiegte sich an ihn. »Wenn's kalt ist, magst du es auch nicht. Vielleicht solltest du gar keins trinken. Bier ist vielleicht nichts für dich, mein Schatz.« Sie bestellte vier Marillenschnäpse, und am nächsten Morgen wachte ich in der Girardigasse auf. Eine dicke Katze saß auf meinem Bauch. Die Rothaarige und der Biermann hatten neben mir im Bett Sex. Ich verhielt mich ruhig. Die Katze sah mich boshaft an. Vielleicht spürte sie, dass ich Katzenallergie habe. Ich wollte meine Gastgeber wirklich nicht stören, ich war Gast in diesem Bett, in diesem Raum, dieser Stadt, diesem Land, ich wollte die inländische Paarung nicht unterbrechen, aber ich spürte das Kratzen im Hals, meine anschwellende Nase. Und während die beiden neben mir immer heftiger kopulierten, drohte auch meine Nase in einem gewaltigen Orgasmus zu zerplatzen.

»Tschiah!« Ich nieste furchtbar laut. Die dicke Katze blickte mich erschrocken an, ebenso die Rothaarige und der Warmbiertrinker, die ihre Tätigkeit abrupt beendeten.

Ich warf ihnen einen entschuldigenden Blick zu. »Tut mir leid. Dirk«, stellte ich mich höflich vor.

»Ah. Dirk. Mit dem dotterweichen D wie Damentoilette«,

sagte der Lockige und rollte sich entnervt zur Seite. »Ich kann nicht mit dir schlafen, wenn ein Deutscher mit im Bett liegt.« Er gab der Rothaarigen einen Kuss.

»Mal ist's die Katze, mal ein Deutscher. Vielleicht solltest du gar keinen Sex haben. Vielleicht ist Sex nichts für dich, mein Schatz«, rief sie, wickelte sich in eine Decke und ging ins Bad. Die dicke Katze beobachtete mich weiterhin. Der nackte Mann neben mir starrte mich ebenfalls an und strich sich über seinen Dreitagebart. Ich nieste. »Tschiah!«

»Allergisch?«, fragte er. Ich nickte. Er packte die Katze, und mit den Worten »Mistvieh, deppertes« schmiss er sie aus dem Bett. Ich nieste. »Tschiah!«

»Robert«, stellte er sich vor. Ich nickte und nieste erneut.

»Kaffee?«, fragte er und ich nieste. »Tschiah!«

»Ich werte dein Niesen mal als Zustimmung.«

Robert verließ das Zimmer. Ich hörte ihn Kaffee kochen.

»Ich hoffe, es passt. Ihr Deutschen nehmt ja eine Kaffeebohne pro Liter. ›Tasskaff‹ sagt ihr. ›'n Kännchen Kaffe‹, stimmt's? Wir in Wien trinken Kaffee. Ich hoffe, er ist nicht zu stark. Toni, auch Kaffee?«, rief er ins Bad.

Die Tür öffnete sich, und Toni kam angezogen und mit nassen Haaren heraus. »Ich muss gehen«, sagte sie und gab Robert einen Kuss. Dann wandte sie sich an mich.

»Möchtest du mitkommen?«

»Wohin?«, fragte ich.

»Nach Schwechat, zum Flughafen. Kennst du Niki Lauda? Den muss ich heute interviewen. Für's Radio. Wenn es dich interessiert, kannst du mitkommen!« Sie war überraschend flott und zog sich bereits Schal und Mantel an. Ich hatte angezogen geschlafen, wie ich feststellte. Also stand ich auf und zog mir die Schuhe an. »Mit dem Kaffee, das holen wir nach«, rief ich Robert zu und eilte Toni hinterher.

Toni holte aus ihrer Tasche ein Sony-Professional-Aufnahmegerät heraus, ein Mikrophon und ein Kabel. Währenddessen erzählte Niki Lauda einer Mitarbeiterin, dass es heute Morgen in einer seiner Maschinen einen Zwischenfall gegeben habe.

»Es gab Turbulenzen beim Landeanflug«, erklärte der ehemalige Formel-1-Fahrer und nunmehrige Airline-Boss in einem schmucklosen Flughafenzimmer ohne Fenster. Ein einfacher Tisch mit drei Stühlen stand im Raum. Kein Kaffee, kein Wasser. Lauda galt als geizig. Vielleicht hatte er die Dekoration eigenhändig abmontiert und die Säfte zurück in den Kühlschrank gestellt. »Als die Maschine gelandet ist, kommt die Chefstewardess zum Kapitän: Eine Passagierin hat sich in die Hose geschissen. Aber nicht im übertragenen Sinn. Sie hat voll auf den Sitz geschissen. Sie rufen das Bodenpersonal, damit die das säubern, aber die weigern sich, weil's ja in der Luft passiert ist, also die Crew dafür verantwortlich ist. Die Chefstewardess besteht darauf, dass die Dame sich erst am Boden in die Hosen gschissen hat und sie deshalb nicht zuständig sei. Ein langes Hin und Her, keiner will's machen. Lösung: Ein Techniker kommt und schraubt den ganzen Sitz raus. Ich glaub ja auch, dass die Dame erst am Boden gschissen hat. Sie hat Angst, dann, nach der Landung, ist sie gelöst und lässt's laufen. So. Was wollen Sie?«

Toni hatte mir inzwischen erzählt, dass sie beim Österreichischen Rundfunk arbeitete, beim Radio in der Jugendredaktion. Sie machte vor allem Jugendporträts von Prominenten. *Als ich vierzehn war,* hieß die Reihe. Toni selber war 22.

»Sie haben bald Geburtstag, Herr Lauda. Feiern Sie?«, fragte sie zur Auflockerung. Aber Niki Lauda war bereits locker.

»Ich mach ein Grillfest«, sagte er und grinste.

»Mit Ihrer Familie? Ihre Söhne sehen Sie ja nicht sehr oft. Erkennen die Sie überhaupt, wenn Sie nach Hause kommen?«, fragte Toni.

»An den Ohren erkennen's mich«, grinste das berühmteste Unfallopfer des Nürburgrings.

»Entschuldigung«, sagte ich und lief aus dem Raum. Der gestrige Abend rumorte in meinem Bauch, ich schwitzte und schwankte. Ich versuchte an die Luft zu kommen, aber es gelang mir nicht. Ich übergab mich vor einer Wechselstube. Dafür erwartete ich keine Schillinge.

Ein rot gekleideter Austrian-Airlines-Mitarbeiter vom Bodenpersonal blieb stehen und sagte: »Ich werd's weitergeben – wir brauchen jetzt auch am Boden Speibsackerl. Oder Kotztüten, für unsere deutschen Gäste.«

Toni kam mit zwei Dosen Bier aus dem Flughafengebäude. Ich saß in der Kälte auf einer Bank vor dem Terminal 1.

»Hier«, sagte sie und öffnete eine Dose Puntigamer. »Lustig samma, Puntigamma. Trink! Du musst langsam von der Fettn fortkommen, wie wir sagen. Ein bissl was trinken, nachdem du viel getrunken hast.«

Widerwillig und angeekelt nahm ich einen Schluck. Ich zitterte. Noch immer fielen Schneeflocken. Auf einem Verkehrsschild stand *Fischamend*. Ich war auch am End. Fischamends Friend.

»Komm«, sagte sie, »fahren wir ins Funkhaus. Es sei denn, du hast was Besseres vor?«

Jedenfalls nichts, was besser klang. Wir stiegen in ein Taxi. Der Fahrer war schon älter, er hatte ein gerötetes Gesicht, eine knollige Nase mit blauen Äderchen und geplatzten Poren. Die Ausfahrt *Fischamend* ließen wir rechts liegen, er fuhr auf die Autobahn auf. Links war die große OMV-Raffinerie, die mich ans Ruhrgebiet erinnerte. Verwirrende Röhrenkonstruktionen, Türme, Kessel – ich war froh, dass ich so eine Anlage nicht planen musste. Die Raffinerie wirkte wie das Bühnenbild zu einem unheimlichen Science-Fiction-Film mit einem schrecklichen Ende.

Ungarische Reisebusse kamen uns entgegen. Sie hatten auf der Mariahilfer Straße, die man mittlerweile Magyarhilfer Straße nannte, die Duty-Free-Elektroläden leer gekauft und alles Obst vom Naschmarkt mit dazu. In riesigen Plastiktüten steckten Tonnen an Vitaminen und Kassettenrekordern. Nun fuhren sie zurück nach Sopron, Györ, Budapest und Debrecen – der Eiserne Vorhang ließ sich schon vor dem Mauerfall zwischen Ungarn und Österreich ein bisschen anheben.

Unser Taxi fuhr auf der linken Spur. Der Fahrer hupte, weil ein Ford Fiesta nicht nach rechts wechselte. »Heast, du Funzn«, schrie er und hupte so lange, bis der Fiesta endlich den Blinker setzte und uns vorbeiließ. Als wir an ihm vorbeifuhren, zeigte unser wütender Fahrer der alten Frau am Steuer einen Vogel und wischte sich dann mit der Hand wie ein Scheibenwischer übers Gesicht. »Das hammer schon gern. Drah di haam, leg di in an Holzpyjama und gib a Ruh. Di hob i scho gfressen, so oide Waberln, so schiache!«, brüllte er. »I hob mi scheidn lossn von meiner Oidn. Als sie sechzig wurn is. Wissts es, warum a Scheidung so teuer is? Weil sie es wert is. I hob a Altfut-Allergie!«

Ich verstand kein Wort.

»Was hat er?«, fragte ich.

»Er ist allergisch auf die Geschlechtsteile älterer Damen«, erklärte Toni und beugte sich nach vorne. »I hob a Altnudel-Allergie. Glaubens, Ihr Hängebeidl is schee? Sie mit Ihrem schiachn Frnak in der Visage? Wie die Nase des Mannes, so sein Johannes, stimmt's? Hobn Sie an Schnapsschwanz?«

Schimpfend hielt der Taxifahrer auf dem Pannenstreifen, stieg aus und riss die Türen auf.

»Aussi, oba gschwind, es Gfrasta!«, schrie er.

Wir stiegen aus, und er rauschte mit aufheulendem Motor davon. Mit der Puntigamer-Dose in der Hand und Toni an meiner Seite stand ich nun im Schneegestöber auf der Autobahn, kurz vor der Pferderennbahn Freudenau. Hinter uns ragte eine große Plakatwand in die Höhe. *Wien ist anders* stand darauf. Das Bier half nicht, mir war noch immer schlecht.

Die Raffinerie leuchtete, und von der Müllverbrennungsanlage kam ein unangenehmer Geruch. Ich dachte an eine Beerdigung in Düsseldorf, auf der ich einmal gewesen war. Eine entfernte Tante war gestorben, die ich kaum kannte. Von ihren vier Kindern waren drei vor ihr gestorben, auch ihr Mann war schon lange tot. Der indische Pfarrer, der ein lustiges Pidgin-Englisch-Deutsch sprach, sagte: »Ihr Leben war ein Kommen und Gehen. Ein Mann kam, er ging, ein

Kind kam und ging, und jetzt ist sie gegangen, wie wir alle gehen müssen. Aber wann und wie?« Das »wie« sprach er aus wie das französische »oui« und das »wann« wie das englische »one«.

One und oui. Darum ging's. Ich setzte mich auf die Leitplanke.

»Alles in Ordnung?«, fragte Toni. Ihr rotes Haar war bereits voller Schnee. Rot und weiß. Schneeweißchen und Rosenrot.

»Wieso schimpfen die Leute in Wien so viel?«, fragte ich.

»Sie schimpfen nicht, sie granteln. Das darfst du nicht so ernst nehmen. Wir gefallen uns in der Rolle. Wien ist ein Melting Pot, so wie New York. Aber bei uns hier haben sich nur die depressivsten Völker vermischt. Arme Slowaken mit desillusionierten Polen, halbverhungerte Rutenen mit ängstlichen Tschechen. Keine Brasilianer oder irgendwelche fröhlichen Völker. Die Balkanesen haben ihre Wut mitgebracht, die Ungarn ihre Lebensmüdigkeit. Wusstest du, dass die Ungarn mit den Finnen zusammen die höchste Selbstmordrate haben? Das macht uns fertig, dass wir nicht mal in dieser Statistik vorne liegen. Wir sind ein kleines Land, aber die Leute haben große Bedürfnisse. Da bellen sie halt laut, um zu zeigen, dass sie da sind. Aber sie beißen nicht, weil sie wissen, dass sie zu kleine Zähne haben.«

Ein gelber VW Käfer hielt neben uns. Ein sehr alter Mann kurbelte die Scheibe auf der Beifahrerseite herunter. »Möchten Sie da im Schnee sitzen oder kann ich Sie mitnehmen?«

Wie sich herausstellte, war er der Bürgermeister von Fischamend. Und obwohl wir ihn noch nicht mal wählen konnten, brachte er uns bis in die Argentinierstraße vor das

ORF-Funkhaus. »Sagens einmal ›Oachkatzlschwoaf‹«, forderte er mich zum Abschied freundlich auf.

Obwohl es erst später Vormittag war, war die Straßenbeleuchtung bereits eingeschaltet. Die Flocken umkreisten das gelbliche Licht. Die Argentinierstraße ist abschüssig, man sah bis auf den Karlsplatz. Die beiden Türme der Karlskirche und die Kuppel wirkten unwirklich, wie eine Moschee mit Minaretten. Als schneite es in Istanbul.

Vor der sowjetischen Botschaft standen traurige Soldaten. Der Schnee erinnerte sie wahrscheinlich an zu Hause und daran, dass die Sowjetunion in den letzten Zügen lag. Bis zum Staatsvertrag 1955 waren Russen, Amerikaner, Briten und Franzosen in Wien gemeinsam Besatzer gewesen und hatten die Stadt in vier Sektoren aufgeteilt. Nur der 1. Bezirk wurde von allen vieren gemeinsam verwaltet. Trotz Kalten Krieges saßen dort in jedem Jeep ein Russe, ein Amerikaner, ein Engländer und ein Franzose. Die Vier im Jeep. Jeder misstraute jedem. Wien war ein großartiger Ort für Agenten und Ganoven. Nicht nur der *Dritte Mann,* auch die ersten beiden und die nachfolgenden sorgten in der schweren Nachkriegszeit für Erleichterung und Verschärfung zugleich. Sie schmuggelten und hehlten Wien am Leben.

Die Russen hatten sich bei der Eroberung von Wien sofort für den 4. Bezirk entschieden, weil dort das Funkhaus stand. So machten die Russen es im Krieg immer: Immer zuerst das Radio. Sie zogen in das rosafarbene Palais Kranz gegenüber des Rundfunks, von den Fenstern ihrer drei Stockwerke aus konnten sie den Redakteuren auf die Manuskripte schauen.

Mit dem Staatsvertrag schrumpfte der Einfluss der sowjetischen Gäste aufs Programm. Der damalige Außenminister

Figl war ein trinkfester Mann, der es sogar mit den Russen aufnahm. Er lud den UdSSR-Außenminister Molotow zu einem Zechgelage, und am Ende lag der Russe unter'm Tisch und die Schuldklausel war aus dem Staatsvertrag gestrichen. Österreich durfte sich ab nun offiziell als erstes Opfer der Deutschen bezeichnen. Figl war hackedicht, aber das Land war reingewaschen.

Ein paar Hundert Meter vom Funkhaus in der Argentinierstraße entfernt liegt das Schloss Belvedere, wo der Staatsvertrag unterzeichnet wurde. »Österreich ist frei«, lautete Figls legendärer Ausruf. »Österreich isst Brei«, sagte meine Frau Sophie später gern, wenn sie unsere Tochter Kina fütterte. Aber die beiden waren damals im Schneegestöber auf der Argentinierstraße noch mehrere Frühlinge entfernt.

Toni besorgte mir beim Empfang einen Besucherausweis. »Ich darf dich recht herzlich im Namen der Geschäftsführung des Österreichischen Rundfunks begrüßen«, sagte sie. »Mahlzeit.« Es war elf Uhr. »Zwischen elf und fünfzehn Uhr sagt man im ORF ›Mahlzeit‹, wenn man jemandem am Gang begegnet«, klärte sie mich auf. »Merk dir das. Sonst ›Grüß Gott‹ – wichtig ist jedenfalls, dass du grüßt.«

»Mahlzeit«, antwortete ihr ein hagerer Mann um die fünfzig. »Wie geht's?«

»Gschissen«, lächelte Toni. »Und dir?«

»Mir auch. Mir geht's wirklich beschissen!«, sagte der Hagere in seinem schlecht sitzenden Anzug. Er nickte mir zu.

»Mahlzeit«, sagte ich vorsichtig.

»Habt ihr schon wieder Nachwuchs bekommen?«, fragte der Hagere.

»Ja. Er macht mit mir die Lauda-Sendung.«

»Leihgabe vom WDR oder was?« Er musterte mich.

Sie zog mich weiter den Gang entlang. Wir nahmen den Aufzug in den vierten Stock. Toni öffnete eine gewaltige gepolsterte Tür, und wir betraten einen großen Sitzungssaal. Um einen fünfzehn Meter langen Tisch saßen genauso viele Leute. Einer pro Meter. Alle in Tonis und meinem Alter.

»Das ist Dirk. Er arbeitet jetzt auch bei uns.«

Niemand nahm von mir Kenntnis. Ein Tiroler sagte »Servus«. Aber nicht zu mir, sondern in ein Telefon.

Das war's. Nach nicht mal siebzig Stunden in Wien war ich beim Radio.

»Wieso machst du das für mich?«, flüsterte ich Toni zu.

»Du hast mich gestern Nacht getragen. Jetzt trag ich dich«, antwortete sie. Mir war nicht klar, ob sie damit irgendeinen Roman zitierte, ließ es aber dabei bewenden.

Am Abend ging ich zu Fuß nach Hause. Es schneite noch immer. Der Weg führte die Argentinierstraße hinunter, über den Karlsplatz, vorbei an der Technischen Universität, an der ein Schild informierte, dass an dieser Stelle 1741 Antonio Vivaldi auf dem Armesünder-Gottesacker beerdigt worden war. Ich ging weiter Richtung Secession, vorbei an der Evangelischen Schule. »Host an Schü?«, fragte mich ein Junkie. Ich gab ihm fünf Schilling.

Am »Naschmarktstadl« bestellte ich mir eine Wurst.

»Burenwurscht, Käsekrainer, Debreciner, Waldviertler, Frankfurter, Semmerl, Scherzerl, süßer Senf, scharfer Senf – Sie müssen Eahna scho deklarieren, wos wolln«, sagte die Frau, die ich als Frau Resch kennenlernen sollte. Der jaruzelskihafte Mann neben mir grunzte zustimmend. Nachdem sie ihn mit der Wurstzange erzogen hatte, aß ich still meine

Käsekrainer mit süßem Senf und einem scharfen Pfefferoni. Der Restalkohol vom Vortag verlangte nach Fett und Würze.

»A Bier?«, fragte Frau Resch.

»Ja, gerne«, antwortete ich.

»Schwechater, Zipfer, Ottakringer, Puntigamer – Sie miassn scho sogn, was Sie trinken wolln. Kommen Sie aus Deutschland?«

»Ja.«

»Net leicht. Die Leit da mögen Deutsche nicht, aber das merkens wahrscheinlich eh. A Kundin von mir kommt aus Berlin. Sie sagt, zehn Jahre braucht man als Deutscher, bis man sich da wohl fühlt. Wollen Sie sich das antun?«

»Ich weiß nicht. Klingt nicht so verlockend. Zehn Jahre, bis man sich nicht mehr unwohl fühlt? Ich bin erst ein paar Tage hier. Aber ich fühl mich bis jetzt ganz wohl.«

»Vielleicht habens an Defekt«, sagte Frau Resch und gab mir ein Zipfer-Bier.

»Ja, vielleicht.«

Ich nahm einen Schluck. Wir schwiegen. Frau Resch legte die verschiedensten Würste auf den Grill.

»Deitsche«, sagte sie plötzlich. »Ich bin manchmal oben. Wenn man die Leut kennt, sans eh gmiatlich. Gmiatliche Leit. Kommod. Nicht so präpotent, wie man glauben möcht.«

Ich trank mein Bier aus und begann zu zittern. Es war deutlich kühler geworden.

»Gehens z'Haus, sich aufwärmen«, riet sie mir. Ich zahlte und wünschte ihr einen guten Abend.

Ich schlurfte zwischen dem Theater an der Wien und dem Feinkostladen »Piccini« in die Millöckergasse. Durchs Fenster vom Theater an der Wien konnte ich in den Schminkraum sehen. Auch heute Abend wurden die Tänzer zu Katzen geschminkt. Sie taten mir furchtbar leid.

»Guten Abend«, kam es von der Seite. Vor dem »Café Donauwelle« stand eine Frau. Sie wirkte wahlweise wie die Türsteherin einer Nervenklinik, eine chinesische Konkubine im Ruhestand oder das Plakat eines Fellini-Films. Sie war um die siebzig, weiß geschminkt und hatte grelle rote Lippen. Da mir kalt war, ging ich auf einen Tee hinein. Das Bier war keine gute Idee gewesen. Der Tee allerdings auch nicht. Die geschminkte Frau war von jeder Bestellung überfordert, klatschte regelmäßig in die Hände und bewegte sich wie die Figur eines Puppentheaters. Sie drehte sich und ihren Kopf und sagte: »Ja, jaja. Ein Tee. Natürlich, sofort. Ein Tee, jaja.«

Sie trug ein buntes Haarband und ein billiges Abendkleid. Die Lippen spitzte sie auch beim Reden. »Jaja, sofort, ein Tee«, wiederholte sie und verschwand.

Um diese Zeit waren noch nicht viele Besucher da. Der Schnee trieb die Wiener nicht gerade aus ihren vier Wänden, auch auf der Straße waren nur wenige Menschen. Eine sehr alte Frau saß am Fenster, an einem kleinen Tisch für zwei Personen. Sie trank Cognac, hatte kurze Haare und lackierte Nägel. Ihr Busen war zu groß für das rostbraune Kostüm, das sie trug.

Die Geschminkte bog mit einer dampfenden Tasse um die Ecke. »Ihr Tee, jaja. Ihr Tee.« Sie schob den Mund vor und spitzte die Lippen.

»Ihr Tee«, wiederholte sie.

»Vielen Dank«, sagte ich. »Ein schönes Café haben Sie hier.«

Sie kicherte hinter vorgehaltener Hand wie ein kleines Mädchen. »Ja, nicht wahr? Jaja, nicht?« Sie kicherte erneut und drehte sich wieder, als steckte in ihr die Hand eines Puppenspielers, der sie sich umschauen ließ. »Wir sind ein berühmtes Kaffeehaus, nicht wahr, Inge?«

Die alte Frau drehte sich zu uns und nickte.

»Die ›Donauwelle‹ war sehr berühmt. Die Freier kamen von über der Donau bis daher. Jaja. Nicht – früher. Als der Naschmarkt noch der Futmarkt war. Nicht?« Sie kicherte, und der Puppenspieler drehte sie. »Die leichten Mädchen. Jaja. Nicht, Inge? Nicht? Jaja. Nicht?« Sie beugte sich zu mir herunter und klatschte in die Hände.

»Die Inge war eine der beliebtesten Damen am Futmarkt. Da sind die Freier gekommen aus Graz und Linz!« Sie nickte mir Zustimmung heischend zu. Dann richtete sie sich wieder auf und rief: »Inge, gell? Ich hab dem Herrn gesagt, dass du das beste Pferd im Stall warst, und die Hengste hast du alle gamsig gemacht, gell? Jaja, so war's, der Futmarkt und die Inge – wollen Sie noch einen Tee? Um acht beginnt die Vorstellung, jaja.«

Erst später erfuhr ich, was mit der Vorstellung gemeint war. Maria, so hieß sie, hatte in ihrer Jugend ein Gesangsstudium gemacht. Da kein Theater sie engagierte, eröffnete sie ihr eigenes Café, in dem sie allabendlich auftrat. Das »Café Donauwelle« hatte keine Bühne, aber einen Billardtisch. Auf diesem trat sie auf. Voller Inbrunst sang sie Millöcker-Operetten und Schubert-Lieder. Schauerlich, aber voller Enthusiasmus. Die »Donauwelle« war deshalb gut besucht und sie die Königin der Nacht auf ihrer Bühne aus Filz und mit Löchern in jeder Ecke. Die Rolle der Wirtin lag ihr allerdings weniger gut als die der Sängerin.

Ich trank meinen Tee aus und nickte der alten Frau am

Fenster zu, als ich das Café verließ. Von draußen sah ich durch die Schneeflocken noch einmal ins Lokal. Inge sah hinaus. Auf was sie wohl wartete? Aufs Wann und Wie? One und oui?

Als ich meine Wohnungstür aufschloss, hörte ich laute Stimmen im Treppenhaus. Ich erkannte die Stimme meiner brustamputierten Nachbarin. Als sie den zweiten Stock erreichte, wehte mir starker Alkoholwind entgegen. Sie war voller Schnee, ein dünner Marokkaner hielt sie im Arm. Sie murmelte Unverständliches und suchte unkontrolliert in ihrer Tasche nach dem Wohnungsschlüssel.

»Ich war im Museum«, lallte sie. Darauf wäre ich bei ihrem Anblick nicht gekommen. Das Museum musste sie so beeindruckt haben, dass sie das Erlebte nur mit sehr viel Fusel hatte verarbeiten können.

»Was für ein Museum?«, fragte ich.

»In Meidling. Das Schnapsmuseum«, sagte sie, prustete los und fiel auf die Knie. Der Marokkaner bearbeitete inzwischen mit einem Stemmeisen ihre Wohnungstür.

Am nächsten Tag traf ich Hartmut im Neuen Institutsgebäude der Universität. Er stand vor dem Paternoster, aber ich nahm lieber die Treppe. Natürlich wusste ich, dass sich die Fahrgastkabine oben nicht drehte und alle kopfüber runterfielen, die es nicht geschafft hatten, rechtzeitig auszusteigen. Aber man muss das Glück nicht erzwingen, dachte ich.

»Wie. Echt? Du arbeitest beim Orff?«, keuchte Hartmut neben mir auf dem Weg in den fünften Stock. »Ich dachte, der ist tot. Was arbeitest du denn da?« Hartmut war verwirrt.

»Nicht der Orff – der ORF. Nicht *Carmina Burana*, sondern Radio«, sagte ich.

Der Wienexperte Hartmut war fassungslos. »Das gibt's doch nicht, du verarschst mich, oder? Wieso solltest du beim Radio arbeiten? So ein Blödsinn.« Er war verunsichert. Und blieb stehen. Auch, weil ihm die Luft fehlte.

»Ich muss weiter«, sagte ich und nahm zwei Stufen auf einmal.

»Wart mal, das musst du mir genauer erklären. Wir haben heute Abend Deutschenstammtisch im ›Café Stein‹. Wir treffen uns da zweimal im Monat. Nur Deutsche. Wir sind sieben Mann. Wart doch mal!«

Ich wartete nicht. Was für eine furchtbare Vorstellung. Ein Deutschenstammtisch? Ein Tisch voller Deutscher war nicht der Grund gewesen, Deutschland zu verlassen. Womöglich saßen sie da mit schwarzrotgoldenem Wimpel und dünnem deutschen Kaffee. Ich dachte an Roberts Vorstellung von einer Bohne pro Liter, und ich stellte mir sieben Männer vor, alle mit Fortunakinn, die nach deutschem Schwarzbrot schreien. *Deutschland fürchtet nicht andere, sondern sich selbst*, hatte ich auf einer Toilettentür in Düsseldorf gelesen. Ich fürchtete eher die anderen Deutschen. In Wien zum Deutschenstammtisch zu gehen war, wie mit achtzehn mit den Eltern Urlaub zu machen oder mit dem Vater zusammen auf Interrail zu gehen und dabei von Gleichaltrigen gesehen zu werden.

Ich war jetzt hier: allein in einem fremden Land, selbst gewählt und nur halbmutig, weil immerhin jeder mich verstehen konnte. Dass ich nicht jeden verstand, gab dem Ganzen eine interessante Würze. Ich brauchte kein Vokabelheft und keine Paradedeutschen, da brauchte ich nur die Lust, mich in deutlich weniger als zehn Jahren wohl zu fühlen.

Mein Seminar *Über das Problem der Historisierung von Essensgeschmack* fand nicht statt. *Streik* stand an der Tafel, und jetzt erst fiel mir auf, dass ich außer Hartmut niemanden im Gebäude gesehen hatte. Ich lief die fünf Stockwerke hinunter. In jedem Stock sah ich den Paternoster hämisch grinsen.

»Grüß Gott. Sie werden hier bei uns natürlich niemals im Radio sprechen dürfen«, sagte der ORF-Abteilungsleiter, zu dem mich Toni mitnahm, ohne Umschweife. Ein freundlicher älterer Herr, der einen Sohn hatte, der im gleichen Alter war wie die Mitarbeiter der Jugendredaktion. Sein Sohn bekam von ihm noch Taschengeld. Dass ich mehr als sein Sohn bekommen sollte, leuchtete ihm nicht ein.

»Aber wir arbeiten für das Geld«, versuchte Toni ihm zu erklären.

»Mein Sohn auch. Er räumt sein Zimmer auf und bringt den Müll raus«, sagte der Abteilungsleiter.

»Jetzt siehst du mal, wie über unsere Sendung gedacht wird«, sagte Toni zu mir. »Radio wie rausgebrachter Müll.« Sie schüttelte ihre rote Mähne.

»Gut, Toni. Wenn du meinst, kann er hier anfangen. Aber ich würde vorschlagen, er macht diesen Sprachkurs. Diesen Entpiefkenisierungskurs.«

»Entschuldigung, was? Wozu?«, fragte ich. »Ich werde doch sowieso nicht zu hören sein, warum soll ich dann einen Sprachkurs machen? Ich bin ganz zufrieden damit, wie ich rede.«

»Für die sozialen Kontakte am Gang. Muss ja nicht jeder sofort merken, dass Sie ein Deutscher sind.«

»Er könnte ja so tun, als wäre er stumm«, schlug Toni vor.

Der Abteilungsleiter ließ nicht locker. »In dem Entpiefkenisierungskurs lernt er, so zu sprechen, wie man an der ›Josefstadt‹ spricht. Ein neutrales Hochdeutsch, ohne diese bundespiefkenesischen Einsprengsel. Kurs oder servus«, sagte er.

»Also gut«, sagte Toni. »Ich werd ihn zur Sprachwächterin bringen. Die wird ihm sein deutsches Goscherl schon richten.«

Ich hatte erwartet, dass er mit mir über mögliche Sendungen spricht, über meine großen Ideen, über mich, mein Leben, meine nicht vorhandene Ausbildung. Aber alles, was ihn interessierte, war mein Akzent. Dass der so schauerlich ist, war mir bisher nicht bewusst gewesen. Ich sprach eigentlich ganz normal, dachte ich. Ich sagte »Kirche« und nicht etwa »Kirsche«, ich fuhr nicht »na Nüss« sondern »nach Neuss«, ich klang nicht wie ein rheinischer Büttenredner. Aber dennoch schmerzte ich den Wienern in den Ohren.

Ich beschloss, in der Uni möglichst wenig zu reden, bis der Entpiefkenisierungskurs erste Früchte tragen würde. Aber die Uni war ausgestorben, dort konnte ich ohnehin gerade niemandem weh tun, wie ich feststellte, als ich am Nachmittag das Seminar *Die Geschichte des Trinkens* besuchen wollte. Der Paternoster blieb menschenleer.

Am späten Nachmittag ging ich die Landesgerichtsstraße Richtung Mariahilfer Straße, vorbei am Rathaus und am Volkstheater. Nach einer Abkürzung durch den Messepalast war ich plötzlich umgeben von Menschen, die für oder gegen irgendetwas demonstrierten. Ich hatte keine Ahnung, wofür oder wogegen, aber auch in Deutschland war ich auf vielen Demonstrationen gewesen, ohne Genaueres darüber zu wissen.

Offenbar war es in Österreich verboten, auf Demonstrationen einen gewissen Lärmpegel zu überschreiten. In Düsseldorf marschierte man über die Königsallee und skandierte lautstark »Feuer und Flamme für diesen Staat!« oder was gerade so anstand. Hier hingegen war alles ruhig, wie auf einer Prozession. Vielleicht waren Demos in Österreich so etwas wie ein großer Klassenausflug?

Immer wieder scherten Gruppen von Demonstranten aus und verschwanden in Kaffeehäusern. Mit Mehlspeisen in der Hand kamen sie wieder heraus. Mampfend und die Stadtzeitung *Falter* lesend, gingen sie in gemütlichem Tempo wieder in der Demo mit.

Neben mir stapfte ein Schweizer Austauschstudent durch den schmutzigen Schnee. »Was soll denn das für eine komische Demo sein?«, spottete er. »Die Polizisten haben keine Helme auf, sie haben kein Funki, nicht mal einen Hund hat es hier! Das ist ein Spaziergang, sonst nichts!«

Er schien enttäuscht zu sein. Und mir war kalt. Ich stapfte durch den Schnee nach Hause und heizte den Holzofen ein. Die alte Zeitung, mit der ich das Feuer anfachte, trug die Überschrift *10 Jahre Córdoba*. Es war der Sportteil des *Kurier*. Hans Krankl erzählte in einem Interview, wie er vor zehn Jahren das 3:2 erlebt hatte und dass sie sich alle gefreut hätten, weil man die Deutschen heimgeschickt habe. Das Spiel in Córdoba war am 21. Juni 1978 gewesen. Der *Kurier*, den ich in Händen hielt, war vom August 1988. Mir wurde klar, dass dieses 3:2 gegen Deutschland eine ungewöhnlich große Bedeutung haben musste, wenn noch zwei Monate nach dem Jubiläum darüber geschrieben wurde. Ich las den Artikel gründlich durch, weil mir dieses Spiel nicht geläufig war.

Das Holz roch gut, wärmte aber nur den Raum, in dem der Ofen stand. Das Bad und mein Schlafzimmer nicht.

Ich setzte mich in einem Pullover vor den Ofen und lehnte meine Schuhe gegen die Ofentür. Um die Kälte auch akustisch zu vertreiben, schaltete ich das Radio ein, zu dem ich seit heute eine ganz neue Beziehung hatte. Das Radio klang jetzt kollegial. Eine deutsche Schauspielerin wurde interviewt: Julia von Sell, die zusammen mit Claus Peymann aus Bochum ans Burgtheater gewechselt war. Der Moderator klang wie der Hagere mit dem schlecht sitzenden Sakko.

»Sie sind sicher sehr froh, jetzt an der Burg zu spielen?«, fragte er rhetorisch.

»Ja, natürlich«, antwortete die Schauspielerin.

»Und können Sie sich vorstellen, irgendwann wieder in Bochum zu spielen?« Er lachte. »Sicher nicht, oder?«

»Doch«, sagte sie.

Der Kulturredakteur klang erstaunt. »Wie das? Wenn man an der Burg spielt, in Wien – ich denke mir, da ist der Ruhrpott ja nicht sehr attraktiv.«

»Sehen Sie, in Bochum fragen dich die Leute: ›Willst du ein Butterbrot? Ja oder nein?‹ Und man sagt ja oder nein. In Wien weiß man nie, was die Frage bedeuten soll!«

Das war keine sehr diplomatische Antwort, und man spürte förmlich die Wut im Gesicht des Hageren aufsteigen. Qualm drang ihm aus den Ohren und aus dem Radio.

Ich schreckte hoch – der ekelhafte Geruch war echt. Er stammte von den Gummisohlen meiner Schuhe, die an der heißen Ofentür geschmolzen waren. Jetzt war das Profil total schief. Ich versuchte in der Wohnung herumzugehen und bewegte mich wie ein Kriegsversehrter. Mein rechtes Bein war mit Schuh zwei Zentimeter länger als mein linkes.

Auch wenn es nun in der ganzen Wohnung stank, war es immer noch saukalt, außer direkt vor dem Ofen. Da konnte ich genauso gut draußen herumwandern. Aber mit zwei verschieden langen Beinen? Ich beschloss, den anderen Schuh so schmelzen zu lassen, dass ich wieder gerade gehen konnte, als es an der Tür läutete. Ich erwartete die Brustamputierte, aber es war Robert. Sein Mantel war voller Schnee und sein Haar auch. Ich war überrascht.

»Woher weißt du, wo ich wohne?«, fragte ich.

In der Hand hielt er meinen Meldezettel. »Den hast du im Bett meiner Freundin vergessen. Wenn du im Bett der Frau eines anderen Mannes liegst, sei niemals so deppert und hinterlass deinen Meldezettel!« Er klopfte sich den Schnee ab und ging an mir vorbei in die Wohnung, zog sich den Mantel aus und wieder an. »Bei dir ist es ja saukalt!«

Ich stellte meinen zweiten Stuhl dicht vor den Ofen. So saßen wir da. Er im Mantel und ich mit stinkenden Schuhen. Den Meldezettel steckte ich mir in die Hose.

»Ich war auf der Demo, mit Spön. Kennst du Spön?«, fragte er.

»Nein. Ich kenn hier eigentlich niemanden. Nur Toni und dich«, sagte ich. Hartmut verschwieg ich. »Außerdem meine Nachbarin und die älteste Nutte vom Naschmarkt.«

»Der Spön und ich hatten eigentlich keine Lust auf die

Demo und waren Kuchen essen, im ›Café Sperl‹. Am Nebentisch saßen ein paar Polizisten, denen war's auch zu kalt draußen. Da waren auch ein paar deutsche und japanische und italienische Touristen. Der Spön steht plötzlich auf und ruft: ›Hoch die internationale Solidarität.‹ Dann stopft er sich eine ganze Cremeschnitte in den Mund und fordert die Touristen auf mitzumachen, aber dann kommen schon die Polizisten und sagen, er soll eine Ruh geben. Spön wird natürlich gleich wieder wild, man darf ihn halt nicht ärgern. Er studiert Architektur und ist ganz friedlich, aber wenn man ihm blöd kommt, wird er rabiat, als hätte er ein paar Gläser Schilcher getrunken. Kennst du das ›Sperl‹?«

Ich schüttelte den Kopf.

»Die stellen immer Teller mit Kuchen auf einen Tisch beim Eingang. Spön geht also zu dem Tisch und fängt an, die Polizisten mit Apfelstrudel zu beschmeißen. Der gute Strudel! Nun hatten die Polizisten aber schon eine Eierspeis auf dem Tisch, und dazu eine ganze Flasche mit steirischem Kernöl. Die fällt um und läuft aus. Das war vielleicht ein Gatsch: der Strudel, die Rosinen, das Kernöl, die Eierspeis. ›Das gute Kernöl‹, schreit die Kellnerin, und sie hat ja recht. Das Kernöl ist das Beste an unserem gschissenen Land, deswegen nennt man es auch das steirische Gold. Ich versteh nicht, warum uns die OPEC nicht aufnimmt. Exportieren wir das Kernöl nicht auch? Sind wir nicht auch ein ölexportierendes Land?«

»Ihr müsstet vielleicht Tankstellen bauen, mit Zapfsäulen, aus denen Kernöl kommt. Du fährst mit deinem Salat an die Zapfsäule und gießt so viel drüber, wie du dir leisten kannst«, schlug ich vor.

»Oder mit der Eierspeis«, sagte Robert. »Rührei«, übersetzte er für mich.

Ich ging in die Küche und nahm die Espressokanne. Ich zögerte, dann füllte ich das Sieb randvoll mit Kaffeepulver und kippte ein Schnapsglas voll Wasser in die Kanne. Der fertige Kaffee hatte die Konsistenz von Schlamm. Robert nahm einen Schluck, ließ sich aber nichts anmerken. Er sprach allerdings auch kein Wort, sondern erhob sich mit starrem Blick und lief zielsicher ins Bad. Ich hörte, wie er ausspuckte.

»Findest du es eigentlich sehr hässlich, wie ich rede?«, rief ich ins Bad.

»Das Bundesdeutsche? Na ja, schön ist's nicht. Klingt irgendwie uncool, so wie der Anzug von Helmut Kohl oder wie ein Aktenordner«, antwortete er, noch leicht gurgelnd. »Aber auch gscheit. Wenn du dich an der Uni meldest und sagst, dass du pinkeln musst, wird ein Raunen durch den Raum geht. Pfoah, ist der gscheit, werden sie sagen. Weil du hochdeutsch sprichst. Fad, aber intelligent klingt's, nicht mit so viele Fehler, die wos wir mocha.« Er lachte.

»Du meinst, die finden mich hier klug, weil ich hochdeutsch pinkeln kann?«

»Exakt, Deutscher. Davor haben wir Respekt. Weil ihr das besser könnt: hochdeutsch pinkeln. Wir Österreicher brunzen wie die Bauern und schiffen wie die Schweine, aber ihr? Macht euer ›kleines Geschäft‹.«

Die Jeans, in die ich den Meldezettel geknüllt hatte, wusch ich einige Tage später. Der Zettel sah danach aus, als sei er in eine Wasserstoffbombe geraten. Das war gefährlich. Der Meldezettel war der Beweis der Existenz in dieser Stadt.

Ohne ihn war man schlichtweg nicht da. Dass der Wisch mitsamt der Jeans in die Waschmaschine geraten war, deutete ich als den ersten Versuch einer unsichtbaren Macht, mich aus Wien schnellstmöglich zu entfernen. Die Macht, die sonst Socken einzeln aus der Waschmaschine kommen lässt, hatte versucht, mich aus der Stadt zu werfen.

Ich besorgte mir eine Kopie des Meldezettels, in doppelter Ausführung, beglaubigt mit einem Berg von Stempelmarken. Aber die Macht ließ nicht locker.

Vor dem Ende des Ersten Weltkriegs gab es in Wien 100 000 Beamte, die das riesige Habsburger Reich verwalteten, von Galizien bis Triest, von Vorarlberg bis Bosnien. Nach dem Krieg verlor Österreich den Großteil seiner Gebiete, aber kein Beamter seinen Job. Vom Wasserkopf Wien spricht man seitdem, und so ein Wasserkopf saß mir nun 1993 gegenüber. Seine Bewegungen erinnerten mich an ein Daumenkino mit zu vielen Bildern.

Bevor Österreich in die EU eintrat und der damalige sozialdemokratische Kanzler mit dem damaligen konservativen Vizekanzler gemeinsam die *Internationale* sang aus Freude über den Beitritt, mussten auch Deutsche einmal jährlich zur Fremdenpolizei, um die Aufenthaltsgenehmigung verlängern zu lassen.

Ich hatte meinen kleinen, gelben Fremdenpass dabei. Gelb fand ich als Farbe für einen Fremdenpass etwas ungewöhnlich, aber man musste ihn ja wenigstens nicht am Mantel tragen. Nur wer schon sechs Jahre lang Steuern in Österreich zahlte, musste nicht mehr jährlich zum Fremden-TÜV. Das war eine nicht unerhebliche Erleichterung, denn bei der Fremdenpolizei oder beim Magistrat musste man mehrere Tage einplanen, bis man alle Unterlagen und Stempelmarken beisammenhatte.

Auf dem Amt gab es Holzöfen, klapprige Holzstühle aus dem 19. Jahrhundert und abbröckelnden Mörtel, der von der Wand ins Haar fiel. Damen mit Dutt wurden so zu Mörtelsammlerinnen. Wenn sie zu Hause die Haare ausschüttelten, konnten sie neue Wände errichten. Man trat in entweder überhitzte oder frostige Zimmer, in denen Magistratsbeamte saßen, die selten Gnade kannten.

Eine junge Frau saß neben mir im Wartezimmer. Während sie sich den Mörtel aus dem Haar schüttelte, sagte sie: »Ich komme aus Ostberlin. Ich hab einen Wiener geheiratet. Wien ist mir so vertraut. Verrückt. Wien ist wie Ostberlin. Westberlin ist mir fremd.«

»Vielleicht, weil der Adler im österreichischen Wappen Hammer und Sichel in den Krallen trägt?«, schlug ich vor.

»Nein, weil alles so ist wie bei uns. Nur dass es hier mehr Jugoslawen gibt als in Zwickau. Wie lang bist du schon in Wien?«

»Sechs Jahre bin ich hier. Heute ist das letzte Mal, dass ich jährlich herkommen muss.«

»Gratuliere«, sagte die Ostberlinerin.

Ich schien aufgerufen worden zu sein. Eine leise, kraftlose Stimme hatte, wie mir schien, aus dem Zimmer neben mir meinen Namen gerufen. Ich erhob mich und klopfte. Niemand rief »Herein«. Wie bestellt und nicht abgeholt stand ich vor der verschlossenen Tür, traurige Jugoslawen saßen an den Wänden und sahen mich aus dunklen Augen an. Sie hoben die Schultern, denn sie wussten auch nicht, ob ich hineingehen sollte. Ich öffnete die Tür.

»Hat da irgendwer ›Herein‹ gerufen?«, kam es mir entgegen.

»Nein.«

»Also. Gschwind die Tür.«

Ich zog die Tür wieder zu. Einige Minuten stand ich davor, bis es selbst mir zu blöd wurde. Neben der Ostberlinerin saß inzwischen eine Kroatin. Ich setzte mich daher zu einem Bosnier, der einen blutigen Verband ums Ohr trug.

»Arbeitsunfall?«, fragte ich.

»Nein, ich war am Wochenende in Srebrenica. Ich fahr am Wochenende immer in den Krieg.«

Ich hatte davon gehört, dass viele jugoslawische Gastarbeiter am Freitagabend nach der Arbeit zum Südbahnhof und von dort mit dem Bus ins Kriegsgebiet fuhren. Ich hatte die Busse gesehen. Groß standen die Zielorte auf Schildern hinter der Windschutzscheibe, Orte, die man nur aus den Fernsehnachrichten kannte. Srebrenica, Priština, Sarajevo, Tuzla, Vukovar, Mostar. Kroaten, Serben, Kosovoalbaner und Bosnier arbeiteten die ganze Woche über friedlich nebeneinander in Wien, dann kämpften sie zwei Tage lang gegeneinander, schossen aufeinander, und am Montagmorgen standen sie wieder in den gleichen Fabriken nebeneinander.

»Blut ist kein Wasser«, sagte der Weekend-Soldat etwas martialisch.

»Das Glück is a Vogerl«, ergänzte eine alte Dame mit maßlos übertrieben geschminkten Augenbrauen und rosafarbenem Lidschatten, die uns gegenübersaß. Ich kannte sie von meinen früheren Besuchen bei der Fremdenpolizei. Sie war Wienerin und kam hierher, weil sie nur hier sicher-gehen konnte, keine Wiener zu treffen. Sie mochte keine Wiener.

»Das Einzige, was schlimmer wäre als 80 Millionen Deut-sche, wären 80 Millionen Österreicher«, war ihr Credo, und genau das sagte sie jetzt auch.

Der Bosnier sah sie teilnahmslos an. Ein Serbe las Handke. Endlich hörte ich durch die Zimmertür ein vernuscheltes und genervtes »Herein«.

Der Wasserkopfbeamte wies mich wortlos auf einen wa-ckeligen Stuhl vor seinem Schreibtisch. Da saß ich nun. Es herrschte Stille im Raum. Irgendwo rauschte eine Wasser-spülung.

»Abgemeldet nach BRD«, sagte er unvermittelt, in einem Tonfall, der ähnlich traurig war wie der Anblick des Zwerg-kaktus, der auf einer Untertasse vor ihm stand. Die Unter-tasse hatte einen Sprung, Kaffee und Nikotinflecken hatten ein ekliges Muster aufs früher mal weiße Porzellan ge-brannt.

»Wieso abgemeldet? Ich bin doch hier«, erwiderte ich lä-chelnd.

Ich legte dem Mann meinen Meldeschein auf den Schreib-tisch, auf dem klar und deutlich stand, dass ich seit sechs Jahren im 6. Bezirk wohnte. Papagenogasse. Ich zeigte ihm sogar einen zweiten Meldezettel. In Wien hat man mehrere Meldezettel, und auch auf diesem stand fett: *Papagenogasse, 1060 Wien.*

»Wurscht. Bei mir steht, Sie sind abgemeldet nach BRD.«

»Wenn schon, dann *in die. In die* BRD. Abgemeldet *in die* BRD, heißt es. Aber ich bin gar nicht abgemeldet.«

»Bei mir schon! Wenn Sie sich wieder anmelden wollen, müssen Sie einen Antrag stellen.«

»Ich muss keinen Antrag stellen, weil ich nämlich hier gemeldet bin. Seit sechs Jahren! Verstehen Sie?«

Er starrte mich an, wie man ein Insekt anschaut, das gleich einem Fisch zum Fraß vorgeworfen wird. Langsam und genüsslich schob er mir meinen Meldeschein rüber. Dort standen mein Name, mein Geburtsdatum, *Papagenogasse, 1060 Wien* und *Abgemeldet nach BRD.*

Hatte ich mich betrunken selbst abgemeldet? Im Suff Heimweh bekommen nach BRD? An der Wand hinter seinem Schreibtisch hing eine aus einer Zeitung gerissene Karikatur. Man sah einen dünnen alten Mann allein in einem riesigen Ballsaal stehen, Girlanden um seinen Hals. Darüber stand: *Kurt Waldheim feiert Silvester in der Wiener Hofburg im Kreise seiner Freunde.*

»Und jetzt? Ich meine, wegen der sechs Jahre.«

»Jetzt fängt's wieder von vorn an.«

Nun starrte ich ihn an, wie ein Insekt den Angler anglotzt, bevor es an die Fische verfüttert wird.

»Wie kann das sein? Ich habe mich mit Sicherheit nicht selber abgemeldet. Ist das hier so ein Kafkascheiß?«

Er lachte. »Aber nein. Kafkas Leben war das einzige kafkaeske Leben.« Er zog eine Packung Mannerschnitten aus der Schreibtischlade und steckte sich eine Schnitte in den Mund. Offenbar kamen wir zum gemütlichen Teil.

»Wahrscheinlich haben Sie einen Meldezettel verloren, jemand hat den gefunden und ist hergekommen, um Sie abzumelden.«

»Warum sollte das jemand tun?«, fragte ich.

»Vielleicht, weil Sie Deutscher sind?« Kauend musterte er mich.

»Ach so. Na ja, das wär ja verständlich«, sagte ich. »Natürlich. Aber jetzt haben wir die Sache ja aufgeklärt, nicht wahr? Dann können Sie die Abmeldung ja rückgängig machen.«

Er schmatzte kurz. »Wussten Sie, dass Kafka in Klosterneuburg in einer Lungenklinik war, am Ende? Gerade mal zehn Kilometer von hier.«

Ich betrachtete die nikotinbraune Kakteenuntertasse und schüttelte den Kopf. Mit dem Zeigefinger schob sich der Beamte die Mannerschnittenkrümel aus den Mundwinkeln in den Mund. Langsam öffnete er eine weitere Lade und holte ein Tipp-Ex-Fläschchen heraus.

»In Kierling lag er. Kennen Sie die Briefe an seinen Freund Klopstock?«

Er begann sehr konzentriert den Stempel *Abgemeldet nach BRD* zu übermalen. Mehrmals tunkte er den Pinsel in die weiße Flüssigkeit, bis der Stempel unsichtbar war.

»Seine Freundin Dora Diamant hat ihn begleitet. Tuberkulose. Sie schrieb, die Klinik sei entsetzlich und würde Kafkas Ende beschleunigen. Er lag mit zwei schrecklich leidenden Menschen Bett an Bett. Dora Diamant schrieb: Kehlkopf mit Apparaten.«

Er blies auf die frisch gepinselte Stelle. Ein, zwei Brösel fielen aus seinem Mund aufs Tipp-Ex.

»Jetzt müssen wir warten. Bis es ganz trocken ist.«

Zusammen warteten wir. Schweigend. Er kauend. Das leise Krachen der Mannerschnitten in seinem Mund war unsere Begleitmusik. Unvermittelt nahm er dann das Blatt, hielt es sich vor den Mund und rülpste. Wollte er das Tipp-Ex trockenrülpsen?

»Papagenogasse sind Sie daham? Daham is daham, da hab ich's schön warm«, sagte er und drückte seinen Daumen auf die weiße Fläche. »Passt«, sagte er und zog einen blauen Plastikkugelschreiber aus seiner Hemdtasche. Fein säuberlich schrieb er in Kinderschrift etwas auf den Zettel, dann stempelte er vorsichtig auf die weggetippexte Stelle.

Er schob mir den Meldezettel rüber. *Abgemeldet in die BRD* stand dort. Das *in die* hatte er unterstrichen.

Sechs Jahre, dachte ich. Sechs Jahre einmal im Jahr hierherkommen. Als ich gesenkten Hauptes aus dem Zimmer trat, nickte der Bosnier mir zu. Er erkannte die verlorene Schlacht.

»Das Glück is a Vogerl«, sagte die Geschminkte. Als Österreich Jahre später in die EU eintrat, sang ich mit Kanzler und Vizekanzler die *Internationale* leise mit.

Unsere Bahn rumpelte über die Donaubrücke. Von hier aus sah man die Überschwemmungen nördlich von Klosterneuburg. Seit dem Bau der Donauinsel, durch den mit der Neuen Donau ein äußerst wirksames Entlastungsgerinne entstanden ist, bleibt Wien als einzige Großstadt an der Donau von Hochwasser verschont. Im Rest des Landes herrscht hingegen regelmäßig Naturchaos. Die Donau ist dort häufiger außerhalb ihres Flussbetts als darin.

»Die Donau ist sehr alt und leidet unter seniler Bettflucht«, vermutete Robert, »und ihr nächtlicher Harndrang sorgt für Überschwemmungen.«

In Kritzendorf bei Wien steht eine Siedlung von Stelzenhäusern, direkt an der Donau, am Strombad. Die gesamte Anlage gehört dem Stift Klosterneuburg, dem größten Grundbesitzer der Umgebung.

»Wenn man bedenkt, dass Jesus aus der Wüste kam, fast nackt war und beinahe nicht mal einen Stall gefunden hat, um geboren zu werden, ist es schon erstaunlich, wie viel Immobilienbesitz die katholische Kirche heute hat, im ganzen Land«, meinte Robert.

»Falls Jesus jemals wiedergeboren wird, ist auf jeden Fall ein Stall vorhanden«, ergänzte ich.

Auch in Kritzendorf tritt mehrmals im Jahr die Donau übers Ufer. Für die Kritzendorfer ist es Alltag, in Gummistiefeln durch den dicken Schlamm zu waten, um nach dem Hochwasser die Kanäle rechtzeitig zu säubern, bevor der Schlamm hart wird wie Beton. Lustig sehen die kleinen, bunten Häuser auf Stelzen aus. Manche sind gerade mal vier Quadratmeter groß und dienen nur als Liegestuhl- und Schirmgarage, andere sind richtige, ausgewachsene Häuser mit zwei Etagen und großem Garten. Die ganze Siedlung wirkt wie die Kulisse einer *Gulliver im Lande Lilliput*-Verfilmung. Wie ein Wohnübungsplatz für Kinder. Auf dem Verkehrsübungsplatz lernen sie die Verkehrsregeln, hier das Leben in der Reihenhaussiedlung.

Mein Freund Frank, ein blonder Hüne aus Emden mit unfassbar dicken Waden, hatte sich in Kritzendorf einmal für einen Monat ein kleines Haus gemietet, um ein Buch über »Solidarität« zu schreiben, für einen kleinen politischen Bildungsverlag aus Schaan in Liechtenstein. *Solidarität in der EU. Wie die Großen die Kleinen unterstützen können*, so sollte das Buch heißen.

»Und was willst du da genau schreiben?«

»Mal sehen. Ich werd schon was schreiben, keine Sorge«, sagte Frank, der die 5000 Euro Vorschuss bereits »investiert« hatte. »Ins Leben«, wie er sagte.

Frank wäre gern der Österreich-Korrespondent der *Süddeutschen Zeitung* geworden, schrieb aber für das etwas bedeutungslosere liechtensteinische *Vaterland* über den genauso bedeutungslosen Fußball in Österreich. Das *Vaterland* steht in kritischer Treue zum Fürstenhaus, genau wie Frank. Seine Freundin Katharina ist eine gute Freundin der Fürstentochter Tatjana, die ihm den Job verschaffte.

Bei einem Thailand-Urlaub hatten die thailändischen Zöllner ihm die Unterschenkel aufschneiden wollen, weil sie sicher waren, dass derart dicke Schenkel unmöglich natürlich sein können, und vermuteten, dass er Drogen in den Waden schmuggeln wollte. Seine Waden waren dicker als die Oberschenkel der Thaizöllner. Sogar dicker als die Zöllner selbst. Beim zollamtlichen Abtasten wurde er schlagartig zu einem verehrungswürdigen Wesen. Jeder wollte einmal an dieser Riesenwade drücken.

Die Frauen liebten Franks dicke Waden. Sie waren so fleischlich, fast wie Brüste unterm Knie oder »wie ein Schwanz unterm Strumpf«, findet Robert.

»Mein Vater hat noch dickere Waden«, erzählte mir Frank stolz. »Die Evolution hat allen Friesen solche Waden geschenkt. Falls die Deiche brechen, stellen wir uns einfach breitbeinig vors Haus und schützen so Hof und Leute.« Ich wusste nicht, ob ich das glauben sollte, aber immerhin gab es ein Foto, auf dem Frank mit seinem Bruder am Strand liegt, und die vier Waden sehen aus, als wögen sie zusammen 100 Kilo.

Ich lernte Frank in der deutschen Botschaft in der Metternichgasse kennen, als wir beide unsere Reisepässe verlängern lassen mussten. Dass sich die deutsche Botschaft in der Metternichgasse befindet, war mir immer unangenehm. Metternich hatte in Österreich im 19. Jahrhundert einen Polizeistaat errichtet. Die Österreicher wurden von seinen Beamten bespitzelt, das freie Wort wurde unfrei und verklausuliert, man wurde vorsichtig und achtete ängstlich darauf, mit seiner Meinung nicht hörbar zu sein. Bis heute gehört in Wien ein leises »Jein« bei jedem Gespräch dazu, klare Aussagen werden elegant umschifft, und lehnt man sich einmal zu weit hinaus, wird es als spielerisch abgetan – man hat es ja eh nicht so gemeint. »Das ist ihm rausgerutscht, soll Schlimmeres geschehn.«
Dank Metternich war schon lange vor der Stasi die Saat gelegt worden, seinen Nachbarn zu beobachten, zu belauschen und für den eigenen Vorteil bei der Obrigkeit anzuschwärzen. Als die Gestapo 1938 zur Denunziation aufrief, erhielt sie so viele Reaktionen, dass verlautbart werden musste, sich in Wien mit dem Denunziantentum zu zügeln, weil die Gestapo mit der Arbeit nicht mehr nachkam.
In dieser nach dem Ahnherrn der Denunzianten benannten Gasse standen prachtvolle Patrizierhäuser, ein Palais reihte sich ans nächste, die unmittelbare Nähe zum Schloss

Belvedere hatte architektonisch abgefärbt. Zwischen all den imperialen, mit Löwen, Engeln und Harfe spielenden Meerjungfrauen verzierten Gebäuden prangte, eingezäunt, ein Nachkriegszweckbau: die deutsche Botschaft in Wien. Sie erinnerte mich an das Rathaus in Oberhausen oder die Stadtwerke in Lingen.

Frank akzeptierte die deutsche Botschaft nicht. Nicht wegen Metternich oder der Neuen Heimat, die wohl der Bauträger der Botschaft war, sondern wegen der Poster an der Wand im Wartezimmer. »Hier hängt ausschließlich Bayern«, beschwerte er sich, während wir auf unsere Audienz beim Passschalter warteten. »Nur bayerische Motive: Chiemsee, Oktoberfest, Neuschwanstein, der Nürnberger Christkindlmarkt, König Ludwig. Das ist nicht meine Botschaft.«

»Willst du etwa, dass hier ein Plakat von Otto Waalkes hängt?«

»Die könnten wenigstens auch ein Plakat vom Brandenburger Tor hier aufhängen oder vom Hamburger Hafen. Es gibt doch wohl mehr als Bayern. Bayern, Bayern, Bayern. Ist das hier die bayerische Botschaft, oder was?«

Frank ging zum Schalter und fragte den teigigen Beamten, der wusste, dass er mit diesem Gesicht wohl niemals Botschafter werden würde, wo die deutsche Botschaft sei.

»Hä?« Der Teigbeamte rückte sich die Brille zurecht. »Sie sind in der deutschen Botschaft.« Er sprach mit schwäbischem Akzent.

»Lass den armen Mann doch. Du hörst doch, dass der nicht aus Bayern kommt«, versuchte ich die Situation zu beruhigen, in dem Wissen, dass sich die Wartezeit für Unruhestifter in der Regel nicht verkürzt.

»Woher kommen Sie, wenn ich fragen darf«, wandte Frank sich wieder an den Teigmann.

»Ich glaube nicht, dass Sie das etwas angeht. Aber bitte, ich komme aus Augsburg.«

»Oh, die Stadt von Brecht und Black.« Ich wollte beim Teig gut Wetter machen. Frank schaute mich irritiert an. »Roy Black. Bertolt Brecht und Roy Black kommen beide aus Augsburg«, lehrte ich ihn und alle anderen Anwesenden in der deutschen Botschaft deutsche Kulturgeschichte.

»Augsburg ist in Bayern, nicht wahr?«, fragte Frank und blickte mich und den Beamten triumphierend an. Er setzte sich wieder neben mich. »Siehst du? Das ist die ständige Vertretung Bayerns in Österreich, sonst nichts. Ich habe keine Interessenvertretung in diesem Land. Wenn ich entführt werde, zahlt kein Staat Lösegeld. Die in Deutschland erfahren das gar nicht, wenn ich entführt werde, weil die Lösegeldforderung in Bayern versandet.«

»Oder das Lösegeld.«

Später erzählte mir Frank in einem polnischen Lokal am Rennweg, dass er sich dereinst bei der *Süddeutschen Zeitung* beworben, aber nicht mal eine Antwort erhalten hatte. Das hatte seine Hassliebe zu Bayern auf die erste Silbe reduziert. Dass der Korrespondent der *Süddeutschen* in Wien mit Nachnamen Frank heißt, machte seine Niederlage noch verheerender und versetzte seiner feinen Publizistenseele bei jeder Lektüre der *SZ* einen Stich.

Katharina, Franks Freundin, kam aus Vorarlberg. Er redete sich deshalb ein, dass sie beide als Ausländer in Wien lebten: er als Ostfriese, sie als Schweizerin. Zum einen sei ihr

Dialekt eindeutig kein österreichischer Dialekt, sondern gehöre zur alemannischen Sprachgruppe der Badener und Schweizer, zum anderen sei bereits der Begriff »Vorarlberg« ein Indiz für dessen Zugehörigkeit zur Schweiz, weil es nur von der Schweiz aus *vor* dem Arlberg liege. Von Wien aus betrachtet, liege Vorarlberg eindeutig *hinter* dem Arlberg. Nur Schweizer könnten also »Vorarlberg« sagen, also sei Katharina eigentlich Schweizerin. Außerdem war Vorarlberg das reichste Bundesland Österreichs, was in Franks Augen ebenfalls den Verdacht verstärkte, dass es sich bei den Vorarlbergern um Schweizer handelte.

Zu ihrem dreißigsten Geburtstag hatte Frank Katharina dreißig kleine Kondensmilchdöschen geschenkt, weil er gelesen hatte, dass Schweizer die »Kaffirahmdeckeli«, in EU-Deutsch »Verschlussfolien der Kaffeesahneportionspackungen«, begeistert sammelten. »Schweizer sind verrückt danach, es gibt mehr als 30 000 aktive Sammler und Deckeli mit allen möglichen Motiven. Wie die Schirme von Katharinas Eltern.« Bei der Fußballeuropameisterschaft in Österreich und der Schweiz schenkte Frank ihr Karten für das Spiel Schweiz-Türkei in Basel. Mit Macht, so schien es, wollte er aus Katharina eine Schweizerin machen. Bis er sich in Zürich beim *Tages-Anzeiger* bewarb und auch von dort keine Antwort bekam. Ab diesem Moment verfügte Katharina nun auch von Franks Gnaden über die österreichische Staatsbürgerschaft.

Katharina und Prinzessin Tatjana von Liechtenstein hatten zusammen in Wien Theaterwissenschaft studiert, so wie Frank auch. Ein Klangstudium: Es klingt gut, wird aber schnell langweilig. Das Theaterwissenschaftsinstitut befand sich in der Hofburg, genau genommen in der Michaelerstiege, über die die Touristen auch zu den Kaiser-Appartements und zur Schatzkammer gelangten. Für Prinzessin Tatjana, die auf der Familienburg in Vaduz aufgewachsen war, war das wie ein Heimstudium. Wer in einer Burg aufwächst, ist nicht sehr beeindruckt, wenn er später auch in einer Burg studiert.

Katharina war als Vorarlbergerin zu vernunftbegabt, um von diesem imperialen Studienort beeindruckt zu sein. Deshalb wunderte sie sich, warum Frank während der Vorlesung Fotos schoss – von den riesigen Flügeltüren, den Kachelöfen aus dem 18. Jahrhundert, den sieben Meter hohen Räumen. Und von Katharina.

»Hasch mi du fotografiert?«, fuhr sie ihn scharf an, in ihrem ausgrenzenden Bregenzer Dialekt, während die Professorin von Oskar Werners letztem Interview erzählte, das der berühmte Burgschauspieler, schon vom Tod gezeichnet, seinen besten Freunden auf einer Leinwand vorführte.

»Ja, hab ich«, hatte Frank geantwortet.

»Fotografier dich selbst. Findsch du das nicht merkwürdig, hier mitten in der Vorlesung Fotos von jungen Mädchen zu machen?«

»Nein, finde ich nicht. Ich finde, du siehst in diesem Habsburger Palast aus wie eine Prinzessin.«

Tatjana kicherte und Katharina blickte auf den deutschen Studenten mit den kurzen Hosen und auf Waden, wie sie noch nie welche gesehen hatte. So hatten sie sich kennengelernt.

Frank und Katharina wohnten bald darauf zusammen in Katharinas Wohnung im 9. Bezirk neben der Votivkirche, die Erzherzog Ferdinand Maximilian, der spätere Kaiser von Mexiko, mit dem Geld von 300 000 privaten Spendern errichten ließ, aus Dank dafür, dass sein Bruder, der junge Kaiser Franz Joseph I., 1853 ein Attentat durch den Schneidergesellen Janos Libenyi überlebt hatte. Katharinas Vormieter, ein 45-jähriger Wiener, hatte weniger Glück gehabt. Er war in einem Lift stecken geblieben, aber gerettet worden. Aus Dank fuhr er zur Weinhauser Kirche und umarmte dort ein Steinmarterl. Dabei löste sich die mehrere Hundert Kilo schwere und mindestens ebenso alte Grabplatte des Heiligenstocks aus ihrer hölzernen Verankerung und erschlug ihn.

Frank war dankbar, bei Katharina wohnen zu können, deren Eltern reich geworden waren durch den Verkauf von Regenschirmen bei den Bregenzer Seefestspielen. »Bre Regenz« hieß ihre Firma. Die Motive auf den Schirmen passten immer zu den jeweiligen Produktionen des Jahres: *Die Zauberflöte, Hoffmanns Erzählungen, Carmen, Nabucco, Fidelio, Porgy and Bess* …

»Mit jedem Regen prasselt Geld«, erklärte mir Frank, der in den Jahren vor Katharina von einem Kredit gelebt hatte und schmerzhaft am eigenen Leib erfahren musste, dass auch in Österreich der Spruch galt: »Banken verleihen Regenschirme, aber wenn's regnet, ziehen sie die Schirme ein.« Jetzt konnte er sich bei Katharina unterstellen und es sich mit ihr im Warmen gütli gehen lassen. Denn so hieß sie mit Nachnamen: Katharina Gütli – »'s Gütli«, wie Frank sie nannte. Das hatte er von Prinzessin Tatjana übernommen.

's Gütli, die vor Frank mit einem tschechischen Posaunisten zusammen gewesen war, erzählte mir, dass »Strache« der tschechische Begriff für »Angst« sei. Das traf sich gut, denn zufällig hieß der Führer der rechten FPÖ in Österreich ebenfalls Strache. Heinz-Christian Strache, ein wahrhaftig furchterregender Rechtsausleger. *Israel nicht in die EU* stand auf Plakaten der FPÖ, deren Spitzenkandidat besagter Herr Angst war, ein gelernter Zahntechniker, dessen Wähler ihre Implantate und Kronen gern im ungarischen Sopron anfertigen ließen, weil das dort wesentlich günstiger war als in Wien. »Einmal Fett absaugen und Zähne machen«, lautete inzwischen der klassische Kundenwunsch des reisenden Österreichers an die Touristenärzte im östlichen Nachbarland. Früher fuhren die Ostösterreicher nach Sopron, um billige Salami zu kaufen, die in den Zahnzwischenräumen stecken blieb und sich auf die österreichischen Hüften legte. Das war clever von den Ungarn, denn damit wurde damals bereits die Saat für das heutige Geschäftsmodell gelegt.

Auf einem der Plakate hatte jemand *Israel* durchgestrichen und *Mars* drübergeschrieben. Wir lachten. »Vom Mond aus betrachtet, sieht Österreich aus wie ein Schnitzel«, sagte 's Gütli.

»Mit einer Panade aus Wut und Missgunst«, ergänzte Prinzessin Tatjana. Sie erzählte uns von einem Ausflug nach Velden am Wörthersee. Es war wunderschönes Wetter, auf dem Wasser winkten Menschen aus Booten, und die Kärntner Wirtin fragte sie: »Wieso gibt's eigentlich so viele Neger im Fernsehen? Da zahlt man Gebühren an die Großkopferten in Wien, und dann sieht man nix wie Neger im Fernsehen.«

»Sind Sie sicher, dass Sie Ihren Fernseher angemeldet haben? Vielleicht schauen Sie ja schwarz?«, hatte Tatjana geantwortet.

Ich strich *Mars* durch und ersetzte es durch *Europa*.

»Europa nicht in die EU?« Tatjana zeigte mir einen Vogel und ersetzte *nicht in die EU* durch *zurück zu Österreich*.

»Ach so – Europa zurück nach Österreich«, konstatierte ich. »Triest, nicht nur die Triester Straße! Scheiß auf die EU-Osterweiterung, wir machen einfach wieder k. u. k. Hab ich dir eigentlich von unserem glorreichen Fußballsieg beim Palästinenser-Cup in der Sensengasse erzählt? Sechs Mannschaften, wir haben gewonnen, vor den Südtirolern. Bei der Siegerehrung standen zwei kleine Palästinensermädchen vor uns, vielleicht vier oder fünf Jahre alt, schwenkten Palästina-Fahnen und skandierten minutenlang ›Sharon ist Mörder und Faschist!‹. Erst dann bekamen wir den Pokal.«

»Dann finden diese Mädchen wohl auch, dass Israel nicht in die EU darf. Das Schöne am Fußball ist, dass es das Beste aus den Menschen hervorholt«, sagte Tatjana, die mir als Prinzessin eines Landes politisch überlegen war. Sie hat sich von einem ehemaligen österreichischen Bundeskanzler schon einmal Tennisschuhe ausgeborgt und schon einmal auf der Burgterrasse in der Sonne gedöst, während neben ihr der NATO-Chef Rasmussen über Strategien im Kampf gegen die Taliban dozierte. Sie war ein anderes Kaliber als ich und auch als Frank, dem sie nichtsdestotrotz den Job mit dem Solidaritätsbuch verschafft hatte. »Leicht verdientes Geld«, hatte sie gesagt. Frank schrieb jetzt schon im dritten Jahr daran. Wenn man ihn nach dem Buch fragte, antwortete er meist: »Alles bestens. Es läuft wie Janssens Melkmaschine.«

Als ich einmal wissen wollte, wie Janssens Melkmaschine denn liefe, sagte er: »Gar nicht. Janssens Melkmaschine ist noch nie gelaufen. Er melkt mit der Hand. Aber ihm ist es peinlich, das zuzugeben.«

Dabei trat er gegen eine Dose, die bis auf die andere Straßenseite flog. Mit seinen Waden war Frank fürs Fußballspielen prädestiniert. Zusammen mit Klaus, dem DJ »Merchant of Venice«, und den Zwillingen Mathias und Max, die mit einem Doppeldecker Flüge über Wien und das Wiental anboten, war Frank schon mal Weltmeister geworden – im Dosenkicken. Die WM fand in St. Pölten statt, der sinnlosen Hauptstadt Niederösterreichs, sechzig Kilometer vor Wien. Sie spielten gegen Teams aus Krems, Salzburg und Bozen und setzten sich im Finale mit 4:0 durch. Frank hat seine Waden dreimal losgelassen, und der Bozner Torwart wünschte sich hinter die Alpen zurück.

Frank hatte versucht, das liechtensteinische Solidaritätsbuch am Semmering zu schreiben. Im Landhaus Khuner, das vom berühmten Architekten Adolf Loos gebaut worden war, hatte die solvente Katharina ihm für drei Wochen ein Zimmer gemietet, aber Janssens Melkmaschine sprang auch hier nicht an. Nicht morgens, nicht abends, nicht bei den endlos langen Spaziergängen bis nach Mürzzuschlag und nicht bei dem langen Spaziergang zurück, mühsam wieder hinauf auf den Berg. Frank bestieg den Hirschenkogel und dachte an Solidarität in Europa, er bestieg die Rax und pfiff vergnügt das Wanderlied *Wenn ich abends von der Rax heim-*

geh, ja dann tun mir meine Wadeln weh, und bei der Dimension seiner Waden waren Wadenschmerzen echte Schmerzen. Er wanderte bis zur Buckligen Welt, einem Höhenzug östlich vom Semmering, und pflückte dort Blumen und Kahlköpfe, die er in dünne Scheiben schnitt und trocknete. Er kaute die narrischen Schwammerln bedächtig, und nach einer Stunde begannen die Zauberpilze zu wirken. Stundenlang lief Frank leichtfüßig durch den Wald, tanzte glücklich durchs Unterholz, bis der Kleinsemmeringbach ein unüberwindliches Hindernis darstellte. »Der Bach ist zwanzig Zentimeter breit und etwa genauso tief, aber im Rauschzustand tritt eine merkwürdige Größenüberschätzung ein«, erzählte mir Frank später. »Wer in einem kleinen Land lebt und darunter leidet, dem sollte von der Krankenkasse eine Kur mit psychoaktiven Pilzen verschrieben werden. Mir kam der Semmering vor wie der Himalaja, der Bach wie der Nil und Österreich wie China und Russland zusammen. Es war fantastisch. Nach dem Rausch hab ich lange geschlafen und beim Aufwachen fühlte ich mich trotzdem erschlagen. Wie jeder Mann, der Großes erlebt. Geschrieben hab ich nichts.«

»Vielleicht ist der Semmering zu nah an Wien«, beschloss 's Gütli und mietete ihm ein kleines Haus am Bodensee. Morgens kamen Schwäne zu ihm in den Garten, Samtenten und Ohrentaucher, Regenbogenartige glotzten ihn an und Bergpieper. Ein Fischer, Freund der Familie Gütli, brachte ihm am Abend frische Bodenseefelchen oder noch zappelnde Brachsen und Groppen, Schleie und Kretzer und einmal sogar einen im Bodensee längst ausgestorben geglaubten Bodensee-Kilch. Der Fischer bereitete ihm die Fische sogar zu, damit der Herr Schriftsteller sich ganz auf seine Arbeit konzentrieren konnte. Dann blieb der Mann, dessen Namen Frank nicht verstehen konnte, am Herd stehen, bis er aufgegessen hatte, und fragte: »Isch guat gsi?«

»Ja, es ist sehr gut gewesen, vielen Dank«, antwortete Frank höflich und mit immer schlechterem Gewissen.

Der Fischer tippte zufrieden an seine Mütze, sagte »Nabig« und verschwand in die Dunkelheit. »Nabig«, also »'n Abend«.

Frank verstand immer »Narbig«. Er glaubte, das hieße so viel wie »krass« – etwas ist so arg, dass es vernarbt ist. »Ja, das ist narbig«, rief er dem Fischer nach. Als ich Monate später den pickeligen Hartmut abends in der U-Bahn traf, grüßte ich ihn mit einem lauten »Nabig, Hartmut!«. Er bezog es natürlich auf sein Fortunakinn, errötete und fauchte mich an: »Was soll der Scheiß? Mich hier öffentlich an den dermatologischen Pranger zu stellen. Das ist echt gschissen von dir.«

»Bitte? Hartmut. Was ist los mit dir? Ich hab dich ganz normal begrüßt!«

»Grüßt du Leute immer, indem du sie auf ihre Mängel hinweist?« Er blickte sich um. Neben uns kniete ein verkrüppelter Rumäne auf einem Brett mit Rollen. Er deutete mit dem Kopf auf den armen Mann. »Begrüßt du den auch mit ›Bein weg‹?«

»Hartmut, ich habe ›Nabig‹ gesagt, nicht ›narbig‹. Nabig, guten Abend, das ist alemannisch, so sprechen viele Leute in deiner Wahlheimat. Du kennst ›Nabig‹ nicht? Das enttäuscht mich. Schreib's in dein Vokabelheft.«

Der Rumäne rollte mit seinem Holzwagerl durch den

Waggon und hielt eine Konservendose in der Hand. Ich warf ihm 50 Cent hinein, Hartmut blickte grimmig über den Beinlosen hinweg. Ein Mann, der ein T-Shirt mit der Aufschrift *Fit für Athen* trug, begann zu singen:

Wenn ich mal trüber Laune bin,
dann geh ich zu den Blinden
Und lache mir den Buckel voll,
wenn sie die Tür nicht finden.
Dann geh ich zu den Lahmen auch,
wohl in ein dunkles Gangerl,
schnall ihnen die Prothesen ab
und spiel mit ihnen Fangerl.

Der Rumäne kniete mit der Dose in der Hand vor dem lachenden Wiener. »Schauts, wie es ihm gfallt, das Krüppellied! Gell, das gfallt dir? Und jetzt der Refrain!« Er begann wieder zu singen.

Krüppel ham so was Rührendes,
Krüppel ham was Verführendes,
wenn ich so einen Krüppel seh,
wird mir ums goldne Wiener Herz so warm und weh.

»Sie san echt im Oasch daham«, sagte ich zu dem Mann, der schon bei den Olympischen Spielen in Athen nicht mitmachen durfte, weil er Charakteraids hat, da war ich mir sicher. »Nabig«, rief ich Hartmut zu und stieg aus.

Zwei Wochen blieb Frank am Bodensee, besuchte die Schirmfabrik in Bregenz, besichtigte Lustenau und Rankweil, Dornbirn und Bludenz, dann nahm er den Nachtzug nach Wien.

»Und?«, fragte ich, als ich ihn vom Bahnhof abholte.

»Alles bestens«, sagte er, und ich wusste, dass Katharina sich einen neuen Ort überlegen musste.

»Vielleicht sollte er besser einen Touristenführer schreiben. *Meine schönsten Ferienorte. Österreich – ein Herbstmärchen*«, schlug Robert vor, als Frank von einem weiteren Versuch in der Steiermark erzählte, wo er auf einem Feld aus Verzweiflung auf einen reifen Kürbis eingeschlagen hatte, ähnlich wie der Perserkönig Xerxes, der das Meer auspeitschen ließ, weil seine Truppen an den Dardanellen aufgehalten wurden. Ein mit Schilcher abgefüllter Herr mit Regenschirm klatschte Beifall.

»Ein Jubelperser?«, fragte ich.

»Nein. Einer aus Stainz, dem Ort, an dem mir nichts einfiel. Er gehört dort zum Kulturverein, Stain-Zeit. Hat mir alles gezeigt, dachte, er müsste dem Mann vom Liechtensteiner Verlag seinen Schreibaufenthalt angenehm gestalten. Hatte unglaublich verknorpelte Blumenkohlohren, wie ein Ringer. Hat aber nie gerungen. Der Arzt hat ihn bei seiner Geburt an den Ohren rausgezogen.«

»Ein schlechter Arzt«, warf ich ein.

»Nein, ganz im Gegenteil. Der beste Arzt der Weststeiermark. Eine Legende. Der Wunderdoktor Höllerhansl. Konnte aus dem Urin Krankheiten erkennen. Du gabst ihm deine Pisse, er betrachtete sie, schüttelte sie, dann kam die Diagnose. Deshalb reisten viele Kranke mit einem Flascherl Urin an. Der Zug nach Stainz heißt heute noch Flascherlzug.«

Frank hatte ein Zimmer am Marktplatz bezogen. Er wird

von Häusern aus dem 16. und 17. Jahrhundert umschlossen, in der Mitte befindet sich eine kleine Grünanlage mit Mariensäule. Betrunken von zu viel Schilcher, hatte Frank sich nachts, polternd und laut schimpfend, in die Grünanlage übergeben. Die Ruhe der Marktgemeinde war dahin und auch sein Ruf im sanften Hügelland zwischen Stainz und Deutschlandsberg, das auf der zweiten Silbe betont wird, also Deutsch*lands*berg, um sich von Deutschland abzugrenzen und seinen Bewohnern, die auf Mariensäulen speiben. Die grüne Mark, das grüne Herz Österreichs – Frank hat es in nebliger Erinnerung. Er kann sich noch daran erinnern, dass er auf den Kürbis eindrosch, so fest, dass die Kürbiskerne nur so durch die Gegend spritzten und fortan weder zur Prostatastärkung noch zur Herstellung des steirischen Golds taugten. Dies alles, weil die Solidarität sich nicht einstellte und die vielen Gläser Schilcherwein ihn nicht inspirierten.

Der Herr vom Kulturverein versuchte ihn zu beruhigen, während sie gemeinsam in den Ort zurückwankten. »Vergessens die EU. Der Schilcherwein ist viel älter als die depperte EU. Wissens, was unsolidarisch ist? Wir exportieren den Schilcher nicht, weil wir ihn selber saufen. So schaut's aus. Darum kennt kein Schwein in Europa den Schilcher, und wir können ihn selber schnabulieren. Wir verdienen weniger, aber haben keinen Durst. Gscheit und nicht gscheit in einem, wie das Trinken selbst. Machen Sie sich nichts draus«, bellte er in seinem weststeirischen Dialekt. Dann griff er in die Erde und redete über den »Sound.«

»Den Sound? Von den Kürbissen?«, fragte ich.

»Den Sound. Er meinte den Sand«, sagte Frank, »sprach es

aber aus wie ›Sound‹. Und du darfst nicht vergessen, ich war wütend und betrunken. Es heißt eh, Schilcher macht rabiat. Deshalb nennt man ihn auch ›Rabiatperle‹. Zwei Flaschen Schilcher habe ich getrunken und vorher einen Liter Schilchersturm, so eine trübe, süße Federweißer-Brühe. Dazu gebratene Kastanien und Schilchersekt, sicher zwei Flaschen. Ich war völlig am ›Sound‹. Der Mann plapperte wirres Zeug von dreilappigen Blättern, unten behaart und mit weiß-wolligen Triebspitzen, die ganze Zeit, bis wir am Marktplatz anlangten. Ein netter Mann, klar, aber als er von der zwiebelfarbenen und rubinroten Farbe sprach, wurde mir kotzübel. Ich hab versucht, an der Säule vorbeizugöbeln, aber es traf Maria mit voller Wucht. Ich bin in aller Herrgottsfrühe abgefahren. Wunderschöne Gegend, für die ich zu hässlich bin.«

»Ich glaube, du solltest den Verlag anrufen und denen absagen. Dieses Buch steht unter keinem guten Stern«, sagte ich.

Robert nickte, aber Frank erwiderte trotzig: »Wenn ich nicht wäre, wüsstet ihr zwei doch gar nichts über dieses Land. Wann kommt ihr schon mal raus aus Wien? Dankbar müsst ihr mir sein. Das ist Solidarität. Ich fahr für euch durch dieses Land. Land der Dome, Land der Äcker, Land am Strome. Wunderschönes Land.«

So kam 's Gütli aufs Strombad Kritzendorf. In der Zwischenkriegszeit war Kritzendorf ein mondänes Bad. Im Strandpavillon spielten die Wiener Symphoniker, berühmte Künstler besuchten Kritzendorf oder kauften sich kleine Häuschen in »Kritz-les-Bains«, wie man es scherzhaft nannte. Aber auch »Gelsenstadt« oder »Kratzendorf«, weil die Donau auch bei Mücken ein beliebter Ausflugsort ist. »Komm mit mir nach Kritzendorf, wo jeder mit mir schwitzen dorf«, sangen die Leute.

Berühmt war Kritzendorf für den Ribiselwein, den Johannisbeerwein. »Meertrübeli« nennt 's Gütli die Ribiseln. Mein früh verstorbener Cousin Ralph kannte sie, wie alle Schwaben, unter dem Sammelbegriff »Träuble«. Er war als Jugendlicher bei einer Bergwanderung in Tirol abgestürzt und hatte sich den gebrochenen Arm selber geschient. Allein versuchte er dann ins Tal zu gelangen. Die Bergrettung, die ihn später fand, hat seinen Abstieg rekonstruiert. Er war offenbar noch einmal abgestürzt und hatte sich dabei auch noch ein Bein gebrochen. Trotzdem kämpfte er sich weiter und gelangte tatsächlich bis ins Tal, wo ihn in einem fünfzig Zentimeter tiefen Bach die Kräfte verließen. Er ertrank. Meine schwäbischen Verwandten hatten ihm aus Kostengründen verboten, einen Bergführer zu mieten. Der hätte ihn aus dem Wasser ziehen können.

Frank bezog ein 25 Quadratmeter großes Stelzenhaus in zweiter Reihe. Die Donau konnte er nicht sehen, dafür aber das Bett seines Nachbarn, der im Sitzen schlief – im Schneidersitz, wie ein niederösterreichischer Fakir. Hohe, klare Pfeiftöne gab er im Schlaf von sich. So nah war das Nachbarhaus, dass Frank sogar den Lufthauch des Pfiffs zu spüren glaubte. Wie in jeder Puppenstadt ist es auch im Stelzendorf Kritzendorf so eng, dass keine zwei Blatt Papier zwischen die meisten Häuser passen. Aber immerhin haben die Häuser einen kleinen Grund vor oder hinter dem Haus.

Frank zog Mitte September ein. Die Badesaison im Strombad ging dem Ende zu, die Hitze des Sommers war noch im

Holz des Hauses zu spüren, die Gelsen hatten sich fest ein-
genistet und ihre Lieblingsplätze längst gefunden. Franks
Haus war in diesem Sommer zu einer Art Versammlungs-
haus für Mücken geworden. Hier fühlten sie sich wohl, und
jeder Tierfreund sollte sich freuen, wenn es unseren zwei-
flügeligen Freunden gut geht. Auch Frank, denn schließlich
ging es ihm ja um kosmopolitische Solidarität. Über Grenzen, Rassen und Spezieszugehörigkeiten hinaus.

»Mücken kennen das Schengener Abkommen nicht und
auch nicht die Lissabonner Verträge«, schrieb Frank, nachdem er sich mehrere Tage lang durch heftiges Kratzen akkli-
matisiert hatte. Immerhin ein Satz. Ein sicherer Streichsatz
zwar, aber er hatte das Gefühl, endlich im Thema angekommen zu sein.

Er blickte aus seinem Holzfenster und lauschte dem Regen, der zusammen mit dem Pfeifen des Nachbarn wie ein
Stück von John Cage klang. »Rain and whistle, Part one«,
sagte Frank in sein Handymikrophon, mit dem er beides
aufnahm. In diesem Moment krachte ein Blitz über Kritzendorf, es wurde sehr hell. Er sah, wie der im Bett sitzende
Nachbar kurz die Augen öffnete, sie wieder schloss und wei-
terschlief. Gesegnet sind die im Sitzen Schlafenden, dachte
sich Frank und hörte sich seine Handyaufnahme an. Regen,
Pfeifen und Blitzschlag. Die Symphonie hatte sich von Cage
zu Wagner verändert.

»Würden Mücken zur Europawahl gehen beziehungsweise fliegen, wenn sie wahlberechtigt wären? Sie würden
fordern, dass alle Europäer ihr Blut mit ihnen teilen, zu einem Prozentsatz, den die EU-Mückenkommission festlegte.
Denn was ist Europa anderes als eine Solidargemeinschaft?

Wo das kleine Österreich dem noch kleineren Liechtenstein alle seine Mücken überlässt und dafür 5000 Franken bekommt.«

Die Buchstaben flackerten auf dem Bildschirm. Frank löschte alles bisher Geschriebene und dann das Licht. Mit offenen Augen lag er in seinem Zwergenhaus und hörte den Regen aufs Holzdach prasseln. Ich sollte kurze Sätze schreiben, dachte er – ich wohne in einem kleinen Land. In Österreich sollte man am besten nur kurze Sätze schreiben, besonders dann, wenn man für einen Liechtensteiner Verlag schreibt. Sätze, wie Marlene Streeruwitz sie formuliert:»Ich. Gehe. Jetzt.« Solche Sätze kommen aus kleinen Ländern. In Flächenstaaten wie Kanada oder Australien kann man Schachtelsätze bilden, aber in Österreich nicht.

Ihm fiel ein, dass Tatjana, die Prinzessin aus dem Zwergenreich, sehr schnell simste, wenn man sich verspätete. Schon wenige Sekunden nach der vereinbarten Zeit schickte sie ein »?«. Das schien die These zu bestätigen: kleine Länder – kurze Sätze; noch kleinere Länder – nur mehr einzelne Buchstaben oder Satzzeichen.

Er stand wieder auf und versuchte sich erneut an seinem traurigen Laptop. »Solidarität. Jetzt. Heute. Morgen. Ausblicke.« Vielleicht könnte er ja doch die Mücken wieder einbauen, in kurzen, knappen Sätzen.

Da klopfte es heftig an seiner Tür – mitten in seiner kreativsten Phase, jetzt, wo es gerade so gut lief, wurde er aus dem Schöpferischen gerissen! Er öffnete die Tür. Prasselnder Regen schlug ihm ins Gesicht. Vor ihm stand, in kurzen Hosen und Gummistiefeln, der Sitzschläfer von nebenan, eine Schaufel in der Hand.

»Da, nehmen Sie die Schaufel. Wir müssen den Kanal freiräumen. Die Donau ist übergetreten, wir müssen den Schlamm wegschaufeln, sonst ist der morgen hart wie Beton! Die Feuerwehr ist auch schon da und pumpt. Wir brauchen jeden Mann«, rief der Sitzschläfer Sätze, die Frank nur aus dem Kino kannte.

»Na ja, ich weiß nicht. Ich schreibe gerade, das ist jetzt eher ungünstig. Außerdem, ich bin ja hier nur Mieter …«, versuchte Frank höflich, aber bestimmt einen Arbeitseinsatz im Wolkenbruch zu vermeiden.

»Das ist mir wurscht. Hier helfen wir alle. Wir sind hier draußen in Kritzendorf wie ein Mann. Nehmen Sie die Schaufel!«

Die Scheinwerfer der Freiwilligen Feuerwehr Kritzendorf und das Blaulicht ließen das Gelände wie ein Filmset wirken. Frank starrte den Mann an.

»Nehmen Sie die Schaufel! Bitte!«

Der Friese wankte und fiel. Sein Solidaritätsbuch musste warten. Die einzige Qualität seines Buches: warten können. Er nahm also die Schaufel, zog die Gummistiefel an, die der Nachbar ihm mitgebracht hatte, und ging, nur mit der Unterhose bekleidet, mitten hinein ins Katastrophengebiet.

In dieser Nacht rettete Frank viele Kanäle. Bewundernd registrierten die anderen Helfer, wie dick die Waden des Neuen waren, die aus den zu engen Gummistiefeln hervorquollen.

»Das war fantastisch,« erzählte er mit glänzenden Augen. »Wir waren alle klitschnass und haben die ganze Nacht gearbeitet. Alle Kanäle haben wir freigemacht. So viel Schlamm, es war großartig. Tolle Leute, alle zusammen. Dann ging die Sonne auf und wir haben Bier getrunken und Szegediner Gulasch gegessen.«

»Zum Frühstück? Ungewöhnlich, Kraut und Fleisch zum Frühstück«, sagte ich.

»Für Männer nicht«, entgegnete Frank. Janssens Melkmaschine lief offenbar in dieser Nacht wie von selbst. Sie molk keine Buchstaben, aber große Gefühle.

Die Zeitungskolporteure hatten kleine Eiszapfen an der Nase und in den Wimpern. Sie standen überall in der Stadt im eisigen Wind. Traurige Gestalten. Der Herausgeber der *Kronenzeitung* hatte kurz zuvor, im Sommer 1996, erfolgreich im Parlament interveniert, als ein Gesetz beschlossen werden sollte, wonach die Zeitungsverkäufer sozialversichert werden müssten. Die Nase hochziehend und heiser priesen die nicht versicherten Inder und Ägypter ihr Angebot an.

Die Luft sah silbrig aus, man sah ihr die Kälte an. Wien war kältefarben. Wir saßen in Roberts Fiat 127. Ich wollte die Scheibe runterkurbeln, um einem eingefrorenen Kolporteur eine Zeitung abzukaufen, aber die Scheibe ließ sich nicht bewegen. Robert hatte den Wagen für 5000 Schilling bekommen, 700 Mark. Die Bremsen funktionierten nicht, nur die Handbremse. Deswegen fuhr Robert sehr langsam. Die Heizung war ebenfalls defekt, und im Wagen roch es trotz der Kälte unangenehm nach einem Tier, das sich im Motor aufgelöst hatte.

Auf dem Rücksitz saß Spön. Er war so schmal, dass man

ihn im Rückspiegel kaum sah. Neben dem Auge klebte ein Pflaster. Offenbar war er beim Rasieren ausgerutscht.

Spön war schlecht gelaunt. Er hatte ein Puch-Moped, bei dem er das Öl vor wenigen Tagen hatte wechseln wollen, kurz bevor der Schnee fiel. Da er völlig untalentiert war, was technische Dinge betraf, war er erstaunt gewesen, dass er die Ablass-Schraube in der Ölwanne gefunden hatte. Und tatsächlich, sie ließ sich öffnen. Spön war so fasziniert davon, dass er vergaß, dass das Öl jetzt auch herauskam. Es schoss geradezu aus der Wanne. Spön versuchte das Öl mit der Hand aufzufangen, was natürlich vollkommen sinnlos war. Schnell entstand ein riesiger Ölsee. Er sah noch, wie ein Autofahrer im Vorbeifahren das Fenster öffnete, und er glaubte, auch eine Zigarette im Flug gesehen zu haben – jedenfalls stand sein Moped im Nu in Flammen. Hätte es da schon geschneit oder zumindest geregnet, hätte er die Puch vielleicht retten können. Aber es war ein trockener Tag. Die Puch brannte völlig aus.

Deshalb brachten wir Spön nun nach Kagran. Die Straße war glatt, und Roberts Auto hatte Sommerreifen. Die Handbremse hielt er mit der rechten Hand fest umklammert.

Wir bogen am Schwarzenbergplatz ab und fuhren am beleuchteten Russendenkmal vorbei. Es dämmerte bereits. Die verbogenen Scheibenwischer des Fiats führten einen vergeblichen Kampf gegen die dicken Schneeflocken. Wir hielten am Rennweg an und stiegen aus, um die Scheibenwischer zu unterstützen. Draußen war es wärmer als im Wagen.

»Wieso fahren wir hier entlang?«, fragte Spön genervt. »Wir müssen über den Praterstern fahren und dann über die Reichsbrücke.«

»Ich hab für unseren deutschen Freund noch eine Überraschung«, sagte Robert. Frierend stiegen wir wieder ein und fuhren die Simmeringer Hauptstraße stadtauswärts. Der Schneefall nahm zu. Neben der Straße wechselten sich Gebrauchtwagenhändler und Grabsteinanbieter ab.

»Das ist praktisch«, sagte ich mit vor Kälte bebender Stimme. »Beim einen kaufst du ein Auto wie das hier, und wenn deine Bremsen versagen, kaufen deine Angehörigen daneben einen Grabstein.«

»Da vorn ist der Zentralfriedhof«, sagte Spön.

»Noch praktischer.«

Durch den Schnee konnte man fast nichts erkennen.

»Wenn's Nacht wird über Simmering, kommt Leben in die Toten!«, sang Spön. Sein dicker Skianorak gab quietschende Geräusche von sich. Ich beneidete ihn um seine warme Mütze, aber nicht um das, was ihn erwartete.

In Wien hatte die FPÖ plakatiert: *Wien darf nicht Chicago werden.* Sie hatte das nicht auf den Wind gemünzt, sondern auf die Kriminalität. Das hatte immerhin für internationales Aufsehen gesorgt. Der Bürgermeister von Chicago hatte empfindlich darauf reagiert und verlautbaren lassen, dass er niemals in Wien leben wolle, »einer scheintoten Stadt, wo der lebendigste Ort noch der Zentralfriedhof sei«.

Ich versuchte die Hausnummern zu erkennen. Wir waren fast bei Nummer 500 angekommen.

»Wie lange fahren wir noch?«, fragte ich.

»Wir sind schon da«, sagte Robert und bog in eine Tankstelle ein. »Voilà!«

Er stieg aus und tankte ein paar Liter. Fünfzig Schilling zeigte die Zapfsäule an.

»Und?«, fragte ich. Ich war enttäuscht. Eine Tankstelle im Schnee war nichts, was mich wirklich umwarf. Das Ganze erinnerte mich an einen Ausflug im Mittleren Westen der USA, wo meine Gasteltern mit mir 200 Meilen fuhren, um mir dann stolz ein fast hundert Jahre altes Holzhaus zu präsentieren.

Robert gab mir einen Fünfzig-Schilling-Schein. »Geh du rein zum Zahlen.«

»Wahnsinnig tolle Überraschung«, sagte ich, nahm das Geld und stapfte durch den dichten Schnee ins Tankstellengebäude. Eine ganz normale Tankstelle. Der Tankwart war um die vierzig, blond und trug einen Mittelscheitel. Ein freundlicher Mann. Ich zahlte und ging zurück zum Fiat.

»Und?«, fragte Robert.

»Ja. Ich hab's geschafft. Ich hab bezahlt. Ich kann's«, moserte ich.

»Hast du ihn erkannt?«, fragte Robert, und ich merkte, wie er sich freute.

»Nee. Keine Ahnung. Ich kenn den Mann nicht.«

»Erich Obermayer!«, rief er.

»Wirklich? Das ist er?« Spön wischte angestrengt an der Scheibe, um einen Blick auf das Tankstellenhäuschen werfen zu können. Ich blickte die beiden ratlos an.

»Erich Obermayer war der Libero! In Córdoba. Er hat euch besiegt!«, rief Robert und lachte. Er schlug seine Hand in die von Spön.

»Unfassbar!«, seufzte Spön. Robert nickte, und als wir langsam wegfuhren, blickten beide verzückt zurück.

»Ich hab ja gewusst, dass er das ›Café Libero‹ in Meidling hat, aber das hier hab ich nicht gewusst«, sagte Spön. »Der war echt ein unglaublicher Kicker. Nicht so wie die Deutschen: Elf Panzer müsst ihr sein. Nein, elegant: Schupfen, Ferserl, eins, zwei, drei. Der Obermayer, 's Schneckerl, der Krankl und wie sie alle heißen, Pezzey, Sara, Kreuz, Krieger, Strasser, der Schoko Schachner ...« Er schnalzte mit der Zunge.

Robert suchte im Rückspiegel Spöns Blick und nickte. Triumphierend schaute er mich an. »Net schlecht, was?«

»Ich war einmal in München in dem Zeitschriftenladen von Katsche Schwarzenbeck. Weltmeister '74«, sagte ich, aber darauf gingen die beiden nicht ein. Sie schwelgten still in ihren Erinnerungen.

»Du brauchst etwas, das eine Bedeutung hat«, sagte Robert. »Und eine Wirkung. Es war wichtig, dass Deutschland 1978 wegen uns nach Hause fahren musste. Weil wir euch geschlagen haben! Das kleine Österreich – und plötzlich können wir in der großen Welt was bewegen, verstehst du?«

Schemenhaft leuchtete das Riesenrad durch das dichte Schneetreiben. Von der Reichsbrücke aus wirkte die ganze Stadt wie lahmgelegt, wie eine Tiefkühltorte. Seit dem Vortag waren vierzig Zentimeter Neuschnee gefallen.

In Kagran bogen wir ab. Beim Abgang Anton-Sattler-Gasse hatte sich eine Menschenschlange vor einem kleinen Anmeldehäuschen gebildet. Auf einer Informationstafel der Magistratsabteilung 48 stand: *Aufnahmeort für Schneearbeiter – Arbeitszeit von 22.00 – 06.00 Uhr, 50 Schilling/Stunde.*

Wir stiegen aus und begleiteten Spön zu der Schlange. Es waren sicher an die hundert Menschen, die anstanden. Ihr Atem war zu sehen, sie klopften sich auf die Arme, um die Durchblutung anzuregen.

Offenbar hatte Spön unvorsichtigerweise einen in der Schlange überholt. »Schleich di, oda i daschlog di. I woar vor dir do!«, schallte es durch die Kälte.

»Ich würde ihn nicht reizen«, sagte Robert zu dem massigen Schreihals.

»Wos? Vor dem Zniachterl soll i mi fürchten?«, fragte der und betrachtete den schmalen Architekturstudenten mitleidig. Spön nahm eine Schneeschaufel und schlug sie dem überraschten Mann auf den Fuß.

Neben der Hütte stand ein mürrischer Mann in einer orange-weiß reflektierenden Arbeitsjacke. Er beendete die sich anbahnende Schlägerei mit bemerkenswerter Routine. Offenbar waren Handgreiflichkeiten hier an der Tagesordnung.

»A Ruh is jetzt! Meldezettel, Sozialversicherungskarte und Lichtbildausweis! Mindestalter achtzehn Jahre! Net drängeln! Heut Nacht kummt jeder dran!«, rief er und blickte in den Himmel, der all seinen Schnee loswerden zu wollen schien.

Spön zog sich die warme Mütze tief ins Gesicht, und wir verabschiedeten uns. »Das war echt super an der Tanke!«, rief er uns noch nach. Dann verschwand er hinter einer weißen Wand.

»Wohin bringen die eigentlich den ganzen Schnee?«, fragte ich. »In die Alpen?«

Robert lachte. »Mit weit schießenden Schneekanonen, oder was? Nein, die kippen den Schnee in die Donau. Kein Wunder, dass die stromabwärts in Eckartsau ständig Hochwasser haben, was?«

Robert studierte zu diesem Zeitpunkt, Mitte der 90er Jahre, alles, was mit »P« beginnt: Publizistik, Psychologie, Philosophie und Politikwissenschaften. Er hatte sogar kurz überlegt, Pferdewissenschaften an der Boku, der Universität für Bodenkultur, zu studieren. Die Studentinnen dort hatten in ihrem Leben mehr Pferde gezeichnet, als Robert in Form von Leberkäse jemals essen konnte.

Sein Studium nahm er nicht allzu ernst. Tatsächlich lebte er schon Ende der 80er Jahre ganz gut von seinem Schlamm. Als er von seinem Zivildienst in Israel nach Wien zurückkam, erzählte er seinem Schulfreund Hirsch vom Toten Meer und den vielen Hautkranken, die sich dort Linderung erhoffen. Hirsch, ein sehr pragmatischer Mensch, fuhr nach Tel Aviv, und mit erst Anfang zwanzig hatten Robert und er bereits eine Garage voll mit Schlamm und Salz in kleinen Paketen. Sie inserierten in österreichischen Tageszeitungen und priesen ihre Badesalze, Shampoos und Körperlotionen an, allesamt original vom Toten Meer und natürlich dermatologisch getestet. Sie eröffneten ein kleines Ladenlokal in der Hütteldorfer Straße neben einem thailändischen Massagesalon und verkauften Schlammseife und Schlammhaarmasken. Die Thailänderinnen waren ihre ersten Kundinnen. »Entfernt Unreinheiten und überschüssige Talgabsonderungen«, lobpreiste Hirsch seine Produkte vor den Augen der nur anfangs skeptischen Asiatinnen. »Schönheitsmasken nähren die Oberhaut tiefenwirksam. Vielleicht eine Hals- und Dekolleté-Maske für die zarte Haut?«

Siebzig Prozent der Einnahmen flossen an ihre Geschäftspartner in Israel, und weil Hirsch den Laden als Fulltime-Job sah, entschied er, dass nach Abzug aller Kosten eine weitere

Siebzig-dreißig-Lösung das Fairste wäre. »Siebzig Prozent für mich, dreißig für dich.« Robert schlug ein.

Hirsch war ein Verkaufsgenie. Immer mehr Frauen kamen und ließen sich von ihm Lösungen gegen Krähenfüße, Augenringe, Tränensäcke, rissige Lippen und Schuppen andrehen. »Das Tote Meer ist der älteste Kurort der Welt«, dozierte er während seiner Verkaufsgespräche. »Schon Kleopatra badete hier und wir geben Kleopatras Geheimnisse an Sie weiter, Gnädigste. Durch die Verschiebung der Erdmassen ist warmes Quellwasser durch uralte Schichten von Steinen und Erde gebrochen, die reich an Mineralien waren. Diese verborgenen Mineralien stecken im Schlamm und Salz des Toten Meers.«

Aus einem Topf holte er dann oft einen Schlammklumpen heraus und strich ihn Robert, der gelegentlich als Model herhalten musste, in Gesicht und Haar. »Das Tote Meer«, fuhr er fort, »hat die höchste Konzentration an Mineralien weltweit. Magnesium, Kalzium, Potassium!« Das Wort »Potassium« sprach er besonders bedeutsam aus, weil er wusste, dass unbekannte Fremdwörter eine fast magische Wirkung haben. »Strontium! Boron! Und Eisen – alles in außergewöhnlicher Konzentration. Normales Meerwasser besteht zu 3,5 Prozent aus Mineralien. Wie viel, glauben Sie, hat das Tote Meer?«

Die Thailänderinnen schauten ihn fragend an, vielleicht auch, weil sie von allem, was Hirsch verkündete, nur die Hälfte verstanden.

»Doppelt so viel? Dreimal so viel? Was glauben Sie?«

»Ja, ich nehme«, sagte spätestens zu diesem Zeitpunkt eine der mineralunkundigen Thais.

»Zehnmal so viel.« Hirsch initiierte den Kaufakt gerne mit einer Pointe. »Das Tote Meer besteht zu 35 Prozent aus Mineralien. Greifen Sie zu, gegen Akne, trockene Haut, Haarverlust und Schuppenflechte.«

Einmal begleitete Robert Hirsch auf einem Flug zu den Geschäftspartnern in Tel Aviv. Aber Hirsch machte ihm schnell klar, dass er lieber allein mit den Mandelbaums – so hießen sie – verhandeln wollte. Robert war es recht. Während Hirsch um Prozente feilschte, setzte er sich an den Strand zu den schönen Frauen, so wie er es schon während seines Zivildienstes gemacht hatte. Auf diese Weise waren beide zufrieden.

Nach einem Jahr mietete Hirsch eine größere Garage an. Er kündigte den Vertrag mit den Mandelbaums und verkündete Robert, ihr neuer Geschäftspartner sei jetzt Herr Said Bisharat aus Amman. »In Jordanien haben's das gleiche Glumpert, aber um die Hälfte!«, erklärte er Robert, der traurig war, dass die schönen Israelinnen für ihn nun wieder weniger greifbar waren.

Als ich Robert kennenlernte, stand diese Expansion allerdings erst noch bevor, sonst hätte der Fiat vielleicht schon eine richtige Bremse gehabt. Als er mir später aus Jordanien drei Postkarten schrieb, war auf allen dreien König Hussein zu sehen, mit einem roten Palästinensertuch auf dem Kopf. Die drei Husseins klebten fortan an meinem Kühlschrank, sogar heute noch, neben dem Foto einer Kärntner Gebirgsschrecke.

Dear Dirk,
I am right now in Jordania, a dead sea surrounded by a stone desert.
It reminds me a little bit to the situation of your sex life. It is Rama-

dan. But I hold my glass of Ziegenwein in the Höhe and all the Arabs do the same. God will understand, they say. Allah is big and today is my birthday. A good reason to empty the glass.

Hier endete die erste Karte. Die zweite trug einen Poststempel vom gleichen Tag und begann so:

I was standing on the top of Mount Nebo, like Moses, when he saw the gelobte Land. I was looking and looking, but I couldn't see Austria. I went down to the place, where Johannes baptized the little Hosenscheißer baby Jesus. I took some water and blessed myself. I write in English, because the drunk Arabs want to read what I write. I am afraid they all will come into the Moslem hell. But for a good purpose. It's my birthday, Hamdudillah.

Auf der dritten Karte, ebenfalls vom selben Tag, stand:

Here it is today 43 Grad in the shadow, but there is no shadow. I move very slowly. Schnecken and tote Käfer überholen me. Some miles away stands Lots wife. Beside the road on a hill. Because she looked back, when they had to leave, she erstarrte to a Salzsäule. I have birthday, I don't look back. I am looking forward. I freu mi, when we see us again and please, give my beautiful Toni a kiss. Greetings auch from Hirsch.

Der jordanische Schlamm wurde zur Goldgrube. Robert kaufte sich ein Auto mit Bremse und eine kleine Wohnung in der Wiedner Hauptstraße. Hirsch gründete 1998 die Firma »Money Magnetism« und zog nach London. Toni nahm er mit.

»Wien ist gut, um hier geboren zu werden, und ein guter Platz zum Sterben. Aber was macht man dazwischen?«, sagte sie.

»Und Robert?«

Sie lächelte traurig.

»Gleich halb vier«, rief ich der Wie-spät-ist-es-Frau zu, die wie immer auf dem Fensterbrett im ersten Stock lehnte, im Nachthemd, das Haar wild zerzaust. Sie fragte jeden Passanten nach der Uhrzeit. Seit zehn Jahren wohnte ich inzwischen in der Kettenbrückengasse und hatte in dieser Zeit ungefähr tausend verschiedene Uhrzeiten vernommen. Wenn ich das Haustor aufsperrte, wenn ich mein Auto aufschloss, wenn ich einparkte, wenn ich ausparkte, wenn ich mich vor'm Haus unterhielt, wenn ich einkaufen ging und vom Einkaufen zurückkehrte – immer lehnte sie sich aus dem offenen Fenster und fragte: »Wie spät ist es?« Weil ich höflich war und immer noch Gast in diesem Land, antwortete ich ihr seit zehn Jahren jedes Mal, wenn sie mich fragte, auch wenn ich wusste, dass sie wenige Sekunden nachdem ich ihr die Uhrzeit gesagt hatte, den Nächsten fragen würde, der unter ihr die Straße entlangkam.

Wenn ich undeutlich redete, zu beiläufig, genervt oder zu leise, setzte sie sofort mit einem schrillen »Wie bitte?« nach. Daher bemühte ich mich bald, stets laut und klar mit ihr zu sprechen.

»Gleich halb vier«, sagte ich und suchte nach meinem Hausschlüssel.

»Wie spät ist es?«, rief sie einem serbischen Maler zu, der

in seiner vollgekleckerten Arbeitskleidung nach mir unter ihrem Fenster vorbeiging.

»Nix Uhr, Frau«, schrie er in einer Presslufthammer- Lautstärke, wie er es von den Baustellen gewohnt war, auf denen er arbeitete.

»Wie bitte?«, schnarrte ihre dünne, aber eindringliche Stimme zurück.

»Nix Uhr, Frau. Nix wissen, wie spät!«

»Wie bitte?«

»Sagen Sie halb vier, dann lässt sie Sie in Ruhe«, empfahl ich und fand endlich meinen Schlüssel.

Die Wie-spät-ist-es-Frau lebte allein. Sophie hatte von einer Nachbarin erfahren, dass sie nie Besuch bekommt. »Nur die Einsamkeit schaut regelmäßig bei ihr vorbei. Als ständiger Gast. Deshalb fragt sie die Leute nach der Zeit. So hält sie Verbindung zur Welt«, erklärte mir meine Frau.

»Nicht gerade eine interessante Konversation«, antwortete ich.

Wenn man der Wie-spät-ist-es-Frau etwas anderes als die Uhrzeit zurief, schloss sie sofort das Fenster. An Gesprächen war sie nicht interessiert. Alles andere als die unverbindlichste aller Fragen, die Frage nach der Uhrzeit, war ihr offenbar zu persönlich.

Gemeine Kinder standen oft in Gruppen unter ihrem Fenster und fragten sie lachend nach der Uhrzeit. »Wie spät ist es, Wie-spät-ist-es-Frau?«

Kurz glotzte sie mit halboffenem Mund und leeren Augen auf die Kinder und schloss dann schnell das Fenster ihres Biedermeierhäuschens, in dem einst Franz Schubert gestorben war, an Syphilis und Schwindsucht, weil er das Haus gewissermaßen trockenwohnte. Alle Biedermeierhäuser am Wienfluss, durch dessen Bett heute die U4 fuhr, waren durch die Flussnähe und den sandigen Boden bei ihrer Errichtung sehr feucht. Bevor die tatsächlichen Mieter einzogen, konnte man dort seinerzeit für wenig Geld einige Jahre wohnen und heizen und lüften und wieder heizen, so lange, bis das Haus einigermaßen trocken war. Auf dieses »Trockenwohnen« ließen sich arme Menschen ein, die sich hauptsächlich von den Flusskrebsen im Wienfluss ernährten.

Weil im 18. Jahrhundert im heutigen 4. und 5. Bezirk noch Wein angebaut wurde, gab es damals ringsum viele Heurige und Weinlokale. Auf dem Wandbild im Garten der »Goldenen Glocke« sieht man Schubert noch gesund und jung mit dem Operettenkomponisten Karl Millöcker und anderen Musikern Wein trinken. Das Trockenwohnen machte durstig.

Im Sterbehaus von Schubert konnte man in einer Vitrine seine berühmte Brille betrachten. Immer wieder pilgerten Schubertianer aus der ganzen Welt zu diesem Haus hierher. »Wie spät ist es?«, hören sie dann zur Begrüßung. *»Excuse me?«*, antworten sie oder *»Je ne comprends pas«*, oder sie antworten höflich auf Japanisch, woraufhin ein schrilles »Wie bitte?« die Luft in der Gasse zerreißt.

Manchmal hatte die Wie-spät-ist-es-Frau Depressionen. Das war, wenn man unter ihrem Fenster vorbeiging und nichts hörte. Dann schaute man hinauf und sah sie im Nachthemd im Fenster, gestützt auf einen hautfarbenen Polster, ihre wässrigen Augen ins Nichts gerichtet. Frau Dvorak, ihre Nachbarin, die jeden Tag mit ihren drei zotteligen

Schäferhunden in Zeitlupentempo Gassi ging, behauptete, in diesen Momenten denke sie an ihren verstorbenen Mann.

»Ein Boxer war er. Im Krieg hat er irgendwelche schiachen Dinge getan, in Polen, grausliche Dinge, was soll man sagen. Aber ein Boxer war er, fesch, ordinär ein bissl, aber fesch. Ein Boxer. Nach dem Krieg durfte er nicht gegen Ausländer boxen, wegen dem Krieg. Nur gegen die Deutschen, weil die durften auch nicht gegen Ausländer boxen. Nur gegen die unsrigen, nicht wahr? Wir sind ja keine Ausländer. Damals. Weil wir ja zusammen im Krieg waren, nicht? Furchtbar. Und da hat der Schurl, ihr Mann, gegen die Deutschen geboxt. Kennen Sie sich aus mit Boxen?«

»Ich denk schon, Frau Dvorak. Ist ja nicht so kompliziert«, antwortete ich.

»Am Anfang vom Kampf, da schlagen sich die Boxer gegenseitig kurz auf die Handschuhe, damit wollens sagen, auf einen fairen Kampf, nicht wahr? Die feine englische Art war aber nichts fürn Schurl. Der Deutsche hielt ihm die Faust zur Begrüßung hin, und der Schurl hat gleich zugeschlagen. Der Deutsche war verdutzt, und der Schurl schlug munter weiter. Das war er, der Schurl. Ordinär, aber fesch.«

Mein Handy läutete. »Entschuldigung, Frau Dvorak.« Ich ließ sie mit ihren drei alten Hunden, die langsamere Bewegungen machten als die ausgestopften Tiere im Naturhistorischen Museum, stehen und hob im Gehen ab.

»Spön hier. Könntest du bitte kommen? Zu mir nach Hause. Derrick lässt mich nicht raus. Bitte.«

»Beweg dich nicht, und reiz ihn nicht. Ich bin gleich da«, sagte ich und stiefelte los.

Bald schon überquerte ich den Naschmarkt. Vor dem japanischen Lokal »Kuishimbo« traf ich einen Musiker, der in den 8oer Jahren kurze Zeit erfolgreich war: Lou Lulu. Ein alberner Name, und albern war auch sein Outfit: schwarze Retro-Sonnenbrille und Perücke mit Tennis-Stirnband. Lou Lulu war einer der liebenswürdigsten Menschen, die man sich denken konnte, so friedfertig, dass der Dalai Lama gegen ihn wie ein Hooligan wirkte. Nur Fliegen konnte er etwas zuleide tun. Er hasste Fliegen und hatte immer eine kleine Fliegenklatsche dabei.

»Wo warst du? Ich hab dich lange nicht gesehen?«, fragte ich und blieb kurz stehen.

»Ich war im Spital. Zwei junge Burschen haben mich vorm ›Einhorn‹ zusammengeschlagen. Die dachten, ich sei schwul, weil hier doch so viele Schwulenlokale sind. Da habens mich zusammengeschlagen. Sie konnten ja nicht wissen, dass ich gar nicht schwul bin.«

Er nahm seine Brille ab, und seine ramponierten Augen kamen zum Vorschein. In der Stirn schien ein Tischtennisball zu stecken, so geschwollen war sie.

»Das ist ja schrecklich«, rief ich fassungslos.

»Die Zähnt hams mir leider auch aussigschlagen. Die Schneidezähnt, schau«, sagte er und öffnete seinen Mund. Beide obere Schneidezähne waren bis auf kleine Stummel ausgebrochen. »Na ja, das waren junge Burschen. Blöd ist's halt.«

»Und wenn du schwul wärst und sie dich zusammengeschlagen hätten, das wär dann okay gewesen?«

»Na – schlagen ist immer deppert. I maan ja nur, sie waren halt in dieser Annahme, und ihrem Weltbild entspricht's dann zuzuschlagen. Man muss immer die Täter auch verstehen«, sagte er. Zwischen den fehlenden Zähnen pfiff es wie bei einem Luftballon, dem man die Luft ausließ.

»Ich muss weiter. Pass auf dich auf. Wohin gehst du überhaupt?«

»Ins ›Einhorn‹. Aber schau!« Aus seiner Tasche zog Lou ein Pornoheft. *Megamöpse* hieß es. Auf dem Cover wurde der Titel für Analphabeten bildlich verdeutlicht. »Wenn ich die Burschen wiedertreff, hilft's vielleicht«, sagte er, ehrlich überzeugt von dieser Methode.

»Ja, vielleicht«, sagte ich und wünschte ihm viel Glück. Erst jetzt fiel mir der ältere Herr auf, der vor dem »Kuishimbo« saß. Er trug Hotpants aus rosafarbenem Nicki und ein Achselhemd aus demselben Material. Neben ihm hockte ein Terrier, und Masahiko, der aus Kyoto stammende Chef des »Kuishimbo«, stellte eine Schüssel mit Wasabi vor den Hund. Einen großen Berg grüne scharfe Meerrettichpaste. Ich ging zu dem Mann in den Hotpants und sagte: »Entschuldigung, ich bin zwar nicht von ›Vier Pfoten‹ oder so, aber ich denke, das ist Tierquälerei. Wollen Sie den Hund mit Wasabi töten?«

»Das ist Minzeis, Sie deutscher Klugscheißer«, blaffte mich der Mann im Nicki an und spitzte abfällig den Mund. Es schien, als hätte ich mir gerade keinen Freund gemacht. Ich blickte entschuldigend zu Masahiko, ging Richtung Gumpendorfer Straße und hielt ein Taxi an. Ein gemütlicher 150-Kilo-Koloss im Unterhemd saß am Steuer. Er war Anfang dreißig und sah aus, als hätte er den eigentlichen Taxifahrer aufgegessen.

Ich stieg ein und nannte ihm Spöns Adresse. »Camillo-Sitte-Gasse elf, Fünfzehnter.« Der Taxler nickte.

»San Sie dort daham?«, fragte er.

»Nein, ich wohn im Fünften«, antwortete ich und öffnete das Fenster einen Spalt, weil es im Wagen unangenehm roch.

»Im Fünften sans daham? Daham is daham, da hab i's schön warm, was?« Er lachte und furzte dreimal lautstark. »Entschuldigen, aber i hab in der Früh zehn Eier im Glas gessen, des rächt si jetzt. Mir wird der Oasch zu eng, kennens des? Wenn's zu eng wird?«

»Nein, kenn ich nicht.« Im Radio lief *Where is my mind* von den Pixies.

»Dann ghören Sie wohl zu denen, die den Arsch offen haben, was?« Wieder lachte er. »Sagens amol ›Oachkatzl-schwoaf‹!«

Plötzlich hupte er und brüllte durchs geöffnete Fenster einer Kopftuch tragenden Mutter und ihren Kindern zu: »Daham statt Islam!« Dem Ruf ließ er wieder eine Flatulenz-orgie folgen. »Tschuldigen, es zerreißt mi, das ist wie eine Stalinorgel aus Fürzen da bei mir. Heimatland statt Asylant! A klassischer Eierschaaß. Aber ein ganz ein feiner Butter-schaaß war auch dabei. Wie bei einen feinen Herrn!«

Er ließ alle vier Fenster elektrisch herunter, der Fahrt-wind verschaffte mir Linderung. Wir atmeten beide durch.

»Aner von der FPÖ hat gsagt, dass sich die Moslime, oder wie man sagt, in Österreich um 533 Prozent vermehrt ha-ben in die letzten dreißig Joar. Ist des normal? Tun die Rudel-bumsen, oder wos? Und am Großglockner, hams des ghört? Da wollen die das Gipfelkreuz abmontieren und einen Halb-mond aufstellen. San die noch normal, oder was? Wo gibt's denn so was? Machens dann aus jedem Autobahnkreuz einen Autobahnhalbmond? Und hob i's dann nimmer am Kreuz, sondern zwickt's mi im Halbmond?«

Während er lenkte, schälte er mit der anderen Hand ein hartgekochtes Ei, das er sich als Ganzes in den Mund steckte. Beim Kauen redete er mit weit geöffnetem Mund. Der Dotter und das Eiweiß vermischten sich mit seiner Spucke zu einem grauen Brei.

»Kennen Sie das goldene Wiener Herz? Das hab i. Da herinnen schlagt's«, sagte er mampfend und fasste sich mit der Eierschalenhand an die Brust, wobei mir sein fleckiges Hemd auffiel. »Paris ist die Stadt der Liebe, aber wir haben das goldene Wiener Herz. Gfallts Ihnen da bei uns?«

»Ja.«

»Guat, das gfallt mir, dass es Ihnen gfallt. Aber die Tschuschen, die Türken und wie sie alle heißen, da zerreißt's mein Wiener Herz. Die Unsrigen stehn da mit dem goldenen Herz, und die Türken stopfen sich einen Döner nach dem anderen eini, und dann kriegens an Herzkasperl, fallen um und werden von meinem Geld ins Spital gebracht. Ist das fair, frag ich Sie? Hab ich die depperten Döner gfressen und bin umkippt? Naa! Verstehens, dass ma da sei goldenes Herz kurz mal daham lassen muss und schimpfen auf die Bagasch?«

»Nein. Versteh ich nicht. Und deswegen haben Sie die Kinder angebrüllt?«

»Sicher! Die werden doch bald auch ausgfressene Türken sein und sich die Döner einischieben wie was, da kennen die doch nix.«

Von einem Plakat am Gürtel starrte mich Strache, der Spitzenkandidat der Rechten, mit seinen stahlblauen Schlittenhundeaugen an.

»Ihr Kandidat?«, fragte ich und wies auf das Bild.

»Naa, ich wähl gar nicht. Meine Partei ist seit '45 verboten!«, sagte er, lachte, furzte und schloss das Fenster, so dass wir bis zur Camillo-Sitte-Gasse in seinen giftigen Gasen saßen.

Ich zahlte und stieg aus. Er öffnete sein Fenster. »Einen schönen Aufenthalt in Wien wünsch ich!«, rief er und schlug sich mit der Eierschalenhand gegen sein goldenes Wiener Herz.

Das Glück is a Vogerl, dachte ich. Wenn man ins Taxi steigt, weiß man nie, wie es wird. Johannes Mario Simmel war einmal vom Flughafen Schwechat zum Kahlenberg gefahren und musste fünfmal umsteigen, bis er einen Taxifahrer fand, der kein Antisemit war. Allerdings war das auch eine relativ weite Strecke hinauf auf den Kahlenberg. Dort fand die entscheidende Schlacht gegen die Türken statt, am 11. September 1683, angeführt vom polnischen König Johannes Sobieski. Das war der 9/11 der Moslems. Die Türken verloren, deswegen gibt es heute in Wien, anders als in Budapest, keine türkischen Bäder. Wenigstens den Kaffee haben sie dagelassen.

Vom Kahlenberg hat man einen wunderschönen Blick auf die Stadt, und mit einem guten Fernglas hätte man vielleicht den toten irischen Wolfshund an der Ecke Camillo-Sitte-Gasse/Schweglerstraße sehen können. Ein riesiges, graues Fell lag auf dem grauen Asphalt, umringt von vielen Schaulustigen. Spön humpelte aufgeregt neben dem toten Hund auf und ab.

»Spön?«, fragte ich vorsichtig.

»Wo bleibst du denn?«, rief er, als er mich erblickte. »Derrick ist aus dem Fenster gefallen. Du weißt, dass der Fensterrahmen noch nicht montiert ist, der Trottel springt an mir hoch, ich versuch ihn von mir wegzudrücken, und da fällt diese dämliche Bestie zusammen mit dem Scheiß-Fensterrahmen runter. So ein Scheißdreck, ein verdammter!«

Spön war bleich und verschwitzt. Seine Freundin Heidi war für ein halbes Jahr nach Sri Lanka gegangen, um eine Ayurvedaausbildung zu machen, und er, der Hundephobiker, hatte sich aus purer Liebe bereit erklärt, solange auf ihren sechzig Kilo schweren Wolfshund aufzupassen.

Derrick lebte jetzt seit vier Monaten bei Spön und versetzte den schmalen Architekten regelmäßig in Angst und Schrecken. Der Hund war fast einen Meter hoch. Immer wieder hatte ich ihm versichert, dass irische Wolfshunde als ausgesprochen freundlich und liebenswürdig gelten, doch Spön war davon nicht zu überzeugen. Lieber zitierte er das Wappen der irischen Herrscher, auf dem ein Wolfshund abgebildet war und die Devise: *Sanft, wenn man mich liebkost, schrecklich, wenn man mich reizt!*

»Reizt du den Hund denn?«, fragte ich ihn dann.

»Bist du irre? Vom fetten Dachs gebissen? Nein, natürlich nicht! Was für eine Idee. Das wäre so, als würde Österreich den USA den Krieg erklären.«

Jetzt also lag die USA in Hundeform mit gebrochenem Genick im 15. Bezirk. Spön hob die Vorderbeine des Hundes hoch und ließ sie wieder fallen, zog ihn ein Stück an den Hinterbeinen und setzte sich dann neben das tote Tier auf den Gehsteig. Er rieb sich das Bein und seufzte. Bei einem Radunfall auf der Argentinierstraße hatte er sich den Fuß verletzt. Durch den Sturz war die Achillessehne gerissen, fast ein Jahr schon machte er jetzt zweimal wöchentlich

Gymnastikübungen bei einer Physiotherapeutin in Otta-kring. Beim ersten Besuch in der Praxis wurde er gleich von einem bayerischen Gebirgsschweißhund begrüßt, worauf er mit den Krücken auf der Stelle umdrehte, doch die The-rapeutin hatte ihn schon gesehen und sperrte den Hund weg. »Kommen Sie rein«, hatte sie lächelnd gesagt, und Spön war verloren.

Heidi half ihm auf die Beine, und Spöns Liebe zu ihr wurde seine neue Achillesferse. Der alte Gebirgsschweiß-hund starb, und sie nahm sich einen irischen Wolfshund, der traurige Tränensäcke hatte, weshalb sie ihn Derrick taufte. Wenn Spön bei Heidi übernachtete, bestand er dar-auf, dass Derrick in einem anderen Raum schlief. Er schloss das Hundezimmer stets von außen ab und Heidis Schlaf-zimmer von innen zu – »sicherheitshalber«.

Da er bei Heidi trotzdem nicht gut schlief, schickte er mir nachts oft eine SMS: *Noch unterwegs?*

Wir trafen uns dann manchmal und schlenderten durch die Stadt. Spön brach im Vorbeigehen Antennen und Schei-benwischer von Autos ab, zerkratzte deren Lack und das Glas der Rückspiegel. Triumphierend wedelte er anschlie-ßend mit dem Scheibenwischer in der Hand und skandierte »Macht kaputt, was euch kaputtmacht!« Der schmächtigste Architekt Wiens war wütend auf jedes einzelne Auto, denn der Fahrer, der an seinem Radunfall auf der Argentinier-straße schuld war, hatte Fahrerflucht begangen. Spön hatte das Auto gar nicht gesehen, das ihm die Vorfahrt nahm, des-halb konnte es theoretisch jedes Auto der Stadt sein. Der friedliche Spön – sanft, wenn Heidi ihn liebkoste, schreck-lich, wenn man ihn reizte.

Auf einem unserer nächtlichen Demolierungsstreifzüge zeigte er mir die französische Botschaft am Schwarzenbergplatz, die eigenartig orientalisch wirkt. »Weil die Pläne vertauscht wurden, damals in Paris. Diese Botschaft hier war eigentlich für Konstantinopel vorgesehen und die, die in Konstantinopel steht, für Wien. Schlampert waren sie, die Franzosen der Jahrhundertwende«, erklärte er.

Als wir wenig später vor der Roßauer Kaserne standen, behauptete Spön, dass man dort bei der Planung die Toiletten vergessen hätte. »Alles war da, an alles hatte man gedacht: Stuben, Waffenkammern, Wachzimmer, Exerzierplätze – alles. Aber bei der Eröffnung musste wer pinkeln, und da war guter Rat teuer. Wie bei dem jüdischen Witz, wo der Gast den Kellner kommen lässt und sich beschwert: ›Kosten Se de Suppe!‹ ›Ist die Suppe kalt?‹, fragt der Kellner. ›Kosten Se de Suppe!‹, wiederholt der Gast. ›Fehlt Salz? Ist zu viel Salz in der Suppe?‹, fragt der Kellner, aber der Gast sagt wieder nur: ›Kosten Se de Suppe!‹ Der Kellner gibt auf und will die Suppe kosten. ›Aber Sie haben ja gar keinen Löffel!‹, ruft er aus.«

»›Äh!‹, sagt der Gast«, vervollständigte ich den Witz. »Trotzdem glaub ich die Geschichte mit den Toiletten nicht.«

In einer anderen Nacht gingen wir zu Fuß auf die Baumgartner Höhe, die psychiatrische Klinik im 14. Bezirk. Der Mond stand hell am Himmel, und wir sahen die Krähen nach Schönbrunn fliegen. Hunderte von schwarzen Schatten flatterten von einer Seite des Wientals auf die andere, so wie sie es jeden Tag machen. Hin und wieder her. Durch ein Loch im Zaun betraten wir das Klinikgelände. Vorsichtig schlichen wir uns zur Otto-Wagner-Kirche, die gerade umgebaut wurde. Wir robbten unter dem Bauzaun durch, schoben ein großes Brett zur Seite und gelangten hinein.

»Schau«, sagte mein zierlicher Architekturführer, als wir in der Jugendstilkirche standen. »Am Boden. Siehst du das?« Mit einem Feuerzeug leuchtete er zwischen die Kirchenbänke. »Pissrinnen. Genial, was? Wagner hat hier Pissrinnen installiert, weil die Patienten während des Gottesdienstes oft in die Hose gemacht haben. Aus Angst vor Gott und auch, weil die Harnröhren bei denen gern schon mal durchdrehen. Eine gute Idee, was?«

»Vielleicht haben sie die Pissrinnen vertauscht. So wie die Franzosen ihre Botschaften. Vielleicht gehören die Pissrinnen eigentlich in die Kaserne«, schlug ich vor.

»Stimmt«, antwortete Spön. »Und die Zwangsjacken auch.«

Wir schoben das Brett wieder vor den Eingang und schoben uns unter dem Bauzaun raus. Plötzlich stand ein pummeliger Mann vor uns, der gierig an seiner Zigarette zog, wie es Menschen tun, die unter Psychopharmaka-Einfluss stehen. Er sah gespenstisch aus im Mondlicht, wir erschraken furchtbar.

»Ich mag Mathematik«, sagte der Mann so leise, dass man ihn kaum verstand. »Aber nur französische!« Dann drehte er sich um und verschwand.

Wenn Spön nach solchen Touren frühmorgens in Heidis Wohnung zurückkam, lag der Hund im Bett neben ihr. Beide Türen standen offen, die vom Hundezimmer und die vom Schlafzimmer. »Mysteriös, was? Heidi schlief. Tief und fest. Derrick hat es irgendwie geschafft, die beiden abgesperrten Türen zu öffnen. Diese angsteinflößende Bestie!«

Jetzt, auf dem Asphalt, war der Houdini unter den Hunden nicht mehr angsteinflößend. Ein Streifenwagen fuhr vor, und zwei Polizisten stiegen aus. Sie ließen sich den Unfall schildern, und da der massige Hund niemanden verletzt hatte, war der Fall für sie schnell erledigt.

»Schauens, dass Ihnen nicht noch mehr Hunde aus dem Fenster fallen. Das ist gemeingefährlich. Stellen Sie sich vor, so ein armes, kleines Muatterl geht da vorbei, denkt sich nichts, lebt von der Mindestpension, und plötzlich, wusch, fällt ihr so ein Viech auf den Kopf. Stellen Sie sich vor, das wär Ihre Mutter. Gfallert Ihnen das? Naa! Also. Reparieren Sie das Fenster und pickens a Schild dran: Hunde aussiwerfen behördlich verboten!«

»Und der Hund?«, fragte Spön. »Was soll ich mit dem Hund machen?«

»Na ja. Füttern werdens ihn nicht mehr müssen. Und Gassi gehen auch nicht. Das haben Sie elegant gelöst!«, sagte der Polizist und prustete zusammen mit seinem Kollegen los. »Gassi gehen für Faule: Einfach den Hund aussihaun ausm Fenster!«

»Wenn alle ihre Hunde aus dem Fenster schmeißen würden, gäb's keine Hundstrümmerln mehr auf der Straße«, ergänzte der andere. »Also muss Ihnen der Bezirk eigentlich dankbar sein. Grad so ein Riesenviech. Wie viel scheißt denn so ein Pony? Fünf Kilo am Tag? Das sind fast 2000 Kilo Scheiße im Jahr! Das bleibt uns jetzt alles erspart. Grüß Gott.«

Die Polizisten stiegen in ihren Wagen und fuhren los.

»Hilfst du mir, den Hund hinauftragen?«, fragte Spön.

»In den vierten Stock? Und dann? Was willst du mit dem toten Hund in deiner Wohnung machen? Ausstopfen?«

»Ich kann ihn ja schlecht hier liegen lassen.«

»Das ist doch Blödsinn. Du musst die Tierrettung rufen oder so was in der Art. Irgendwelche Tiermenschen musst du rufen«, schlug ich vor.

Ich hatte keine Erfahrung darin, große tote Tiere zu entsorgen. Aber gemeinsam mit dem humpelnden Spön die Sechzig-Kilo-Leiche durchs Treppenhaus zu tragen, schien mir die dümmste aller Möglichkeiten.

Spön jedoch hatte sich entschieden. Er hob die Hinterbeine hoch, ich die Vorderbeine. Der massige Kopf fiel nach hinten, die toten Wolfshundaugen starrten mich an, die dunkle Zunge streckte sich mir durch die Lefzen entgegen, das kräftige Gebiss schlug aufeinander. Spön stöhnte, seine Achillessehne schmerzte. Der tote Hund wirkte dreimal so groß wie er. Ein Zwerg trug einen toten Riesen.

Ich betrachtete die spitzen Zähne und dachte an Petrus.

»Als Christ und Tierfreund halte ich jedem Hund, der mir in die Wange beißt, auch die andere hin. Wer Hunden das Spielen verbietet, tötet auch Rehe.«

Die freundliche und barmherzige Schwester bei den Barmherzigen Schwestern in der Stumpergasse reinigte vorsichtig meine Wunden. Wenige Meter entfernt, in der Sonnenuhrgasse, hatte ihr Hund mich aus dem Nichts heraus angefallen. Nun saß ich in der Hitze des Sommers 2004 in einem Ordenskrankenhaus, schwitzte, blutete und weinte leise vor mich hin.

»Wieso tötet der dann auch Rehe?«, fragte ich sie mit verkniffener Miene. Ich hatte große Schmerzen und tiefe Wunden. Das Gebiss von Petrus hatte sich Zahn für Zahn in meinen Kopf »eingebrandet«, wie die Cowboys sagen, die im Gegensatz zu den Indianern durchaus Schmerzen kennen.

Petrus war ein Bullterrier. Seine Vorfahren waren in der englischen Grafschaft Staffordshire gezüchtet worden, er war klein und bullig, knapp vierzig Zentimeter hoch und fünfzehn Kilo schwer.

»Sein Kopf ist breit und kurz und hat Rosen- oder Halbstehohren«, erklärte mir die barmherzige Schwester.

»Halbstehohren, das klingt ungeil«, sagte ich. Die Ordensschwester tupfte mir so stark auf die Wunde, dass ich aufschrie.

»Wieso töte ich Rehe, wenn ich mich nicht gern totbeißen lasse?«, wiederholte ich nach einer kurzen Erholungspause röchelnd meine Frage.

»Der Hund will Sie nicht töten«, erklärte sie, wieder ganz Christin und ganz ruhig. »Bullterrier wurden vor 250 Jahren zur Rattenvernichtung gezüchtet.«

»Aha. Er hat sich also einfach vertan und mich verwechselt? Mit einer Ratte? Hab ich was Rättisches an mir?« Dicke Tränen kullerten mir über die Wange. »Vielleicht hat er mich gebissen, weil ich Deutscher bin«, suchte ich nach einer anderen Erklärung. »Er ist sauer, weil er einen Halbsteifen hat, und beißt sich an Deutschen den Frust weg!«

Die Schwester mochte es nicht, wenn die Sprache auf Sexualität kam. Kein Wunder, sie war ja mit der Kirche verheiratet, die bekanntermaßen sehr schlecht im Bett ist. Deshalb fügte sie mir wieder unnötig Schmerzen zu, diesmal mit einem Schwall Jod. SM war immer schon eine Sexualpraktik der Unzufriedenen.

»Aus dem Rattenjagen entwickelte sich das Rattenbei-ßen«, fuhr sie fort. »Ein blutiger Sport, bei dem der Hund gewann, der in möglichst kurzer Zeit möglichst viele Ratten erledigte. Zu Beginn des 19. Jahrhunderts wurden dann in Staffordshire die Hunde für den Kampf Hund gegen Hund gezüchtet. Sie wurden zu Statussymbolen der Arbeiter-klasse.«

Die Nonne kannte sich hervorragend aus mit Kampfhun-den.

»Und weil die Arbeiterbewegung heute bei uns in der Krise ist und wegen der hohen Arbeitslosigkeit und Hartz IV in Deutschland beißt mich dieser Hund«, jammerte ich. »Ich verstehe. Na, dann will ich nichts gesagt haben. Für die Ar-beiterklasse lass ich mir gern ins Gesicht beißen!«

»Bullterrier gelten als besonders tapfer«, sagte sie. Sie hatte die Wunden gesäubert und betäubt, jetzt begann sie zu nähen. »Das müssen Sie jetzt auch sein.«

»Gut. Aber ich werde Ihnen nicht in den Kopf beißen wie dieses Monster. Andere zu beißen hat nichts mit Mut zu tun, finde ich. Wenn ich ein Kampf hund wäre – autsch!« Es tat höllisch weh. Wenn sie den Faden mit der Nadel zog, schien es mir, als risse sie meine Wange ab.

»Herrgott noch mal, Sie müssen schon stillhalten, sonst stech ich Ihnen noch ins Aug!«, rief sie genervt. »Ich hab schon oft Menschen genäht, die von Hunden ins Gesicht ge-bissen worden sind, aber so deppert wie Sie hat noch keiner gezuckt. Haben Sie solche Angst, dass ich Ihnen weh tu? Das hat der Hund wahrscheinlich gemerkt, und deshalb hat er Sie gebissen! Sie sind selbst schuld!«

»Oh, Entschuldigung. Ich bitte vielmals um Entschuldigung, dass ich Ihren Hund mit meiner Angst so provoziert habe. So hab ich das noch gar nicht gesehen. Hoffentlich hat sich der arme Petrus nicht weh getan, während er mich gebissen hat. Am Ende hat einer seiner süßen Zähne auch noch Schaden genommen. Das könnt ich mir nie verzeihen. Was meinen Sie?«

»Ich meine, dass Sie ein Trottel sind«, sagte die barmherzige Schwester und warf Petrus ein rohes Stück Fleisch auf den Boden. Zum Glück nicht von mir.

Mit dem Knie schaltete ich im Treppenhaus das Licht ein. Spöns Nachbar saß vor seiner Wohnungstür im Parterre in seinem Rollstuhl und spuckte vor uns aus.

»Mörder!«, zischte er.

»Müssen Sie grad sagen, Herr Pröhl«, keuchte Spön zurück. »Immer schön ans eigene Glashaus fassen!«

Herr Pröhl rollte mit seinem Rollstuhl aggressiv auf uns zu. Ich ließ den riesigen Kopf des Wolfshundes auf seine Seite baumeln, und Herr Pröhl wich zurück.

»Gsindel!«, rief er. »Bagasch! Wü si da aufpudeln, der Zadruckte, der Spenadler, der depperte. Heast, Gsöchter, schleich di mit deine Kakaosprudler. Mistbruat!«

»Hast du ihn verstanden?«, fragte ich.

»Ja, hab ich. Der Mann ist nicht ganz dicht. Er hat lang mit seinem schwerstbehinderten Bruder zusammengewohnt. Aber nicht, weil er ein so guter Mensch ist, sondern weil er wegen dem Bruder einen Behindertenparkplatz direkt vorm Haus hatte. Sondergenehmigung für Schwerstbehinderte. Als sein Bruder starb, verlor Herr Pröhl natürlich den Anspruch auf den Parkplatz. Das hat ihn sehr verbittert, weil der Parkplatz direkt vorm Haus sein Sieg über die Welt war. Jetzt hatte er gar nichts mehr. Er setzte sich ins Auto und raste auf der Südosttangente als Geisterfahrer in ein entgegenkommendes Fahrzeug. Er wollte sich umbringen, aber es war ihm wichtig, andere mitzureißen. Die im anderen Auto haben schwer verletzt überlebt. Er auch. Aber nach dem Crash saß er im Rollstuhl und ein paar Jahre im Gefängnis.«

»Hat er jetzt wieder einen Behindertenparkplatz?«

»Ja. Aber kein Auto mehr«, keuchte Spön und stolperte. Er ließ den Hund fallen, der auf die harten Steinstufen fiel. Es krachte. Die Vorderpfote stand rechtwinklig ab. Der tote Hund hatte sich ein Bein gebrochen.

Wir setzten uns neben Derrick auf die Stiege und atmeten durch.

»Heidi wird furchtbar traurig sein«, sagte er.

»Ja, das wird sie«, sagte ich.

»Kennst du die Geschichte, wie der Otto Grünmandl beim Trinken sein Gebiss verliert?«, fragte Spön. Er verehrte den Tiroler Kabarettisten und Volksschauspieler.

»Wahre Geschichte?«, fragte ich.

»Ist das wichtig?«, fragte er zurück und zuckte mit den Schultern. »Wahre Geschichte«, fuhr er fort, »ist wirklich so passiert. In Kärnten war der Grünmandl mit Freunden abends im Wald spazieren. Sie hatten alle vorher schon was getrunken und tranken im Gehen weiter. Irgendwann war der Gründmandl sturzbetrunken, verschwand im Unterholz und übergab sich. Die anderen führten ihn ins Hotel und legten ihn ins Bett. Am nächsten Morgen kam der Grün-

mandl mit eingefallenem Schrumpelmund ins Frühstücks-
zimmer und sagte, dass beim Speiben wohl sein Gebiss raus-
gefallen sei. Keiner konnte sich aber mehr erinnern, wo sie
spazieren gewesen waren. Doch der Wirt hatte einen Freund
mit einem Suchhund, einem Rettungshund. Der nahm beim
Grünmandl Witterung auf und verschwand danach mit seinem Herrchen im Wald. Nach zwanzig Minuten kommt der
Hund mit dem angespiebenen Gebiss im Mund zurück, der
Grünmandl jubelt über seine Zähne, streichelt den Hund,
zerrt ihm sein stinkendes Gebiss aus dem Maul und steckt
es sich selber hinein!«

»Uah«, rief ich angewidert.

»Ja, ein echter Tiroler halt. Nicht so ein kapriziöser Städ-
ter wie du. Ein rescher Mann aus die Berg!«, sagte Spön und
sprach »Berg« wie ein Tiroler aus. Laut und grollend. Tirole-
risch kann man nicht leise sprechen. Auch nicht, wenn
man seiner Angebeteten die Liebe gesteht. Man brüllt verliebt: »I kchann di guat leiden. Kchimm her, dass i di busseln kchann!« Jedes »K« kracht wie eine Lawine aus dem
Mund, da fällt es schwer, romantisch daherzureden.

»Sich vollgekotzte Gebisse in den Mund zu stecken ist ein
Zeichen für Naturverbundenheit? Ich weiß nicht. Und es
waren die dritten Zähne. Ich hab noch meine zweiten. Alle.
Das ist Naturverbundenheit«, erwiderte ich. »Kchapiert?«

Zehn Minuten später hatten wir den Wolfshundkoloss in
der Speis von Spöns Wohnung abgelegt, einem kleinen Vor-
ratsraum hinter der Küche. Da lag er nun zwischen leeren
Flaschen, Schlammpackungen vom Toten Meer und alten
Ausgaben der Zeitung *Täglich Alles*, die es schon seit Jahren
nicht mehr gab. »Einmal alles«, hatten die Leute früher ge-

sagt, wenn sie die Zeitung in der Trafik verlangten. Kein bescheidener Wunsch.

Spöns Wohnung machte einen verheerenden Eindruck. Seit sechs Jahren arbeitete er mit zwei anderen Architekten in seinem kleinen Wohnbüro, aber außer kleinen Umbauarbeiten in Wohnungen von Freunden und ewigen Modellbauten für Ausschreibungen lief so gut wie nichts.

»Ich hab mir selbst das Coop-Himmelblaue vom Himmel versprochen«, umschrieb Spön seine Situation gern. »Aber ich bau nichts. Ich bin wirklich ein interessanter Architekt: Ich hab mir mit dem Architekturstudium mein Leben verbaut – das einzige Bauwerk, das ich herzeigen kann.«

Deshalb arbeitete er nebenher als Fahrradbote. Dabei war auch der Unfall passiert, als er vom Hundertwasserhaus Unterlagen ins ORF-Funkhaus bringen sollte. »Das Hundertwasserhaus. Warst du da schon einmal drin?«, fragte er mich. »Bei der Eröffnung zeigte Hundertwasser den Besuchern stolz den unebenen Boden. Dann ist er gestolpert und hat sich in seinem innovativen, fantastischen Wunderhaus die Bänder gerissen. Schon nach wenigen Schritten.«

»Brauchst du mich noch? Frank kommt heute mit 's Gütli zu uns zum Abendessen«, erwiderte ich, nachdem wir ein Tischtuch über den Riesenhund gelegt hatten. Ich war klitschnass und hatte eine Risswunde an der Hand, weil ich bei der letzten Stufe abgerutscht und in Derricks Gebiss geraten war. Nun ja, besser von einem toten als von einem lebendigen Hund gebissen werden.

»Nein, danke dir. Allein hätt ich das nie geschafft. Vielleicht sollte Frank über Derrick schreiben und deine Solidarität zu mir.«

»Du kannst den Hund hier nicht liegen lassen, Spön.«

»Weiß ich selber, du Besserwessi! Ich bin ja nicht meschugge.«

Da war ich mir nicht so sicher. Ich erinnerte mich daran, wie Spön mich einmal verzweifelt angerufen hatte, als er mit Heidis Auto einen Reifenschaden hatte.

»Ich steh hier irgendwo in Transdanubien, ich hab so was noch nie gemacht!«, brüllte er ins Telefon.

»Nur weil du auf der anderen Donauseite bist, musst du nicht so schreien.« Ein hysterischer Architekt am Straßenrand war kein angenehmer Gesprächspartner. »Hast du einen Reservereifen? Gut, jetzt musst du den kaputten Reifen mit dem Schraubenschlüssel gegen den Uhrzeigersinn abschrauben«, dirigierte ich ihn.

»Wie denn?«, schrie er. »Ich hab keine Uhr. Wie soll ich das denn machen – gegen den Uhrzeigersinn?!«

Irgendwo hatte ich gelesen, dass der amerikanische Schriftsteller David Foster Wallace genau das Gleiche zu seinem Vater am Telefon gesagt haben soll. Foster brachte sich später um. Auf Spön musste ich aufpassen. Zum Glück fand sich schließlich eine Fußgängerin mit Damenuhr am Handgelenk, die bereit war, sich neben ihn und den Reifen zu knien. So gelang ihm doch noch der Reifenwechsel. Mich am Ohr, die Uhr im Blick.

Nun standen wir hier und blickten immer noch andächtig auf den toten Derrick.

»Möchtest du auch zum Essen kommen?«, fragte ich.

»Nein, lass nur«, murmelte Spön unwillig. »Ich muss mir überlegen, wie ich das Ganze Heidi erklär. Wie sagt man so etwas? Sie hat den Hund wirklich gerngehabt.«

Ich blickte auf den ausgebrochenen Fensterstock, der Derricks Schicksal war. Der Wind blies herein.

Ich verließ Spön und nahm die U3 von der Schwegler-straße zur Neubaugasse. Obwohl es bereits früher Abend war, befand sich eine Kindergartengruppe in meinem Waggon, zusammen mit zwei Tanten. Sie waren auf dem Rückweg von einem Tagesausflug. Alle trugen die gleichen gelben Schirmmützen auf dem Kopf und kleine Rucksäcke auf dem Rücken. Entzückend waren sie, aber auch irritierend, denn sie sangen inbrünstig die *Ode an die Freude*, allerdings nicht mit Schillers Text, sondern mit dem von Kurt Sowinetz: »Alle Menschen samma zwider, i mechts in die Goschn haun«, schmetterten die Drei- und Vierjährigen. »Mir san alle Menschen zwider, in die Goschn mecht i's haun. Voda, Muada, Schwester, Bruada und de ganze Packlrass. Alle Menschen samma zwider, wann i Leit sich, geh i haaß.«

Mir wurde es zu viel. Lou, dem sie das Gesicht zerschlagen hatten, der furzende Taxifahrer, der Hund, der aus dem Fenster gefallen war, und jetzt die zynischen Kleinkinder. Ich sehnte mich nach dem Gefühl, das die Wien-Werbung versprach: Kaffeehaus, Sisi, Schloss Schönbrunn und als größte Aufregung das Riesenrad, das sich im Zeitlupentempo bewegte. »Im Prater blühn wieder die Bäume, in Sievering grünt schon der Wein, da kommen die seligen Träume, es muss wieder Frühlingszeit sein.« Das hätte ich jetzt gern gehört. Eine Veroperettierung der Wirklichkeit, wie es die Wien-Werbung seit Jahrzehnten versprach. Stattdessen trat ein Knirps auf mich zu und sagte: »Gell, wenn ich sterb, dann kommen die Würmer und fressen mich auf, stimmt's? Die

Leichenwürmer nennt man die, gell?« Dann lachte der Bub und klatschte in die Hände.

»Er hat heute Geburtstag«, sagte eine der beiden Tanten. »Drei ist er geworden. Kommt, Kinder, bevor wir alle aussteigen, singen wir dem Murat noch einmal ein Geburtstagslied.«

»Hoch soll er leben, hoch soll er leben, an der Decke kleben, runterfallen, Popschi knallen, ja so ist das Leben!«

Ich stieg aus und ging durch die Stiegenpassage zur Stiegengasse. Vor dem Fiaker-&-Gespanne-Stall, wo es immer nach Pferd riecht, stand der Mann in den Nicki-Hotpants. Als er mich sah, wurde er schmallippig, machte ein abfälliges Geräusch durch die Nase und drehte sich um. Sein Terrier sah mich feindselig an.

In der Kettenbrückengasse hörte ich schon von weitem die Wie-spät-ist-es-Frau.

»Viertel nach sieben«, rief ich zu ihr hinauf.

»Bitte?«

»Viertel nach sieben, fast zwanzig nach. Es ist genau 19 Uhr, 18 Minuten und, Moment, 25 Sekunden.« Ich schloss die Haustür auf und holte Luft.

»Es gibt Ärgeres, als über Brillen zu parlieren«, sagte Rocco und nahm einen tiefen Zug aus seiner *Kim*. Inzwischen war es Abend, und wir saßen allesamt, wenn auch ohne Spön, in unserer bratenduft- und qualmgeschwängerten Wohnung.

Rocco war der einzige mir bekannte heterosexuelle Mann, der eine Damenzigarette rauchte. Ich hatte ihn in der »Goldenen Glocke« kennengelernt. Wir saßen uns dort an zwei Tischen gegenüber und schlürften beide die Milzschöberl-Suppe des Mittagsmenüs. Während ich noch an der Milz zu kauen hatte, wurde er schon fertig und öffnete eine weiße Zigarettenpackung. Wellen in Orange und Zinnoberrot füllten das untere Drittel der Packung. In kleinen schwarzen Buchstaben las ich *Kim*. Der i-Punkt war auch zinnoberrot. *Slim Size* stand in geschwungener Schreibschrift darüber. Die bleistiftdicke Zigarette, die er sich in den Mund steckte, war nicht viel dicker als die Schrift.

»Haben Sie Feuer?«, fragte er mich in einem Ossi-Dialekt.

»Ich rauche nicht«, antwortete ich.

»Zündholzer?«, bot sich der Kellner an. Das Streichholz, mit dem er die Zigarette anzündete, hatte fast den gleichen Umfang wie die Kim.

So hatten wir uns kennengelernt. Roccos Pech war, dass er schon vor dem Fall der Mauer von einer Tante aus dem Westen regelmäßig Kim-Stangen zugeschickt bekam nach Apfelstädt in Thüringen. Er hielt Kim für cool, weil sie bunt waren und niemand in Apfelstädt solche Zigaretten rauchte. Nach der Wende merkte er schnell, dass es für einen Mann sehr ungewöhnlich war, schlanke Damenzigaretten zu rauchen. Aber seine Lunge und seine Geschmacksknospen hatten sich entschieden. Männerzigaretten ließen ihn husten, für Camel oder Marlboro war er daher verloren. Manchmal rauchte er die zahnstocherdicken Slim, dann sah er aus wie die Witwe von Rudolf Mooshammer.

Wie viele Kinder in der DDR hatte Rocco einen Vornamen bekommen, der die fehlende Reisefreiheit ausgleichen sollte. Seine Schwester hieß Kathleen, seine Brüder hörten auf die Namen Maik und Ronny. Rocco hatte in Ostberlin Geschichte studiert und dann in Westberlin noch mal, weil jede Geschichte zwei Kehrseiten hat. Die Mauer hatte auf der einen Seite eine völlig andere Bedeutung als auf der anderen, obwohl sie rechts und links aus ein und demselben Material gebaut war, und wer gerade noch Klassenfeind war, wurde, hast du nicht gesehen, andernorts ein Klassetyp.

Das Land, aus dem ich vor dem Mauerfall gekommen war, gab es seit fast zwanzig Jahren nicht mehr. Es war größer geworden, bekam eine neue Hauptstadt, neue Telefonzellen, in denen man nicht mehr mit Münzen bezahlen konnte, neue Fußballspieler, neue Strände an der Ostsee und neue Postleitzahlen.

1990 stand ich kopfschüttelnd vor der deutschen Fahne, die Bürgermeister Helmut Zilk am Tag der Deutschen Einheit auf dem Wiener Rathaus hissen ließ, und drängelte mich durch die Schlangen der DDR-Bürger vor den österreichischen Banken, die über Ungarn ausgereist waren und die 100 Mark Begrüßungsgeld einforderten, in leichter Verkennung der äußeren Grenzen der BRD und der D-Mark, um danach wie Heuschrecken über den Naschmarkt herzufallen und in biblischem Ausmaß Bananenmassen wegzukaufen. In meiner Wohnung in der Papagenogasse hing damals das *Titanic*-Poster mit der Überschrift *Zonen-Gabi: meine erste Banane* – eine rothaarige Frau hält eine Gurke in der Hand, die sie so geschält hat, wie man Bananen schält.

Rocco kümmerte sich von vornherein weniger um Bananen, sondern forschte an der Uni, jetzt endlich seinem italienischen Namen entsprechen dürfend, über römische Kolonien in Latium. Als er Mitte der 90er mit dem Studium fertig war, stellte er resümierend fest, dass es keine römischen Kolonien in Latium gab und nie gegeben hatte und der Bedarf an Menschen, die das Fehlen der Kolonien wissenschaftlich belegen konnten, überschaubar war.

Enttäuscht zog Rocco nach Jena, wo er in der Nähe des Bahnhofs Jena-Paradies eine günstige Wohnung fand und eine schlecht bezahlte Stellung im Optischen Museum. Er machte Führungen zur Geschichte der Sehhilfe, in der Optischen Werkstatt von Carl Zeiss und dem Glastechnischen Laboratorium von Ernst Abbe und Otto Schott.

»Aber du hast doch überhaupt keine Ahnung von Optik gehabt«, wunderte ich mich, als er bei Tisch davon erzählte. »Was haben denn Brillen mit römischer Geschichte zu tun?«

»Erstens: Für so wenig Gehalt konnte man nicht erwarten, dass ich weiß, wovon ich bei den Führungen red. Zweitens wurde die Brille im 13. Jahrhundert in Italien erfunden. Gut, das ist jetzt nicht mehr alte Geschichte, und sie wurde auch nicht in Rom oder Latium, sondern in der Toskana erfunden, aber wenn du so willst, bin ich nicht weniger geeignet gewesen für diese Führungen als irgendein Brillenträger vom Land.«

Das Wort »Brille«, so Rocco, wurde abgeleitet vom Kristall Beryll.

»Und Augengläser?«, fragte Sophie. »Wir sagen ›Augengläser‹ in Österreich. Woher leitet sich das ab?«

»Von Nasenfahrrad«, antwortete er grinsend. Die passende Antwort auf so eine Frage, musste ich innerlich eingestehen.

Mit den Jahren wusste Rocco alles über Frenzelbrillen, Gleitsichtbrillen, Lochbrillen und Paukbrillen. Er zeigte den immer spärlicher werdenden Besuchern Schwedenbrillen, Sonnenbrillen, Taucherbrillen und Umkehrbrillen.

Erst als das Museum von Kürzungen betroffen war und die Führer von Kopfhörern abgelöst wurden, verließ er Jena-Paradies, und wie so viele Leute aus Apfelstädt und den anderen nicht ganz so blühenden Städten in Thüringen wie Schkölen, Triptis oder Ziegenrück zog es ihn nach Österreich. Denn in Tirol, so hieß es in den neuen Bundesländern, gibt es Arbeit. Und so zogen sie in Scharen von Sachsen in die Alpen, aus Freiberg, Flöha, Schkeuditz und Zwickau nach Patsch, Tux, Bschlaps und Vomp, und trafen dort auf Thüringer und Anhaltiner aus Hohenmölsen und Brücken-Hackpfüffel.

»Brücken-Hackpfüffel? Du nimmst uns auf den Arm«, rief Sophie lachend.

»Das ist nicht gelogen, sondern in Sachsen-Anhalt. Die Menschen zogen fort aus Eimersleben, so schnell sie konnten aus Eilsleben, aus Klein Wanzleben und Giersleben, aus Hohendodeleben, weil sie keine Arbeit hatten und wohl niemals finden würden in Trebbichau an der Fuhne oder Tornau vor der Heide. Was glaubst du, wo all die Taxifahrer und Liftwarte, all die Kellnerinnen und Zimmermädchen in den österreichischen Wintersportorten herkommen?«

»Aus Brücken-Hackpfüffel?«, fragte Sophie.

»Genau. Wir alle aus Brücken-Hackpfüffel und Völpke und Hötensleben waren auf der Suche nach einem neuen Leben. Weil uns das Wasser bis zum Hals stand, zogen wir nach Obergurgl, Untergurgl und Hochgurgl. In ein Land, dessen Sprache wir sprechen.«

»Tut ihr das?«, fragte 's Gütli. »Glaubst du den Schmarrn, von wegen, das Einzige, was uns trennt, ist die gemeinsame Sprache? Du Hobbytiroler, nur weil du ein paar Jahre in diesem Bergkaff gelebt hast, glaubst du, du verstehst was? Dann hör mal gut zu: Nacht z'Neunerlen hob i a Kudl mit gfierige Ranggn marendet. Na?«

»Du hast gestern zur Neunuhrjause eine Kanne mit schönen Preiselbeeren gejausnet!«

»Nicht schlecht, der Ossi!«, rief die Westösterreicherin und klatschte Beifall.

»Und jetzt du«, sagte Rocco. »Nachsprechen, so schnell du kannst: Der Pfarrer von Bschlabs hat z'Pfingsten s'Speckbsteck zspat bstellt!«

Tatsächlich hatte Rocco sich sprachlich assimiliert. Ihm war auch nicht viel anderes übriggeblieben. Eine Leipziger Arbeitsagentur hatte ihn nach Kühtai vermittelt, einen Ortsteil der Gemeinde Silz im Sellraintal im Tiroler Oberland – ein wahrhaftes Kuhdorf. Allerdings nicht nur das.

»Der höchstgelegene Wintersportort Österreichs«, posaunte Rocco nicht ohne Stolz. »2020 Meter hoch.«

Was er nicht erwähnte, waren die zwölf Einwohner und die Sehenswürdigkeiten: Mondscheinrodelbahn, Jagdschlosskapelle, Marienkirche. Dazu noch die Alpenrosenblütezeit Ende Juni. Im Winter und Hochsommer kamen Touristen, zwischen September und Dezember herrschte hingegen große Einsamkeit. Keine Alpenrosen mehr und noch kein Schnee, so dass der Mondschein sinnlos auf die Rodelbahn runterschaute. Die drei von der Arbeitsmarktagentur Leipzig vermittelten Ostdeutschen putzten traurig das leere Sporthotel, das auch im Hochsommer nie ganz ausgebucht war. Die deutschen Gäste waren oft unzufrieden: das Wetter schlecht, dazu ostdeutsche Kellner. »Da können wir ja gleich in den Harz fahren, wenn wir uns von Ossis bedienen lassen wollen«, schimpften sie.

Die Zimmer fanden sie schmutzig. *So kann man vielleicht in eurer LPG saubermachen, aber nicht in einem Hotel*, schrieben die Touristen aus Hannover und Bielefeld ins Beschwerdebuch. »In meinem Zimmer sieht's aus! Da sind sogar Kakerlaken, das muss man sich einmal vorstellen!«, riefen sie über den Flur.

»Kakerlaken auf über 2000 Meter? Das müssen ungewöhnliche Kakerlaken sein. Da sollten wir gleich im Alpenzoo in Innsbruck anrufen. Eine zoologische Sensation. Die gemeine Kakerlake ist im Alpengebiet sesshaft geworden!«, blaffte Rocco dann zurück.

»Da gibts koane Kakerlaken!«, brüllte der Tiroler Hoteldirektor.

So lernte Rocco die deutschen Touristen hassen. Sobald er einen großen ADAC-Atlas auf der Rückbank der Opels und BMWs mit Mindener und Ulmer Kennzeichen liegen sah, stieg Ablehnung in ihm auf.

»Bei Dresdner Kennzeichen nicht?«, fragte ich.

»Das waren in der Regel Kollegen«, meinte er.

»Die aus Ulm können sich ja bei ihrer bayerischen Botschaft in Wien beschweren gehen«, sagte Frank. »Diese deutschen Trottel. Die Nichtbayern haben ja keine Vertretung hier, die müssen zum Reisebüro gehen. Meckermann. Ich hab ein Auto auf der Wienzeile gesehen aus Tübingen, das hatte zwei Aufkleber an der Rückscheibe: *Tübisch Tübingen* und *s'gibt badische und unsymbadische*. Ich hab Gänsehaut bekommen vor Ekel.«

Ich sah ihn an. Frank hatte ein verquollenes Gesicht. Er

war mit der Freiwilligen Feuerwehr Kritzendorf zur Wespenbekämpfung ausgerückt und hatte offensichtlich die Wespen mit seinem Kopf angegriffen.

Der Sitzschläfer und er waren, verbunden durch die erfolgreiche Schlammschlacht, gemeinsam in die Freiwillige Feuerwehr eingetreten. Frank hatte extra breite Stiefel bekommen, damit seine Waden hineinpassten. Der Ostfriese war jetzt niederösterreichischer Feuerwehrmann.

»Bisch a Tiroler, bisch a Mensch. Bisch koa Tiroler, bisch a Arschloch«, zitierte Rocco.

»Wie sich wohl die Sprache verändern wird in Tirol, wenn dort so viele Ostdeutsche niedere Tätigkeiten ausüben«, überlegte ich.

»Es wird eine Kunstsprache entstehen. Tirächsisch oder Sächsolerisch«, sagte er.

Sophie verzog das Gesicht. »Das ist ja eine grauenvolle Vorstellung«, sagte sie. »Tiroler Schützen, die reden wie Jens Weißflog. Rocco, ich hab's vergessen: Wie habt ihr in der DDR noch einmal einen Engel für den Weihnachtsbaum genannt?«

»Beflügelte Jahresendfigur.«

Wir lachten. Sophie stand auf und schaute nach dem Schweinsbraten mit Honig, der zusammen mit Datteln und Karotten im Rohr lag und einen köstlichen Duft verbreitete.

's Gütli holte aus ihrer Tasche eine Gratis-Tageszeitung.

»Schaut euch das an«, sagte sie und zeigte auf eine Schlagzeile. »Bei einem Autounfall sind sechs Menschen und ein Türke ums Leben gekommen, heißt es da!«

»Vielleicht waren es zwei Unfälle?«, schlug Frank vor. »Erst starben sechs Menschen, und dann starb auch noch ein Türke.«

»Willst du das jetzt schönreden?«, schimpfte 's Gütli. »Wie hättst denn du das formuliert im *Vaterland*?«

»›Sieben Ausländer tot!‹ Kurze, knappe Information für die Menschen eines kleinen Landes«, sagte er.

»Sacklzement, Harrgottzack!«, rief 's Gütli. »'s isch numma g'hörig! Des kascht rüabig si lo!«

Wenn sie ärgerlich war, redete sie so, wie man in »Breagaz«, also Bregenz untereinander spricht. Allerdings wurde sie so im Rest Österreichs nicht verstanden. Deshalb sprach sie normalerweise »Bödeledütsch«, ein dialektal eingefärbtes Hochdeutsch.

»Das ist doch wirklich eine Sauerei, so eine Überschrift. Und niemand regt sich auf«, bödeldütschte sie.

»Doch, du zum Beispiel«, sagte Rocco. »Österreich ist ein katholisches Land. Du sagst etwas Schlimmes oder schreibst etwas Arges – und die Sünden werden dir vergeben. Die einen schimpfen, die anderen nicken zustimmend, am Ende des Tages ist es wurscht, und alles beginnt von vorn. Darum können hier auch Politiker die grauslichsten Sachen sagen – nie würde einer von denen zurücktreten. Katholiken treten nicht zurück, sie beichten. Oder hast du schon mal gehört, dass ein Papst zurücktritt? Nicht mal ein kleiner Pfarrer tritt zurück, wenn er seinem Messdiener den Schwanz misst. Drei Vaterunser und ein Rosenkranz, das war's. Dann kann schon der Nächste zum Messen kommen.«

's Gütli nickte. »Vorarlberg war am längsten heidnisch. Die Missionare kamen aus Irland und Schottland nach Österreich, aber die Vorarlberger haben jeden Mönch, der über den Arlberg wanderte, sofort erschlagen. Ein Heidenspaß war das, also nichts für Christen«, frohlockte sie.

»Außerdem ist das eine Gratiszeitung, was du da in der Hand hast. Was erwartest du da, mein Schatz?«, fragte Frank. »Gratis, da bekommst du ein paar Meldungen. Die Moral von der Geschicht nicht. Für Mitleid wird dort keiner bezahlt.«

»Tja, die Gratiszeitung ist halt nicht die *Süddeutsche*«, sagte ich.

Frank lächelte gequält. Zwei Wespenstiche hatte er im Gesicht. Einen auf der Stirn und einen am Kinn. Rot-weiß-rot. Am Nationalfeiertag könnte man ihn hissen.

Sophie stellte den riesigen Topf auf den Tisch. Das Schwein brutzelte im Saft, die Schwarte war goldbraun, die Datteln und der Honig verströmten einen süßen Geruch. Aus dem kochenden Wasser eines zweiten Topfes hob sie vorsichtig die Serviette mit dem Knödel heraus und schreckte sie unter kaltem Wasser ab. Sie öffnete den Knoten der Serviette, und zum Vorschein kam ein grandioser Serviettenknödel. Sie schnitt den Knödel in Scheiben und sagte: »Für meine deutschen Gäste: Der Kloß ist fertig.«

»Dann ab in den Hals damit«, rief Rocco und dämpfte seine Kim aus. Fast drei Jahre lang hatte er in Kühtai gelebt, als überqualifizierter Ossi für alles. Er kellnerte, reparierte, machte Aufgüsse in der Sauna, schaufelte im Winter Schnee vom Dach des Sporthotels, brachte die Gehbehinderten mit dem Snowmobil zum Mondscheinrodeln und bot zehnminütige Führungen zu den beiden Sehenswürdigkeiten an. Er hatte keinen Plan. Seine Zukunft war für ihn eine römische Kolonie in Latium: einfach nicht zu finden. Stattdessen spielte er mit den fünf Männern des Ortes am Wochenende Fußball. Den Ball hatte er selbst mitgebracht.

»Der erste Ball, der jemals in Kühtai war. Stell dir mal vor, die haben noch nie Fußball gespielt da oben. Die kannten das nur aus dem Fernsehen. Klar, zu wenig Leute und überall diese steilen Hänge, da kann man nicht gescheit spielen.«

»Das ist vielleicht das Grundproblem des österreichischen Fußballs«, sagte ich. »Zu wenig Menschen, zu viele steile Hänge. Wenn du immer bergauf oder bergab spielen musst, entwickelst du kein realistisches Gespür für das Spiel.«

»Wir haben dann einfach auf einem kleineren Feld gespielt und Fangzäune gebaut, dass der Ball nicht runterrollt bis ins Tal. Hat Spaß gemacht. Ich war Spielertrainer und Präsident des FC Kühtai. Ich bin heute noch Ehrenpräsident.«

»Ich hab den Schriftsteller Felix Mitterer mal fürs Radio über seine Kindheit interviewt. Der ist von seinen Adoptiveltern, Tiroler Almbauern, als kleines Kind mit einem Strick an einem Pflock festgebunden worden, damit er nicht ins Tal runterfällt. Das hättet ihr mit dem Ball auch machen können, oder gleich mit jedem Spieler«, schlug ich vor.

»Ich weiß nicht. Das ist nicht meine Auffassung von modernem Fußball«, antwortete Rocco.

»Aber es erleichtert die Positionstreue, wenn man angepflockt ist. Hab ich dir von meiner grandiosen Taktik schon erzählt?«

»Ja, hast du: Einer führt den Ball am Fuß, die anderen bilden einen engen Kreis um diesen Spieler und schieben sich so langsam vor bis zum gegnerischen Tor.«

»Todsicheres System«, sagte ich. »Die gegnerische Mannschaft hat keine Chance, an den Ball zu kommen. Nur mit Fouls. Perfekt ist das!«

In einer normalen Wintersaison gibt es in den Tiroler Bergen rund 15 000 Skiunfälle und etwa 5000 Knochenbrüche. Rocco war der erste Schienbeinbruch über 2000 Meter, der beim Fußballspielen passierte. Wäre er angebunden gewesen, wäre nichts geschehen. Hätte man meine Umkreisungstaktik gewählt, auch nicht. So aber lief Rocco den Abhang entlang mit dem Ball am Fuß, stürzte über das Fangnetz und fiel vier Meter tief auf einen Felsvorsprung. Es krachte so laut, dass die wenigen Touristen neugierig aus der Vierersesselbahn guckten und Fotos machten. Mit dem VW-Bus des Sporthotels wurde Rocco nach Innsbruck gebracht, über rumpelnde Bergstraßen, vorbei an Bergseen und blühenden Alpenrosen. Auf dem Bus stand: *Urlaub in Kühtai – nachhaltiges Wohlbefinden*. Das Höhenreizklima half Rocco jetzt nicht.

In Innsbruck wurde er ins »Spital des Landesgerichtlichen Gefangenenhauses« eingeliefert. Das war eigentlich ein Knastkrankenhaus, aber der Kühtaier Bürgermeister war gleichzeitig der Besitzer des Sporthotels, in dem Rocco arbeitete, Torwart des FC Kühtai und außerdem gut befreundet mit dem Primar des Hospitals. Rocco wurde operiert und mit einem Nagel wurde sein Schienbein stabilisiert. Zwei Wochen lang lag er anschließend im Gefangenenkrankenhaus, in einem schönen Sechser-Zimmer mit Blick auf die Bergisel-Sprungschanze, auf der die Skispringer ihr Sommertraining absolvierten. Bei guter Sicht sah Rocco, wie sie flogen und auf den Matten landeten. Besser als auf einem Felsvorsprung, dachte er sich.

Nur ein weiteres Bett war belegt. Offenbar waren die Tiroler Häftlinge pumperlgsund, Bergfexe, die nichts umwirft. Sein Mitpatient war an der Bandscheibe operiert worden. Ein schon ergrauter Herr Ende fünfzig, Dr. Braun de Praun, Zahnarzt aus Graz und Schüler von Professor Georg Carabelli von Lunkaszprie. »Der Erste, der die Zahnheilkunde mit wissenschaftlichen Maßstäben zu fassen suchte«, erklärte Braun de Praun, nachdem er sich vorgestellt hatte.

»Und warum sind Sie hier? Als Zahnarzt? Ein Kunstfehler?«, fragte Rocco, dem sein Mitbewohner auf Anhieb sympathisch war, wegen seines charmanten Lächelns und seiner angenehmen Stimme, mit der er das Neujahrskonzert im goldenen Saal des Wiener Musikvereins moderieren hätte können.

»Nein. Ich sitze wegen Diebstahl ein. Ich hab nur ein paar Jahre als Zahnarzt ordiniert, dann hab ich mich ganz aufs Stehlen konzentriert. Ich hab schon als Student aus der Universitätsklinik ein historisches Glüheisen gestohlen, mit dem im 19. Jahrhundert die Pulpa ausgebrannt wurde.«

»Warum? Wollten Sie es für Ihre eigene Praxis benutzen?«

»Nein«, schmunzelte er. »Das hätte den Patienten nicht gefallen, glauben Sie mir. Das war wirklich schmerzhaft für unsere Vorfahren, damit könnte man heute kein Geschäft mehr machen. Nein, ich hab es verkauft. Viele Sammler sind ganz verrückt auf historische Instrumente. Und ich klaue einfach gerne. Der Kick ist nicht zu vergleichen mit einer Wurzelbehandlung. Wissen Sie, als Zahnarzt schauen Sie immer nur in angsterfüllte Augen. Als Dieb haben Sie selber Schiss, wobei ich diese Aufregung immer schon als etwas Schönes empfunden habe.«

»Und was haben Sie so gestohlen?«, fragte Rocco, der sich als Historiker natürlich für die Geschichte des Diebs und auch die der Zahnmedizin interessierte, nachdem er die letzten Jahre auf dem Gipfel der Langeweile verbracht hatte.

»Ich darf mit Stolz behaupten, dass ich viel gestohlen habe. Heute gibt es etwa gleich viele Ausstellungsstücke in privater Hand wie in den Museen. Dafür trage ich eine nicht geringe Verantwortung«, lachte de Praun. »Allein 1996 habe ich drei Gnathostat-Geräte nach Siebert zur schädelbezüglichen Orientierung von Kiefermodellen aus dem Museum für Zahn-, Mund- und Kieferheilkunde in der Währinger Straße in Wien gestohlen. Außerdem einen Symmetographen nach Beerendonk und einen nach Brückl-Rasch sowie einen nach Korkhaus-Philips. Ich hab auch Situationsmodelle aus der Korkhaus-Sammlung mit unterschiedlichen kieferorthopädischen Anomalien privaten Interessenten zuführen können. Alles Leihgaben der Charité in Berlin.« Er kicherte. »Mein schönster Coup war aber die ›Lange Nacht der Zähne‹. Das haben Sie vielleicht gelesen. Sisis erster Zahn – ich hab die Vitrine aufgebohrt wie einen Zahn und den Zahn herausgeholt. Als hätte ich ihn extrahiert. Ohne Narkose. … Wissen Sie, dieser Zahn ist etwas Besonderes. Die spätere Kaiserin Elisabeth hatte bereits bei ihrer Geburt einen Milchzahn im Mund. Jetzt hielt ich ihn in der Hand!«

»Vom Mund in die Hand«, sagte Rocco.

»Kann man so sagen. Ich habe zwanzig Jahre lang in ganz Europa gearbeitet. Stiftschienen, Handbohrer, Zahnmeißel und Hebel, Tretbohrmaschinen, Vulkanierkessel und Lichtbogenschmelzschleudern – alles, was meine Kunden wollten, habe ich besorgt.«

»Warum möchte jemand eine Tretbohrmaschine haben?« Rocco zog sich am Haltegriff über seinem Bett hoch.

»Was es gibt, das möchten Menschen haben. Und je schwieriger es ist, etwas zu besitzen, umso besser zahlen sie dafür. Für einen Zahnstocher aus dem 17. Jahrhundert habe ich 25 000 Euro bekommen. Ein Zahnstocher in Form einer Streitaxt aus Elfenbein. Ein Zahnstocher in Form eines Frauenbeins war knapp 30 000 Euro wert.«

»Wow.« Rocco war begeistert.

»Ich habe mich auch oft gefragt, was Laien dazu bringt, solche Summen auszugeben für altes Zahnarztwerkzeug. Ich denke, es geht um Macht. Es gibt nur wenige Momente, in denen man sich so hilflos ausgeliefert fühlt wie beim Zahnarzt. Noch dazu das ganze Bohren und Hämmern und Schaben des Arztes, alles im Kopfbereich, in der Nähe des Gehirns, gleich bei den Ohren, die jedes Geräusch verstärkt empfangen. Im Intimbereich des Mundes. Diese Macht möchten Menschen spüren, wenn sie mich beauftragen. Früher, als es noch kaum Narkosemittel gab und jede Behandlung deutlich schmerzhafter war, war der Patient noch machtloser. Oft auch bewusstloser.« Braun de Praun lächelte und gähnte. »Wer altes Zahnbesteck hat, spürt die Macht der frühen Zahnärzte. Unter den Talaren die Angst von tausend Jahren. Entschuldigen Sie mich, Zeit für ein Schauferl Schlaf.«

Er schloss die Augen und schlief ein. Später erfuhr Rocco, dass Braun de Praun seine Zelle mit einem der Untreue überführten Banker teilen musste und einem Mörder, der seine Opfer im Schlaf überraschte. Verständlicherweise hatte er in der Zelle kaum ein Auge zugetan. Im Spital des Landesgerichtlichen Gefangenenhauses konnte er sich endlich ausschlafen. Zu Rocco hatte er das notwendige Vertrauen, außerdem hing Roccos Bein in einer Schlinge. Er war festgemacht wie der kleine Mitterer am Pflock.

Roccos Bruch heilte falsch zusammen. Er musste noch einmal operiert werden, ein zweiter Nagel wurde eingesetzt. Dr. Braun de Praun redete in seinem sanften Bariton beruhigend auf ihn ein, wenn die Wunde schmerzte und die Knochen sich spürbar ärgerten über die Fremdkörper, die in ihnen steckten.

»Soll ich Ihnen von der schlechten Entscheidung erzählen, die mich hierhergebracht hat?«

»Gern«, stöhnte Rocco.

»Ich war ein guter Dentaldieb, Sammler schätzten meine Zuverlässigkeit, die Museen fürchteten mich, kannten mich aber nicht. Als Arzt bin ich es gewohnt, sauber zu arbeiten, das tat ich als Dieb auch. Ich konnte gut leben von meinem Beruf, aber natürlich stellte sich irgendwann ein Gefühl der Monotonie ein. Ich kannte bald alle wichtigen Zahnmedizinisch-Historischen Museen, ich hatte ganze Behandlungszimmer aus dem 19. Jahrhundert gestohlen. Mir fehlte nach einiger Zeit die Herausforderung. Und da bekam ich eine Anfrage. Sagt Ihnen der Name Edward Scarlett etwas? Wahrscheinlich nicht.«

»Doch, das weiß ich.« Rocco lächelte trotz seiner Schmerzen. »Ich habe in Jena Führungen gemacht im Optischen Museum. Scarlett hat die erste Brillenfassung entworfen. So um siebzehnhundertirgendwas.«

»Siebenundzwanzig. 1727. Das ist ja ein Zufall, dass Sie sich da auskennen. Ich kannte mich nämlich *nicht* aus mit historischen Brillen. Ein Kunde aus Zürich wollte diese Scarlett-Brillenfassung haben. Unbedingt. Er bot mir eine astronomische Summe dafür. Ich zögerte, weil das fremdes Terrain war. Im Prinzip natürlich ähnlich – ob ich jetzt eine Brille oder einen Zahnschlüssel klaue, ist kein großer Unterschied. Aber die professionelle Herangehensweise, die Sicherheit, das Wissen, das einem die Ruhe gibt, das fehlte mir hier alles. Wissen Sie, ich sehe sehr gut, ich hatte nie Kontakt zu Sehhilfen. Trotzdem nahm ich den Job an.«

Er machte eine Pause, als bereue er kurz, so gute Augen zu haben. Dann fuhr er fort.

»Ich begann mit simplen Brillen ohne Bügel aus dem 13. Jahrhundert. Brillenhistorische Freaks wissen, dass es davon noch einige gibt. Die waren relativ leicht zu entwenden.«

»Wie viele davon haben Sie gestohlen?«

»Ich schätze, an die dreißig. Ich fand dafür schnell Abnehmer, aber eigentlich war's nur ein Training für die Scarlett-Fassung. Der Schweizer machte Druck. Die Scarlett-Fassung war Teil einer Wanderausstellung, die monatelang in Asien gezeigt wurde und jetzt nach Österreich kam. Inzwischen kannte ich mich bereits ein bisschen besser aus auf dem Gebiet. Ich wusste, dass bei der Wanderausstellung auch die erste Kontaktlinse präsentiert wurde, die 1877 von Adolf Fick erfunden wurde.«

»Adolf Fick?«

»Ja, ich weiß. Er konnte nichts für seinen Namen. Viele tragen heute ein Fick-Erzeugnis in den Augen und wissen es nicht.«

»Adolf Fick …« Rocco schüttelte den Kopf. »Was für ein Name. Wenn unser Adolf auch Fick statt Hitler geheißen hätte, wär uns vielleicht vieles erspart geblieben. Heil Fick –

wer hätte so was gesagt? Außer ein paar sexbesessenen Nazis?« Rocco lachte. »Wussten Sie, dass Brillenträger bei asiatischen Frauen wesentlich mehr Erfolg haben als Leute ohne Brille? Die Brille steht in Asien für Klugheit und Bildung und deshalb auch für Geld und ein zufriedenes Leben.«

»Aber vielleicht haben Chinesen mit Kontaktlinsen den besseren Sex«, wandte Dr. Braun de Praun ein, bevor er weitererzählte. »Die Ausstellung wurde im Kunsthistorischen Museum in Wien gezeigt. Unter Kollegen gilt das Kunsthistorische als Kinderspiel. Es ist sehr leicht, dort etwas zu stehlen, glauben Sie mir. Ich bin in der Nacht über ein Gerüst ins Museum eingestiegen. Das Gerüst stand dort, weil das Natur- und das Kunsthistorische Museum einer permanenten Renovierung unterliegen. Es war wie ein Witz: Ich stieg durch ein weit geöffnetes Fenster, es hätte mich nicht gewundert, wenn dort der Museumsdirektor gestanden wäre, um mir die Scarlett-Fassung und die Fick-Linsen feierlich zu überreichen. Ich ging zu den Vitrinen und schnitt sie mit meinem Lasergerät auf – das kennen Sie vielleicht von einer Wurzelbehandlung ...? Ich nahm die Scarlett-Fassung heraus und auch die Linsen. Aber die sind ja sehr klein, eine rutschte mir aus den Fingern. Ich bückte mich nach ihr und verspürte sofort einen Schmerz, der mir blitzartig durch den ganzen Körper schoss.«

»Die Bandscheibe«, folgerte Rocco.

»Sie sagen es. Ich lag da wie ein kranker Käfer, die verfickte Linse, entschuldigen Sie, in Griffweite, aber es war mir unmöglich, mich zu bewegen. Im Morgengrauen fand mich ein Wärter. Das war vor zwei Jahren. Bis jetzt hab ich versucht, den Rücken durch Gymnastik zu stärken, aber es hat nichts gebracht. Ich hab schon fast nichts mehr in den Zehen gespürt. Deshalb jetzt die Operation. Im Gefängnis kann ich mich gut von der OP erholen. Ich hab ja noch vier Jahre vor mir, das sollte reichen für die Reha.«

»Sie haben sechs Jahre Haft bekommen, weil Sie alte Brillengestelle geklaut haben?« Rocco war fassungslos.

»Brillen und medizinisches Gerät. Und vergessen Sie nicht Sisis Zahn. Der Milchzahn war ein eigener Anklagepunkt. Die Republik Österreich gegen mich in der Causa Milchzahn. Klauen Sie nie Körperteile von verstorbenen Kaisern und bleiben Sie bei dem, was Sie gelernt haben.«

»Und Ihr Schweizer Auftraggeber? Sitzt der auch?«

»Natürlich nicht. Ich wäre ja schön blöd, meine zukünftigen Kunden selbst aus dem Verkehr zu ziehen. Natürlich habe ich keine Namen preisgegeben. Aber gefragt habe ich mich schon ein paarmal, was dem Schweizer wohl an diesem Brillengestell liegt. Warum will man die besitzen? Ich denke, es geht wieder mal um Macht. Anderen die Brille wegzunehmen zeugt von großer Macht. Ohne Brille kann der andere nichts sehen und tapst herum wie ein betrunkener Bär, in völliger Verschwommenheit. Der Besitzer des Brillengestells ist der Dompteur, der die Rettung für den Kurzsichtigen in den Händen hält. Das gibt ihm ein Gefühl von Stärke.«

»Tss, diese Schweizer«, schnaufte Rocco und richtete sich in seinem Krankenbett auf. »Immer haben wollen.« Er hob die Stimme. »Eigentum ist Diebstahl!«

»Das stimmt. Wer wüsste das besser als ich«, feixte der Zahnarzt.

Dr. Braun de Praun riet ihm, die Berge zu verlassen, weil man dort nicht viel mehr tun könne, als hinunterzuschauen. Das entfremde einen mit der Zeit vom Leben auf der Erde. Er schlug Rocco vor, nach Wien zu gehen. »Dort gibt es einen deutschen Brillen-Discounter, da arbeiten nur Deutsche. Riesenfiliale auf der Mariahilfer Straße. Die kommen alle aus dem Osten, die Verkäufer und die Optiker. Sie kennen sich mit Brillen aus, warum also nicht?«

»Herr Braun de Praun, ich soll Führungen durch einen Brillen-Discounter machen? Da bleib ich lieber auf dem Berg.«

»Natürlich nicht. Das hab ich auch nicht ernst gemeint. Aber Sie sind Historiker – das wäre doch gelacht, wenn ich in einer Stadt wie Wien nichts finden würde für Sie«, sagte Dr. Braun de Praun und gähnte.

Nachdem Rocco aus dem Krankenhaus entlassen worden war, humpelte er mit seinem Gehgips durch die Innsbrucker Innenstadt. Auf der Maria-Theresien-Straße fand er eine Buchhandlung mit angeschlossenem Antiquariat, das auch historische Postkarten führte: alte Kupferstiche der Hungerburg, das Bergisel-Rundgemälde, eine kolorierte Ansicht von Schloss Ambras und vieles andere. Es gab auch eine Abteilung für Motive außerhalb Tirols. Rocco schaute sich die Bilder an und stutzte. Eine vergilbte Postkarte zeigte den weltberühmten Altar der Stadtkirche von Bad Wildungen mit dem »Brillenapostel«. 1403 habe Conrad von Soest dieses Altarbild gemalt, erläuterte die Rückseite der Karte. Es sei die früheste Darstellung einer Brille nördlich der Alpen. Rocco kaufte sie und schickte sie ans Spital des

Landesgerichtlichen Gefangenenhauses, orthopädische Abteilung, zu Händen von Dr. Braun de Praun.

Der Zahnarzt mit den langen Fingern hielt Wort. Kurz nach seiner Ankunft in Wien erhielt Rocco das Angebot, in Schuberts Sterbehaus zu arbeiten. Sein Vorgesetzter, ein Mitarbeiter des Wien Museums, erzählte ihm, dass vor einiger Zeit die berühmte Original-Schubert-Brille am helllichten Tag aus der verschlossenen Vitrine entwendet worden sei. Am Tag darauf habe Dr. Braun de Praun die Brille ins Museum gebracht. »Gefunden hat er sie und sofort gewusst, wo sie hingehört. Hier zu uns ins Schuberthaus. So ein feiner Mensch, der Herr Doktor. Selbstverständlich können Sie hier anfangen, er verbürgt sich für Sie, Sie sind Historiker, das passt wunderbar. Herzlich willkommen, Sie gehören ab jetzt zur Familie.«

Roccos Büro war in einem winzigen Zimmer der Sterbewohnung, dort saß er nun und wartete auf Besucher. Die Brille hatte er immer im Blick, nach der fragten die Besucher häufiger als nach Schuberts Klavier. Zu Mittag schloss er das kleine Museum und ging in der »Goldenen Glocke« Mittagessen. Wenn er die Kettenbrückengasse überquerte, hörte er die Wie-spät-ist-es-Frau, im Gastgarten saß er vor dem Wandgemälde, auf dem der junge Schubert zu sehen war. Die Brille saß auf Schuberts Nase.

Das Passionsfruchtsorbet, das ich am Vortag eingefroren hatte, war misslungen. Ich hatte viel zu viel Campari verwendet. Das Sorbet war flüssig.

»Egal. Dieser Chichi-Schmafu ist eh Mist«, sagte Frank und

löffelte die Sorbetcamparisuppe allein aus. Der Campari schmeckte ihm, die Früchte dazwischen störten ihn nicht.

»Was ist jetzt?«, fragte 's Gütli. »Tschutta?«

»Hä?«, fragte ich.

»So nennen wir im Ländle das Kicken. Bleibt's dabei?«

Wir nickten. Tschutta. Ich erinnerte mich an eine Fußballübertragung im ORF, die ich mir vor Jahren zusammen mit Robert angesehen hatte: ein Europacupspiel zwischen Rapid Wien und dem belgischen Club RSC Anderlecht. Das Spiel fand im Herbst statt. Es herrschte dichter Nebel, der Bildschirm des Fernsehers war völlig weiß, nicht einmal schemenhafte Umrisse waren zu sehen. Wir schauten uns das Spiel trotzdem komplett an, obwohl auch der Kommentator nichts sehen konnte. Nach siebzig Minuten sagte er plötzlich: »Ich höre gerade von einem Kollegen am Spielfeldrand, es scheint einen Elfmeter gegeben zu haben. Leider kann ich Ihnen nicht sagen, für wen, und auch nicht, ob der Elfmeter verwandelt worden ist!«

»Ist das noch Leidenschaft oder schon ein Fall für die Psychiatrie?«, fragte Robert mich damals.

»Dass wir uns das Spiel ansehen, ohne es anzusehen? Ich würde sagen, es handelt sich hier um die Leidenschaft für die eigene Macke«, antwortete ich. »Das Schöne ist, dass man sich durch den Nebel selber ausmalen kann, was vielleicht auf dem Platz gerade geschieht.«

»So sollten alle Spiele sein. Im Nebel. Und wir behaupten dann einfach, dass wir gewonnen haben. So kann Österreich doch einmal Weltmeister werden. Richtiger Weltmeister und nicht nur im Vernebeln von Torchancen. Wir sollten ausschließlich bei Nebel spielen.«

»Oder bei Schnee und bergab«, schlug ich vor.

Ihm zum vierzigsten Geburtstag das Fußballspiel zwischen unseren deutschen und österreichischen Bekannten zu schenken hatte auch ich vorgeschlagen. Robert's own private Córdoba.

»Wie viele seid ihr denn bis jetzt?«, fragte Sophie, die ein paar Palatschinken machte, damit niemand ohne Nachtisch blieb.

»Frank, Rocco und ich«, antwortete ich, etwas zerknirscht wegen meiner Dessertpleite. »Jan versuch ich auch noch aufzutreiben. Ben vielleicht – obwohl ich nicht genau weiß, ob das in Ordnung ist. Ben ist ja gar kein Deutscher. Gut, er ist in Bremen aufgewachsen, aber in seinem Pass steht *Namibia*.«

»Ich find, das geht«, sagte Frank. »Das war doch mal 'ne deutsche Kolonie. Warum gab's eigentlich keine österreichischen Kolonien? Österreich hatte doch früher eine Marine. Aber keine Kolonien.«

»Das ist doch äußerst sympathisch. Österreich hat sich früher eher so eingeheiratet, wenn man wachsen wollte. Im sicheren Hafen der Ehe, verstehst du? Statt irgendwo auf hoher See fremde Völker zu erobern«, sagte ich.

»Na ja«, meinte Rocco, der Historiker, »es gab schon eine österreichische Kolonie. Aber nur kurz. Maria Theresia hatte den Auftrag zur Gründung einer Österreichisch-Ostindischen Handelskompanie gegeben. Von Livorno aus fuhr das Kriegssegelschiff *Joseph und Theresia* 1776 nach Goa. Dort tauchten aber englische Kriegsschiffe vor ihm auf, und das stolze österreichische Schiff drehte sofort ab. Und so wurde stattdessen zwei Jahre später auf der Insel Nankauri auf den

Nikobaren die dort wehende dänische Flagge eingeholt und dafür die österreichische gehisst.«

»Wow«, sagte 's Gütli, die aus einer Kaufmannsfamilie stammte und wie alle Alemannen ein Geschäft roch. Kolonien rochen nach Seide, Gewürzen und Unfair Trade.

»Und? Was ist passiert?«

»Eigentlich nichts. Sechs Siedler wurden dort abgesetzt und blieben unter der Führung des Deutschen Gottfried Stahl auf der Insel. Zehn lange Jahre, in denen sie von Österreich komplett im Stich gelassen wurden. Das war's. Die erste und einzige österreichische Überseekolonie wurde irgendwann stillschweigend aufgelöst.«

»Warum hat denn ein Deutscher die Führung übernommen?«, fragte Sophie ungehalten, während sie die erste Palatschinke aus der Pfanne hob. »Versteh ich nicht. ›Stahl‹, das klingt schon so unsympathisch. Da haben die Einheimischen sicher keine Freude gehabt. Mit österreichischem Charme wär da bestimmt was gegangen. ›Grüß Gott, der Herr, wie steht's, gnä Frau?‹ Dann heiraten, und schwups, ist Nankauri der 24. Wiener Gemeindebezirk.«

Sie legte die Palatschinke auf einen Teller und bestrich sie mit Marillenmarmelade. »Wer möchte die erste haben? Ich!« Sie lachte und verspeiste genussvoll den dünnen Pfannkuchen. »Schade, dass wir keine Marine mehr haben. Und keine feschen Matrosen«, sagte sie mampfend.

»Hattet ihr bis vor kurzem noch. Seit 1918 ist Österreich ja ein Binnenland«, sagte Rocco.

»Und ich bin binnenkrank. Ich kann nur auf hoher See leben«, warf ich ein, aber niemand lachte. Ein misslungenes Dessert, ein misslungener Witz – irgendwie konsequent.

»Trotzdem behielt Österreich seine Marine. Bis 2006! Nach dem Zweiten Weltkrieg gab es nämlich eine Patrouillenbootsstaffel, um die Donau zu sichern. Zwei Boote: die *Oberst Brecht* und die *Niederösterreich*. Die eine hatte sechs Mann Besatzung, die andere neun. Also nicht gerade Flugzeugträger, aber geschwommen sind sie immerhin, und leicht bewaffnet waren sie auch. 2006 war dann Schluss damit, seitdem stehen sie im Heeresgeschichtlichen Museum. Das war's. Keine Marine mehr. Nach über 200 Jahren.«

»Irgendwie traurig«, brummte Frank, der als Ostfriese von uns allen die größte Nähe zum Wasser hatte. »Hätt man ruhig behalten können. Wer weiß, durch den Klimawandel liegt Österreich vielleicht bald wieder am Meer.«

»Hast recht«, warf's Gütli ein. »Die Eurofighter haben wir ja auch. Wenn die Piloten kurz Gas geben, haben sie den österreichischen Luftraum verlassen. Ich kenn mich da aus. Tatjana hat einen Freund mit einem Sportwagen, der hat in Vaduz einmal Gas gegeben, und schon wir waren in der Schweiz.«

»Kein Wunder. Liechtenstein ist nicht mal 25 Kilometer lang«, sagte Rocco. Unglaublich, was er alles wusste. Er hatte in Schuberts Sterbehaus allerdings nicht allzu viel zu tun. Schubert war tot, und die meisten Schubertianer, die das Haus besuchten, fanden sich allein zurecht; sie lasen Schuberts letzten Brief und hörten sich mit Kopfhörern Schubert-Lieder an. Rocco hatte also viel Zeit zum Lesen. Bücher aus den Beständen des Wien-Museums türmten sich auf seinem Schreibtisch.

»Spön hat Guido gefragt«, sagte ich. »Guido ist Südtiroler. Wenn Guido für Österreich spielt, geht Ben als Deutscher durch.«

»Das ist nicht dein Ernst, oder?«, fragte Sophie. »Das ist doch egal. Ich dachte, das ist ein Spiel!«

»Natürlich. Aber es macht keinen Spaß, wenn man's nicht ernst nimmt«, entgegnete ich voller Überzeugung.

»Fußball ist kein Spiel auf Leben und Tod. Es ist viel mehr als das«, sagte Frank.

»Wir leben alle auf dieser Erde, aber auf verschiedenen Spielhälften«, ergänzte ich. »Wir müssen festlegen, wer wo steht. Robert und Spön sind im österreichischen Team. Auch Franz, Merchant und Doron, außerdem die Zwillinge – die müssen wir jetzt alle endlich mal fragen. Wenn Guido bei denen mitspielt, ich meine, ein Südtiroler – das ist ja purer Revanchismus. Das geht irgendwie nicht, dass ein Südtiroler für Österreich spielt.«

»Österreich ist die Schutzmacht der Südtiroler. Damit die bösen Italiener denen nichts tun«, sagte Rocco. »Dein ORF hat dort sogar ein Landesstudio, und auf der Wetterkarte in den Nachrichten war bis vor kurzem auch immer das aktuelle Wetter in Bozen und Meran zu sehen.«

»Na und? Vielleicht ist das Wetter dort besser, dann hebt das die Laune der Zuschauer«, erwiderte Frank.

»Guido ist in Bozen in die deutsche Schule gegangen, die war mit Stacheldraht getrennt von der italienischen nebenan. Ich habe ein Foto gesehen von seinen Eltern in Bozner Tracht. Sein Vater mit roter Weste, Goldknöpfe bis zum Hals, langer, brauner Lodenmantel, breitkrempiger Hut. Sieht cool aus. Seine Mutter hat ganz viele Bänder am Bauch und eine blaue Schürze über dem dunklen Rock. Seine Eltern sprechen praktisch kein Wort Italienisch.«

»Ich war mit Guido mal in Berlin. Er hat in seinem besten

Hochdeutsch einen Einheimischen nach dem Weg gefragt, und der Berliner hat ihm auf Englisch geantwortet. Das hat ihn sehr getroffen«, erwähnte Frank.

»Überlassen wir ihm die Entscheidung«, sagte ich. »Und ich frage Ben.« Ich wandte mich an Sophie. »Wenn ein Italiener für euch aufläuft, kann auch ein Namibier für uns spielen.«

Sie schüttelte den Kopf und streichelte mir übers Haar, so wie man ein schönes, seltenes Tier streichelt. »Egal, was du anstellst«, sagte sie, »ihr werdet euer zweites Córdoba erleben. Stimmt's, Gütli?«

»Jawohl«, sagte 's Gütli, wischte sich den Mund ab und schleckte die aus den Palatschinken gequollene Marillen-marmelade von den Fingern. »Isch guat gsi. Trinken und Essen sind Prosa, Spiel ist Poesie.«

»Ich werde Ben fragen und Jan suchen. Spön muss sich um sein Team selbst kümmern«, sagte ich.

Frank erklärte sich sogar bereit, die deutsche Botschaft um Trikots zu bitten. Ich wusste, wie groß seine Abneigung gegen die bayerischen Beamten war, aber die Zeit drängte. Es war der 10. Juni, uns blieben elf Tage bis zu Roberts Geburtstag. Ich holte die Flasche Killepitsch, einen Kräuterbrandlikör und eines der wenigen Produkte meiner rheinischen Heimat, das in meiner Wiener Wahlheimat Liebhaber gefunden hatte.

Mit dem Killepitsch, der sich noch immer in meinen Synapsen befand, trat ich am nächsten Tag auf die Straße. Es war sehr windig, das half gegen meinen Kopfschmerz. Chicago trägt den Beinamen »Windy City«, aber Wien würde Chicago in einem Contest glatt wegpusten. So wie das Wetter in Hamburg genauso schlecht ist wie in London, nur nicht so berühmt, so verhält es sich mit Wien und dem Wind, vor allem am Stephansplatz, dem Zentrum der Stadt und dem Auge des Winds. Sophie ist der Meinung, der Stephansdom stünde dort nur, damit man sich bei stürmischem Wind dran festhalten kann.

Durch den Wind ist die Wiener Luft gut, nicht so wie in Frankfurt, wo sie schwer und abgestanden zwischen den Wolkenkratzern hängt. Es gibt auch keinen Föhn wie in München oder Innsbruck, wo die Menschen sich dann gegen die Schläfen trommelnd aus den Fenstern oder von den Bergen stürzen. Wien hat das Wetter der ungarischen Steppe: kalt im Winter, warm im Sommer, dazwischen Wind.

Ich sah auf die Uhr. »Gleich neun!«, rief ich, ohne hinaufzusehen.

»Wie spät ist es?« Ich war der Wie-spät-ist-es-Frau zuvorgekommen.

»Gleich neun!«, brüllte ich. Sofort tat mir der Kopf wieder weh.

Mein Blick fiel auf einen Hundehaufen vor unserer Haustür. Darin steckte eine kleine deutsche Fahne, wie sie in Eissalons verwendet wird.

»Haben Sie gesehen, wer das war?«, rief ich zum Fenster hinauf.

»Wie bitte?«, rief die Wie-spät-ist-es-Frau zurück.

»Haben Sie gesehen, wer seinen Hund hier zum Scheißen hingesetzt und das Ganze dann so nett dekoriert hat?«

»Wie spät ist es, bitte?«, fragte sie. Ich ließ es sein. Es war hoffnungslos. Sollte in meiner Gasse ein Mord geschehen, wünschte ich den ermittelnden Polizisten viel Vergnügen mit dieser Zeugin.

Ben wartete an der U-Bahnstation auf mich. Ich erzählte ihm von dem Fähnchen vor meiner Tür. Er lachte. »Sicher Zufall«, meinte er.

Ben kam aus Lüderitz in Namibia. Der Ort war benannt nach dem Bremer Kaufmann Franz Adolf Eduard Lüderitz. Ben war mein Zahnarzt. Er war wie Lüderitz ebenfalls in Bremen aufgewachsen und sprach hanseatisches Hochdeutsch. Enttäuschenderweise wusste er fast nichts mehr in seiner Heimatsprache Khoekhoegowab. Immerhin konnte er darin zählen. Wenn er zu seiner Assistentin zum Beispiel sagte: »Der Vierer oben links«, fragte ich ihn: »Vier?« Und er antwortete: »*Haka.*« »*Kaisa aio*«, sagte ich dann. »Vielen Dank.« Das war das Einzige, was ich auf Hottentottisch sagen konnte, der Sprache der Khoikhoi. »*Khoikhoi*« bedeutet »Menschen«, erzählte mir mein Zahnarzt. Er war, wie fast alle Deutschen, die ich kannte, zum Studium nach Wien gekommen. Ben hatte in der Implantologie bei Professor Fürhauser studiert.

»Fehlten bei euch manchmal historische Instrumente?«, fragte ich ihn einmal.

»Nein, wieso?« Er blickte mich irritiert an.

»Nur so«, wiegelte ich ab.

Wir stiegen in die U4 Richtung Hütteldorf. Die U-Bahn war gut gefüllt, eine große Reisegruppe war auf dem Weg zum Schloss Schönbrunn. Zwei Polizisten kamen auf uns zu. Mich ignorierten sie, vor Ben stellten sie sich breitbeinig auf. »Können Sie sich ausweisen?«, fragten sie.

»Wie, muss man das jetzt auch schon selber machen?«, erwiderte Ben, und viele im Waggon lachten laut auf.

In der Längenfeldgasse stiegen wir aus. Zwei Junkies standen am Ausgang. Als sie Ben sahen, torkelten sie auf uns zu. »Heast, Oida. Host wos? I wü wos!«

»Tut mir leid, Jungs. Ich hab nichts«, sagte er.

Wir gingen weiter zur Ampel. »Ich könnt ein Vermögen verdienen, wenn ich dealen würd«, meinte Ben. »Ich müsste nicht mal Werbung machen. Es reicht, schwarz zu sein. Das ist für die Drogentypen so ähnlich wie 'ne rote Lampe am Puff.«

»Ich hoffe aber schon, dass du irgendwelche Drogen hast. Ich lass dich sonst nicht bei mir bohren«, sagte ich.

Wir gingen in die Dentalklinik, wo Ben sich um meinen »Koro« unten kümmerte. Als wir fertig waren, fragte ich ihn mit von der Betäubungsspritze noch bamstiger Backe: »Am 21. Bist du dabei? Ich sammle Deutsche für das Spiel.« Ich klang wie nach einem Schlaganfall.

»Ich weiß nicht. Meine Vorfahren wurden in Deutsch-Südwestafrika von euch in die Wüste gejagt, und jetzt soll ich meine Knochen für euch hinhalten? Gegen meine Gastgeber? Okay, wenn du das Wort sagst, mach ich's. Zwölf T.«

»Komm, das ist bescheuert«, sagte ich. Speichel floss unkontrolliert durch meine gefühllosen Lippen.

»Ich warte.« Er war unbarmherzig. »Gui, gam, nona!«

»Hottentottentittenattentat!«, rief ich. »Zwölf T.«

»Alles klar, Massa. Für zwölf T mach ich mit«, sagte mein Zahnarzt. Meine Mannschaft nahm Gestalt an.

Ich fuhr mit der U-Bahn zurück zur Kettenbrückengasse. Beim Marktamt stand der Mann mit dem rosafarbenen Nickihöschen, den Hund im Arm. Er winkte mir zu. Irgendetwas hielt er in der Hand. Als ich näher kam, sah ich, dass es eine kleine deutsche Papierfahne an einem Zahnstocher war. Der Nickimann streckte seinen kleinen Po raus und tat, als würde er ein Häufchen machen. Dann warf er sich die Haartolle zurück, kicherte wie ein krankes Huhn und stolzierte triumphierend davon.

»Vollidiot!«, schrie ich ihm nach. Er wippte in den Hüften und winkte mit dem Mittelfinger.

Obwohl meine Backe noch immer betäubt und angeschwollen war, beschloss ich, Jan zu suchen. Ich ging über den Naschmarkt.

»Kosten Sie, kosten Sie, kosten Sie«, kam es von rechts und links. Falafeln, Beeren, Schinken, Käse, Nüsse. Ein Spießrutenlauf durchs Angebot. Mittlerweile war der Naschmarkt eher zur Fressmeile geworden. Immer mehr Lokale hatten aufgemacht, immer mehr Stände verschwanden. Eines der vielen asiatischen Restaurants hatte in sein Fenster geschrieben: *Bei uns wird der Fisch »frisch« zubereitet.* Jedes Mal, wenn ich dran vorbeikam, überlegte ich, ob ich hineingehen sollte, um ihnen zu erklären, dass die Anführungszeichen unglücklich gesetzt waren und man als Kunde das Gefühl hatte, in beunruhigend stinkenden Fisch beißen zu müssen. In Prag war ich einmal an einer Pizzeria mit Pizza-Lieferservice vorbeigefahren, »Pizza go home« hieß die. Das war auch nicht gerade verkaufsfördernd. In der Nähe von Spöns Wohnung, am Urban-Loritz-Platz, warb ein Friseur mit einem Totenschädel, auf dem eine blonde Perücke saß. *Eternal beauty* verkündete ein Schild daneben. Das war immerhin originell.

Ich ging weiter, passierte die diversen Bäckereien, Gewürz- und Kräuterstände, das Käseland und die Palatschinkenkuchl und erreichte den Fischbereich. In einem Bottich schwammen Forellen. Als ich vorbeiging, sprang eine heraus und zappelte auf dem Boden.

»Machen Sie sich kane Sorgen«, grunzte der Fischverkäufer. »Die will zum Bus.«

Ein Pferdefleischhauer hackte mit einem Beil in ein großes Stück Fleisch. Mir fiel ein, dass das Ambulatorium am Fleischmarkt fast genauso alt war wie der Sieg in Córdoba. Fleischmarkt 26 – auch keine gut gewählte Adresse für eine Abtreibungsklinik, fand ich. Inzwischen hieß es »pro:woman Ambulatorium«. Welche Bedeutung die Doppelpunkte hatten, war unergründlich.

Mir war entfallen, ob Spön und seine Freundin Petra damals, zu Beginn meines Wiener Lebens, zum Fleischmarkt gegangen waren, oder ob er das merkwürdige Angebot angenommen hatte.

Petra war die Blonde, die ich zusammen mit Toni nach der Party in der Schleifmühlgasse die Treppe runtergetragen hatte.

Meine Karriere beim ORF war früh ins Stocken geraten. Ich hatte zusammen mit dem Tiroler aus der Jugendredaktion einen gewaltigen Flop fabriziert. Wir hatten den Anruf eines fast sechzigjährigen Vorsitzenden der Sozialistischen Jugend in Wels erhalten, wonach ein Gastwirt ein Schild mit der Aufschrift *Türken unerwünscht* in sein Schaufenster gestellt habe. Der Tiroler und ich fuhren nach Wels, und der alte Mann, der seinen Jungbrunnen in der Sozialistischen Jugend gefunden hatte und sich selbst »The Red Prince of

Wels« nannte, organisierte uns vier missmutige Türken, mit denen zusammen wir das Lokal aufsuchen sollten. Das Aufnahmegerät und das Mikrophon versteckten wir in meinem Mantel. Als wir investigativ das Lokal betraten, rutschten die Kabel aus meinem Mantel, der Wirt starrte uns an und stellte nur den Türken Getränke auf den Tisch. »Die Getränke für die Türken gehen aufs Haus. Der ORF zahlt selber. San eh meine Gebühren.« Das war alles, was wir von dem rassistischen Lokalbesitzer auf Band hatten. Der Tiroler sprach auf der ganzen Bahnfahrt zurück kein Wort mit mir.

Zurück in Wien, ereilte mich ein Hilferuf von Spön. Um sich das Geld für sein Architekturstudium zu verdienen, malte er, der meines Erachtens weder Rechts- noch Linkshänder war, Wohnungen aus. Spön rief aus einem Haus im vornehmen Cottageviertel an, das einer Gynäkologin gehörte. Als er die Decke ausmalen wollte, war ihm Kalk ins Auge getropft. Er drohte zu erblinden, behauptete er zumindest am Telefon. Ich empfahl ihm, sich flach auf den Boden zu legen, eine der wenigen handwerklichen Fähigkeiten, die ich ihm zutraute. Dann fuhr ich mit der U-Bahn zum Schottentor und nahm von dort die Straßenbahnlinie 41.

Nach vierzig Minuten stand ich vor der Villa. Spön lag noch immer am Boden, mit geschlossenen Augen und Farbe in Gesicht und Haar. Draußen dämmerte es bereits. Wir fuhren ins alte Allgemeine Krankenhaus, das 1989 tatsächlich noch als solches genutzt wurde. Zumindest Teile davon. Das Gebäude war baufällig, seit dem 18. Jahrhundert schien hier nichts mehr gemacht worden zu sein. Die Augenklinik war der letzte Teil, der noch nicht ins moderne Neue AKH übersiedelt worden war. Wahrscheinlich hatte man sich gedacht, dass die Patienten der Augenklinik in der Regel nicht sehen konnten, wie abgefuckt es hier aussah.

Inzwischen war es dunkel geworden. Kein Schild weit und breit auf dem riesigen Gelände. Kräne und Bagger standen herum, Mauern waren weggerissen worden, dazwischen irrten wir umher und suchten die Rezeption.

»Ich bin gleich wirklich blind«, jammerte Spön. »Was für eine Ironie. Auf den letzten Metern erblinden, weil man den Scheiß-Eingang nicht findet.«

»Das Problem ist, dass du ausmalst, ohne ausmalen zu können. Ich bin froh, dass du nicht auch noch als Pilot arbeitest«, sagte ich.

»Ich brauch das Geld«, sagte er mit geschlossenen Augen, seine Hand auf meiner Schulter. »Obwohl – in dem Fall werde ich vielleicht anders bezahlt.«

»Nämlich?«

»Die Kundin ist Gynäkologin und hat mich gefragt, ob ich eine Freundin hab. Sie hat mir statt Geld eine Gratisabtreibung angeboten.«

»Bitte? Du arbeitest für eine Abtreibung?«

»Ich könnt sie sicher auf zwei raufhandeln. Aber dafür muss ich erst mal fertig ausmalen. Als Blinder werd ich mich da schwertun. Na ja, ich kann ja versuchen, mit dem Mund zu malen.«

»Deine Arme wirst du schon nicht verlieren«, sagte ich.

Spön wurde nicht blind. Ein junger Assistenzarzt aus Mülheim an der Ruhr reinigte seine Augen, und Spön konnte wieder sehen. »Als ich die Augen aufgemacht habe, hab ich zwei Deutsche gesehen. Dich und den Arzt. Kein schöner

168

Anblick. Ich hab kurz überlegt, mir wieder Kalk ins Auge zu schütten.« So lautete noch Jahre später sein Kommentar dazu.

Ob er das Angebot der Auftraggeberin wirklich angenommen hat, erfuhr ich nie. Aus reinem Mitleid half ich ihm beim Ausmalen. Amerikanischen fundamentalistischen Christen würde das schon reichen, um mich zu erschießen, denn möglicherweise leistete ich damit ja einem Schwangerschaftsabbruch Vorschub.

Petra bekam jedenfalls kein Kind – ob schwarz durchs Malen oder offiziell auf Rechnung, sei dahingestellt. Spön hatte das Kind gewollt, obwohl es ein Unfall war. Aber Petra nicht, aus Sorge, dass das Kind so würde wie Spön. Das hatte sie ihm beiläufig im Bad gesagt, während sie sich die Haare noch blonder färbte. Als sie sich trennten, war ich erfreut.

Spön arbeitete später noch öfter für die Gynäkologin. Wir scherzten, dass er eine ganze Fußballmannschaft abtreiben lassen hätte können. »Wenn, dann eine deutsche«, sagte er. Als er die Gynäkologin schwängerte, beendete sie die Zusammenarbeit: Abbruch der Schwangerschaft und Abbruch der Beziehung.

Auf dem Markt verkaufte ein Steirer Kernöl. Auf einem Klapptisch standen unterschiedlich große Flaschen mit Korkverschluss. Vor dem Tisch hatten sich amerikanische Teenager versammelt. »Please«, baten sie, »say it again!«

Dem Steirer war sichtlich unwohl, aber immer wieder baten sie ihn darum. Schließlich sagte er: »Arnold Schwarzenegger.«

Die Amerikaner johlten vor Begeisterung. »*Just like he does it! Just like him. Pleeease, one more time!*«

»Hottentottentittenattentat!«, rief ich, und sowohl die Amerikaner wie auch der Steirer sahen mich an, als wär ich ein erwachter Schläfer mit arabischen Wurzeln. Vielleicht dachten sie auch, ich sei ein Selbstmordattentäter, der seine Bombe in der Backe versteckt hielt. Nach der Wurzelbehandlung war sie noch immer leicht geschwollen. Sie gingen in Deckung und ich weiter. Ich bog nach links ab und passierte den »Naschmarktstadl«. Frau Resch stand in der Sonne neben ihrem Würstelstand und rauchte, was sie noch grauer wirken ließ.

»Grüß Sie!«, rief sie fröhlich. Das schöne Wetter beflügelte sie. Auch Wurstverkäuferinnen spüren den Sommer. »Geht's eh immer gschissen?«, fragte sie fröhlich.

»Immer, Frau Resch. Und Ihnen, wie geht's Ihnen außer schlecht?«

»Dafür, dass es mir so gschissen geht, geht's mir eigentlich ganz gut«, sagte sie. »Und? Gusto auf a Krainer? Mit am siaßen Senf?«

»Nein, danke.« Ich deutete auf meine Backe. Die Wurst hätte sich mit der Bombe nicht verstanden und der Senf nicht mit dem Zünder.

»Das ist ja mal 'ne Überraschung«, hörte ich plötzlich hinter mir. Ich drehte mich um. Im Gegenlicht strahlte ein Fortunakinn.

»Was tut sich immer so?«, rief Hartmut. »Schon aufgeregt wegen dem großen Spiel? Noch fünf Tage.« Er kniff die Augen zusammen und machte ein klackendes Geräusch. Damit wollte er große Zuversicht signalisieren. »4:0, was

tippst du?«, sagte er. Er meinte das Europameisterschafts-
spiel Deutschland gegen Österreich, das in fünf Tagen in
Wien stattfinden sollte.

»Für wen?«, fragte ich. Hartmut lachte laut.

»Scherzkeks. Hast du Karten fürs Spiel? Ich krieg welche
über EA Sports. VIP«, tönte er.

Hartmut hatte sich über all die Jahre nicht verändert, jedenfalls nicht zum Besseren. Dafür hatte er sich in den letzten Jahren ein kleines Spielzeugimperium geschaffen. »Toy,
Toy, Toy« hießen seine vier Läden. Ich fand, der Name klang
wie der Schlachtruf von Skinheads aus Mecklenburg-Vor-
pommern, aber Rocco meinte, das würde nicht reichen, um
Hartmut wegen Wiederbetätigung beim Dokumentations-
archiv des österreichischen Widerstands anzuzeigen.

Hartmut verkaufte sehr erfolgreich billiges Spielzeug, das
Kinder herstellten, die jünger waren als die Kinder, die damit spielen sollten, Kinder, die auf großen Schiffen vor
Schanghai ohne eine Krankenversicherung so lange in völliger Dunkelheit arbeiten mussten, bis sie vor Erschöpfung
umfielen. Dann wurden sie über Bord geschmissen und
durch neue, noch krabbelnde Kinder ersetzt. So jedenfalls
stellte ich mir die Herstellung des Spielzeugs vor, das Hartmut verkaufte. Für unsere Tochter Kina hatten Sophie und
ich natürlich noch nie etwas bei »Toy, Toy, Toy« gekauft, obwohl Hartmut uns zur Geburt unserer Tochter einen Kata-
log zugeschickt hatte. Kein Geschenk, sondern einen Kata-
log. Er hatte sich, wie gesagt, nicht geändert.

Vor vielen Jahren hatte er mich einmal in der Papagenogasse besucht, mit einem griechischen Salat in einem Ein-
kaufssackerl.

»Hast du Hunger?«, fragte er.

»Ich hab schon gegessen. Danke«, antwortete ich.

»Na komm, teilen wir uns den Salat«, sagte er und packte aus. Er aß den Salat allein auf, dann zeigte er mir die Rechnung. »Machen wir fifty-fifty?«

»Ich hab doch gar nichts gegessen, Hartmut.«

»Na, komm, das ist jetzt wirklich arg von dir. Ich bring dir hier einen Salat, da ist es doch wohl klar, dass du dich beteiligst!«

Ich gab ihm das Geld und dem Elefanten in meinem Kopf eine neue Information, die er speichern sollte. Ich hätte nicht geglaubt, dass Hartmut das Geld wirklich einstecken würde, aber er tat es ohne Zögern.

Er selbst behauptete, er sei wie Karl Lagerfeld: Er werfe zwar das Geld zum Fenster raus, achte aber genau darauf, wo es lande. Lagerfeld würde sich erschießen, wenn er wüsste, dass Hartmut sich mit ihm verglich, dachte ich mir oft.

Dieser Vergleich war übrigens kein Zufall, denn Hartmut war immer schon modebewusst gewesen. Bereits als Student trug er Versace. Frank vermutete, dass Versace sich deshalb freiwillig erschießen ließ.

Das Hauptgeschäft von »Toy, Toy, Toy« befand sich in der Neubaugasse, an der Ecke zur Mariahilfer Straße. Gegenüber stand das »Hotel Kummer« – ob Hartmut es jemals bemerkt hat? Ein paar Häuser weiter stadtauswärts lag das kleine Geschäft, bei dem wir für Kina einkauften, »Herr und Frau Klein«, betrieben von einem Paar, das Klein hieß. Wenn wir dort etwas eingekauft hatten, schlenderte ich gern mit der Einkaufstasche von »Herr und Frau Klein« an Hartmuts

»Toy, Toy, Toy«-Schaufenster vorbei, in der Hoffnung, dass er zufällig drin war und mich sehen konnte.

»Ich will nicht zu dem Spiel gehen«, sagte ich. »Das ist mir wirklich unangenehm. Deutschland gegen Österreich, noch dazu hier bei uns in Wien. Das ist doch eine Lose-lose-Situation. Wenn Deutschland gewinnt, steh ich als Arsch da, und wenn Österreich gewinnt, als Trottel. Bravo. Eine großartige Alternative.«

»Aber du könntest die deutsche Mannschaft anfeuern«, sagte Hartmut. »Ich mein, wir sind ja nun mal Deutsche, da werden wir unser Team ja wohl anfeuern dürfen.«

»Mach, was du willst, und feuer an. Ich hab keine Lust dazu. Mir wär das peinlich den österreichischen Zuschauern gegenüber. Ich mein: Ich wohn hier. Soll ich mich dann freuen, wenn die besten Spieler meiner Mitbürger von Ballack und Co. abgeschossen werden?«

»Ja, sicher!«, rief Hartmut, der meine Bedenken offensichtlich nicht teilte. »Der ganze Deutschen-Stammtisch kommt mit.«

»Den gibt's immer noch? Seit zwanzig Jahren trefft ihr euch?« Ich war bestürzt.

»Na klar. Natürlich ändert sich die Zusammensetzung. Du weißt ja, manche betrachten Österreich mehr so als eine Art Verkehrsübungsplatz, wo man lernt, wie man sich dann später in der richtigen Welt verhält.«

»Nein, das wusste ich nicht. Das hier ist für mich die richtige Welt.«

»Aber du darfst hier ja nicht mal wählen. Du wählst in Deutschland, also bist du berechtigt, Fan der deutschen Mannschaft zu sein.«

»Ausschließlich Deutsche sind Fans der deutschen Mannschaft«, sagte ich. »Außerdem darf ich hier wählen, bei mir im Bezirk. Ich durfte bei der letzten Bezirkswahl wählen. In Kinas Kindergarten bin ich gestanden und hab wie alle anderen Österreicher meine Stimme abgegeben.«

Ich erwähnte nicht, dass ich meine Stimme Kinas Kinderärztin gab, die dann tatsächlich gewählt wurde und anschließend die Kinderarztpraxis schloss. Demokratie hat auch ihre schlechten Seiten. Sophie tröstete mich und versprach mir, dass Kina erst wieder krank würde, wenn sie dem Kindesalter entwachsen sei.

»Das ist ein kleines Land, machen wir uns nichts vor«, sagte Hartmut. »Ich hab jetzt schon fünf Geschäfte allein in Bayern. Aber hier hab ich's gelernt. In der geschützten Werkstatt Österreich. Komm doch mit ins Stadion. Von der Botschaft kommt wer, ein paar Zeitungsleute, einer von Henkel, vom WAZ-Konzern wer, auch jemand von Knirps.«

»Nein, lass mal. Ich verwende nur ›Bre Regenz‹-Schirme. Kennst du die? Kulturschirme, keine Knirpse. Wusstest du, dass Knirpse von Frauen eher zur Stimulierung als zum Schutz vor Regen verwendet werden? Denk mal drüber nach.«

Ich drehte mich weg und nickte Frau Resch zum Abschied zu.

»Baba«, rief sie.

»Baba«, rief ich ebenfalls.

Aber Hartmut war noch nicht fertig mit mir.

»Ich habe gehört, du suchst noch Spieler für das Córdobamatch?«, fragte er.

Ich blieb wie vom Donner gerührt stehen. »Woher weißt

du das?« Hartmut war niemand, den ich in meiner Mannschaft wissen wollte. Würde er das gleiche Trikot tragen wie ich, würde ich unbedingt verlieren wollen.

»Ich hab die Zwillinge getroffen. Ich habe Marlies einen Rundflug über den Wienerwald geschenkt zum Vierzigsten. Und da haben sie mir gesagt, dass Spön und du das organisiert. Für Robert, zum Vierzigsten. Lustige Idee. Würde ich mitmachen. Ich hab nachgeschaut. Am 21. hab ich Zeit. Also, ich habe natürlich eigentlich keine Zeit, aber meine Sekretärin kann Wunder vollbringen. Auf mich kannst du dich verlassen. Hauen wir die Ösis aus dem Stadion!«

»Geh scheißen«, krächzte ein weißhaariger Mann, der gerade ein Fischbrötchen aß. Reste eines Herings flogen aus seinem Mund auf Hartmuts Hugo-Boss-Anzug. Er war bedient. Ich auch.

Beide schauten wir zur Tür, die aufschwang wie in einem Saloon.

»High Noon meines Lebens«, sagte Borg, der wohl die gleiche Assoziation gehabt hatte. »Ich werde mich mit mir selber duellieren. Dann werd ich auf jeden Fall den Kürzeren ziehen.«

Das Einzige, was Borg überhaupt noch am Leben hielt, war der ständige Gedanke an Selbstmord. Borg wog 150 Kilo und zeigte mit seinem, vorsichtig gesagt, »nachlässigen« Äußeren, dass er das Kapitel Leben bereits abgeschlossen hatte. Borg war klug, genussvoll zog er seine Sätze zu Girlanden, so dass selbst kurze Sätze wie Symphonien klingen sollten. Nach jedem Wort leckte er sich die Lippen, als hätte es ihm gut geschmeckt. Seine fettigen, langen Haare fielen ihm ins Gesicht. Wenn er eine Wurstsemmel aß, zuzelte er mit der Zunge die Wurst aus der Semmel und sah dabei aus wie ein Frosch auf Insektenfang. Wahrscheinlich war für ihn die Semmel selbst ungenießbar, weil sie zu schwer zu kauen war.

»Nicht wahr? Nur wer lendenkrank ist wie ich, weiß, dass er zur Armee der Abgedankten gehört. Du aber, lendenstark und jung, nicht wahr, leuchtest wie ein Leuchtkäferchen der Lust für jeden, der noch Lust empfinden kann. Nicht wahr?«

Borg blickte mich bei diesen Worten vorwurfsvoll an. Mit der Zunge schnellte er erneut in die Wurstsemmel und zog die Wurst mitsamt einem aufgeschnittenen Gurkerl in den Mund. Er schluckte nicht. Die Wurst verschwand einfach mitsamt dem Gurkerl im schwarzen Loch seines großen Kopfes, und genauso plante er selbst irgendwann zu verschwinden.

»Vielleicht erhänge ich mich«, sagte er und leckte sich über seine kleinen, schmollenden Lippen, die aussahen, als hätte sie ein betrunkener Schönheitschirurg unterschiedlich dick aufgespritzt. Es war nicht klar, ob er sich die Lippen wegen der Wurst leckte oder wegen des Gedankens, am Brückengeländer baumelnd das Leben abzugeben.

»Nicht wahr, ›heimdrehen‹ sagen wir in Wien. Heim in den Gatsch, aus dem wir kommen, in den Matsch, wie ihr Deutschen sagt, *the mood*, ins feuchte Erdreich, wo die Würmer eine Freud an mir haben werden.« Borg verschlang die nächste Wurst.

»Dann fütterst du also jetzt prophylaktisch die Würmer«, stellte ich fest.

Die Drehtür des Lokals öffnete sich. Ein leichter Zugwind kam auf und verschwand, als die Tür wieder zufiel. Borg blickte zur Tür.

»Der ärmste Wurm bin ich selbst. Die Würmer werden mich mit dem Arsch nicht anschauen. Der ärmste Wurm am Firmament. Ich bin nichts. Vielleicht erschieße ich mich auch. Ich werde mir in beide Nasenlöcher schießen und in die Ohren und dann mit offenem Mund gefunden werden, so als wollte ich noch etwas sagen. Eventuell, das wird der Augenblick zeigen, springe ich aus dem Fenster meiner Wohnung, die ohnehin einer Gruft gleicht.«

Die fettigen Haare fielen ihm vors Gesicht, aber er wischte sie nicht beiseite, sondern sprach düster durch die haarige Gardine.

»Ich werde springen, aber vorsichtig, dass ich niemanden verletze. Ich werde mich bemühen, neben einem ahnungslosen Passanten aufzuschlagen, nicht wahr. Nicht auf ihm und ihm mich als Krone aufsetzen, nein. Aufschlagen werde ich fein säuberlich neben ihm. Grüß Gott, der Herr, nichts Gutes kommt von oben.«

Seine Zunge schoss unvermittelt durch die Haargardine und zog sich ein neues Wurstblatt in den Schlund. Über eine Stunde hatte Borg jetzt schon verschiedenste Selbstmordarten aufgezählt. Bei starkem Gewitter Eichen suchen und Buchen weichen, behaupten, einen Albaner umgebracht zu haben, um Opfer einer Blutrache zu werden, Gammelfleisch essen, bis die Maden alle Arterien verstopfen ... Borg war in seinem Element. Seine Hose hing auf Höhe der Kniekehlen, obwohl er kein Hiphopper war, sein schwerer Gang deutete an, dass er die Last der Welt zu tragen hatte, an der er mehrmals stündlich zugrunde ging. Er spülte die Wurst mit einem weißen Spritzer hinunter. Wurstreste klebten im Haar vor seinem Mund.

Er schniefte. »Wenn ich mich von einer Autobahnbrücke stürze, könnte es sein, dass ich einem Fahrzeug vor die Windschutzscheibe donnere, so dass der Lenker die Kontrolle übers Fahrzeug verliert, dann würde Gott mich wegen Mordes im Himmel zum Tode verurteilen und ein kleiner, süßer Engel würde mich vergiften und auf meiner Leiche tanzen und meinen leidenden Körper durch die Saiten seiner Harfe fädeln. Das werde ich nicht tun. Ich werde mich verbrennen. Nicht wahr, als Flamme der unerfüllten Liebe erlöschen. Erlösung durch Erlöschung.«

Er unterbrach sich und drehte wütend den Kopf zur Saloontür. »Jetzt mach doch mal endlich jemand diese verdammte Tür zu! In dieser Zugluft hole ich mir ja den Tod!« Brüllend stand er auf und bewegte sich schimpfend zum Ausgang. »Wollen diese Hunde mich umbringen? Ich Ärmster unter den Ärmsten, kein Ticket fürs Leben will man mir geben. Universelle Türsteher lassen mich nicht rein.«

Er hüstelte und zog sich seinen speckigen Schal eng um den Hals.

»Weißt du, wo ich Jan erreichen kann?«, fragte ich, und augenblicklich kam Leben in den sterbenden Borg.

»Jan, die Blume des Saarlands. Der Schmuck meines wundstarren Blicks. Warte, welchen Ort verschönert er zurzeit? Er kellneriert am Donaukanal in diesem neuen Strandlokal. Wenn du ihn besuchst, dann grüße ihn von seinem nichtsnutzigsten Bewunderer. Träte er nach mir, seine

Schuhe müssten sich von mir abwenden. Siehst du, wie mich schaudert? Nur bei Nennung seines Namens?«

Jan lebte seit fünfzehn Jahren in Wien. Er war in Saarbrücken aufgewachsen, gleich neben der Brücke, die nach Frankreich führte. Sein Vater war Deutscher, seine Mutter Französin. Jan hatte die doppelte Staatsbürgerschaft und durfte auch in beiden Ländern wählen. Er wählte in Frankreich Grün und in Deutschland Grün, und in Österreich, bei den Bezirkswahlen, bekam die grüne Abgeordnete im 14. Bezirk seine Stimme. »Wenn deine Grünen in Österreich in die Regierung kommen, werden die Asylbewerber nicht mehr mit dem Flugzeug nach Hause geschickt, sondern mit dem Solarmobil«, ärgerte ich ihn gern.

Jan wollte sich sogar einmal für die Grünen im 14. Bezirk aufstellen lassen, aber er bekam keine einzige Stimme von den anderen Grünen in Hütteldorf.

»Das hätte ich dir vorher sagen können«, sagte eine Parteifreundin zu ihm. »Ein Deutscher! Nein, mein Lieber, das schaffen wir schon selbst.«

»Aber ihr habt jetzt einen Syrer gewählt.« Jan war tatsächlich gekränkt.

»Ja, warum denn nicht. Willst du jetzt rassistisch argumentieren? Selbstverständlich ist Aziz ein großartiger Kandidat fürs Bezirksparlament.«

»Aber Aziz kann nicht mal Deutsch!«

»Siehst du. Genau deswegen wählen wir hier keine Deutschen. Es ist echt zum Speiben. Willst du ihn in ein Lager sperren, weil er kein Deutsch kann?«

Und schon galt Jan als rechter Hardliner innerhalb der Grünen im 14. Bezirk. Aziz stimmte später im Bezirksparlament gegen ein Sozialprojekt für Immigranten, weil er den Antrag nicht verstanden hatte.

Jan wohnt in der Lautensackgasse, in einem windschiefen kleinen Jahrhundertwendehaus, das er selbst renoviert hat, gemeinsam mit einem Ukrainer vom Arbeitsstrich beim OBI-Baumarkt auf der Triester Straße. Regelmäßig standen dort große Männergruppen vor dem Eingang, man sprach einen an und nahm ihn gleich mit in den Baumarkt zum Einkaufen. Jan hatte Aleksey angesprochen, einen blonden Hünen mit kurzem Hals und breitem Kiefer, der schon staubig aussah, bevor die Arbeit überhaupt begonnen hatte.

Aleksey war schweigsam. Jan sprach kein Russisch, also hielt er die Kommunikation auf Sparflamme. Als sie mit den Materialien und Werkzeugen in der Lautensackgasse angekommen waren, öffnete Jan zwei Schwechater Bierflaschen und stieß mit Aleksey an. »Ich heißen Jan. Name. Du?«

»Ich heiße Aleksey. Ich komme aus Brody, der Heimat von Joseph Roth. Kennen Sie *Hiob*? Ein unglaublich trauriges Buch.«

Never judge a book by it's cover, dachte Jan. Aleksey hätte jederzeit für die Grünen in Hütteldorf antreten können und den Bezirksrat anschließend rhetorisch aufgemischt.

Die Lautensackgasse ist beim Baumgartner Spitz, wo sich Linzer Straße und Hütteldorfer Straße die Hand reichen würden, hätten sie eine. Gleich daneben steht das Hanappi-Stadion. Rapid Wien, die Grünen des hiesigen Fußballs, spielen hier, und Jan war Fan der Grünen. Obwohl die Zuschauer nach Spielende in riesigen Mengen in seinen Garten und gegen sein Haus pissten. Jan trug ihnen das nicht nach. Er war generell nicht nachtragend, er wählte ja auch trotz des Syrers noch immer Grün in allen drei Ländern, in denen er sie wählen durfte.

Jan war treu, was für einen schwulen Kellner um die dreißig ungewöhnlich ist. Zusammen mit seinem jüdischen Musikerfreund Doron besaß er eine Jahreskarte im Hanappi-Stadion. Doron war der Bruder von Hirsch, dem Verkaufsgenie. Ein schwuler Deutscher und ein schwuler Jude – ein gefundenes Hooliganfressen. Wenn Schiedsrichter als »schwule Sau« beschimpft wurden oder Austria-Wien-Spieler als »Judenschweine«, dann tat Jan so, als ob er das Gebrüll nicht verstehen könne, während Doron den skandierenden Fans seiner eigenen Mannschaft den langen Mittelfinger zeigte. »Adolf Hitler war Rapidler«, brüllten die Austria-Wien-Fans indes.

In der Halbzeitpause, am Würstelstand, wenn die anderen »a Haaße und a Eitrige« bestellten, fühlte Jan sich immer unwohl. »Wenn ich dort stehe und bestelle, habe ich immer das Gefühl, die anderen denken, ich sei ein Spielerbeobachter aus Deutschland und schnapp ihnen die paar guten Spieler weg, die sie haben. Ich kling halt sehr deutsch. Deshalb schick ich lieber Doron in der Pause zum Würstelstand. Er bestellt lautstark Falafeln und Humus und dann fragt er die Leute, warum vorhin alle ›Ludenschweine‹ gerufen hätten, er sei zwar auch kein Freund der Zuhälterei, aber das habe doch nichts mit Fußball zu tun; oder ob denn in der gegnerischen Mannschaft lauter Zuhälter spielten?«

Dorons Großvater hatte in den 30er Jahren bei der legendären Hakoah gespielt. Die Hakoah war eine jüdische Fußballmannschaft und die erste Mannschaft vom Kontinent, die ein englisches Team auswärts besiegte: 1923, West Ham United. Sein Großvater Moses spielte mit dem berühmten Béla Guttmann in einer Mannschaft, sowie mit Egon Pollak, Isidor Gansl, Maximilian Gold und dem schon in die Jahre gekommenen Maxl Scheuer. 1909 war die Hakoah im Prater gegründet worden. »Hakoah« ist das hebräische Wort für »Kraft«. Auch Doron war groß und muskulös, deshalb zögerten von ihm provozierte Fans im Hanappi-Stadion, sich mit ihm anzulegen. Außerdem erkannten sie ihn durch seinen grün-weißen Fanschal als Rapidler und damit als einen der ihren.

1925 war die Hakoah der erste Meister im österreichischen Profifußball. 1938 wurde die Hakoah von den Nazis zerschlagen und ihre Mitglieder wurden verfolgt. Der Kapitän der Meistermannschaft, Max Scheuer, wurde ermordet.

Doron hatte mir einmal einen Text von Friedrich Torberg aus den 30er Jahren kopiert. Torberg spielte bei der Hakoah Wasserball und war ein großer Fan der Fußballmannschaft. *Warum ich stolz darauf bin*, nannte der Schriftsteller seinen Essay:

Die Hakoah hatte auf dem Platz des Brigittenauer AC gegen die Hausherren anzutreten, die in der Tabelle an vorletzter Stelle lagen, nur einen Punkt vor Vorwärts 06. Wenn die Brigittenauer gegen Hakoah verloren, hatte Vorwärts 06 noch eine Chance, sich vor dem Abstieg zu retten. Infolgedessen erschien der gesamte Vorwärts-Anhang in der Brigittenau, um für Hakoah zu drucken. Besonders ein an der Barriere lehnender Vorwärts-Anhänger schrie sich die Kehle heiser. Nun pflegt man in solchen Situationen den angefeuerten Spieler beim Namen zu rufen – aber den kannte der Anfeuerer nicht. Und die übliche Bezeichnung, die er für Juden allgemein parat hatte – nämlich »Saujud« –, schien ihm in diesem Augenblick doch nicht recht am Platze. »Hoppauf!«, brüllte er also, und nochmals »Hoppauf!« – und dann kam ihm eine Erleuchtung. Sein nächster Zuruf lautete: »Hoppauf, Herr Jud!« Warum ich Hakoahner wurde? Warum ich stolz darauf bin, es zu sein? Weil sie den Andern beigebracht hat, »Herr Jud« zu sagen.

»Schon wegen meines Großvaters spiel ich Fußball«, hatte Doron mir mal gesagt. Jeden Sonntag kickte er am WAC-Platz in einer Hobbymannschaft. »Bei Wind und Wetter. Wenn ich zu Haus am Sofa lieg und keine Lust hab, dann sag ich mir, ›Hoppauf, Herr Jud‹, und gehe kicken.«

Ich verabschiedete mich von Borg und machte mich auf den Weg zu Jan. Per Taxi fuhr ich zum Schwedenplatz. Der Taxifahrer war Kärntner. Auf meine Frage, ob er wisse, wo die Strandbar »Tel Aviv« sei, sagte er »Siherlih« und fuhr los. Schweigend tankte er seinen Benz durch die Straßen. An einer Kreuzung drehte er sich zu mir.

»Wissen Sie, warum man Deutsche zu Ostern nicht versteckt?«, fragte er mich und kicherte asthmatisch.

»Nein, weiß ich nicht«, antwortete ich wahrheitsgemäß.

»Weil sie keiner suchen würden«, platzte es aus ihm heraus, wobei er »suhen« sagte. Er schlug vor Lachen aufs Lenkrad und wischte sich die tränennassen Augen. Aber er holte schon wieder Luft zu seinem nächsten Zwerchfellschlag.

»Und …«, er musste schon am Beginn des Satzes laut lachen. »Und wie sagts denn ihr in Deutschland zu Telegraphenstangen?«

»Telegraphenstangen«, sagte ich.

»Wos? Wir sagen gar nichts, wir gehen einfach dran vorbei!« Er verschluckte sich und drohte an seinem Humor zu ersticken.

»Machen Sie Werbung für den Villacher Fasching?«, fragte ich.

»Das könnts ihr in Deutschland nicht so gut wie mir, des Lustige. Da samma besser wie ihr da oben.«

»Siher«, sagte ich. »Als Gott Kärnten fertig gebaut hatte, sagten alle, Gott, das ist unfair. So ein schönes Land hast du da gebaut, Gott.«

»Jo, stimmt«, sagte der Taxifahrer.

»Und Gott sprach: Wartet erst mal ab, was ich da für Menschen reinsetze!«

Er ließ mich auf der falschen Seite des Donaukanals raus – die Seite, wo aus Protest gegen das gegenüberliegende »Tel Aviv« ein mit Stacheldraht umzäunter Gazastreifen errichtet worden war. Israelkritische Aktivisten hatten hier ein Freiluftgefängnis errichtet: Gaza-Beach, mit Absperrungen und militärischen Angriffen und der Möglichkeit, Nahrungsmittelengpässe und Energiemangel zu erleben.

Ich ging über die Schwedenbrücke auf die »israelische« Seite und nahm dann die Stiege hinunter zum Kanal. Jan stand an der Bar und rauchte.

»Ein Pastrami-Sandwich, bitte«, sagte ich. Jan nickte mir zu.

»Die fettigen Dinger schmecken dir doch gar nicht«, sagte er. »Gib's zu, du isst sie nur, weil sie in den Büchern von Mordecai Richler immer gefuttert werden.«

»Ist viel los?«, fragte ich kauend. Immerhin befanden wir uns mitten in einer Fußballmeisterschaft mitten in der Hauptstadt des Gastgeberlandes. Aber auf der Fahrt war wenig Verkehr gewesen, und der Schwedenplatz war beinahe menschenleer. Selbst wenn keine Großveranstaltung in Wien stattfand, war im »Tel Aviv« eigentlich wesentlich mehr los als jetzt.

»Du bist der Dritte heute. Wir haben aber auch erst seit vier Stunden geöffnet!« Er grinste. »Ich hab's immer gesagt: Eine Fußballmeisterschaft sollte man in einem Fußballland ausrichten. In Saarbrücken machen sie ja auch keine Ski-WM. Hier ist tote Hose, die Fanmeile wurde schon zur Hälfte abgebaut. Kein Interesse da. Ich baue auf Kroatien gegen Türkei. Das sind echte Fans. Nicht so raunzende Nörgler wie die Österreicher.«

»Hast du Lust, gegen ein paar raunzende Österreicher zu spielen? Robert wird vierzig, und wir schenken ihm eine Neuauflage von Córdoba. Ich stell die deutsche Mannschaft zusammen, aber ich bin draufgekommen, dass ich kaum Deutsche hier kenne, jedenfalls nur wenige, mit denen ich spielen möchte.«

»Es gibt in Wien über 20 000 Deutsche! Da wirst du doch wohl zehn finden, mit denen du Fußball spielen willst.«

»Bis jetzt spielt Frank mit, außerdem Rocco und Ben.«

»Ben?«, unterbrach er mich. »Kommt der nicht aus Südafrika? Du hast aber einen sehr weiten Begriff von Deutschland.«

»Er kommt erstens aus Namibia und zweitens aus Bremen. Rocco spielt auch mit, obwohl er aus der DDR kommt, und wenn man's genau nimmt, hat der mit Córdoba so gesehen gar nichts zu tun. Leider hat sich auch Hartmut in die Mannschaft reingeschlichen. Und an dich hab ich natürlich gedacht.«

»Und Doron? Soll der bei den Österreichern spielen? Ich

deck ihn eh gern!« Jan lachte. »Und wo soll das Spiel stattfinden?«

»Weiß ich noch nicht. Ich kümmer mich erst mal um die Mannschaft«, sagte ich und duckte mich unter das Dach der Bar. Es hatte wieder angefangen zu regnen. Vor zwei Jahren hatte es während der WM 2006 in Deutschland durchgehend Sonnenschein gegeben, was den Touristen den falschen Eindruck vermittelt hatte, Deutschland sei eine Art Spanien ohne Mittelmeer. Jetzt fiel die EM in Österreich und der Schweiz ins Wasser, das im Donaukanal neben uns schon beträchtlich angestiegen war. Frank war sicher bereits mit Ludwig, dem Sitzschläfer, im Einsatz, stellte ich mir vor. Wenn die Sonne schien, war er im Wespeneinsatz, und bei Niederschlägen rettete er mit dem Spaten in der Hand den niederösterreichischen Teil rund um Wien.

»Doron spielt einmal die Woche im Prater auf dem WAC-Platz. Der Wiener Athletiksport Club. Ist eigentlich ein Tennisverein, aber du kannst ja mal hinschauen. Du gehst an den Tennisplätzen vorbei, wo die Granden der Wiener Sozialdemokratie und Kabarettisten miteinander spielen, und dann kommt schon ein Fußballplatz, völlig im Eimer, aber du erkennst noch die alten Tribünen. Ist das älteste Fußballstadion Österreichs. Ich glaub, dort hat auch das erste offizielle Länderspiel stattgefunden. Aber Doron weiß da besser Bescheid.«

Eine Gruppe türkischer Fans lief durch den Regen auf uns zu. Klitschnass stellten sie sich bei der Strandbar unter und diskutierten auf Türkisch, wahrscheinlich darüber, was sie bestellen sollten. Ein dicklicher Mittzwanziger sagte schließlich: »*Six Pastrami Sandwiches and six beer.*«

»Auch Richler-Fans«, kommentierte Jan.

Das Trikot der Türken hatte exakt das gleiche Design und die gleichen Farben wie das österreichische. Schon vorher war mir aufgefallen, dass auch die Tschechen von ihrem Puma-Ausrüster das Österreich- beziehungsweise Türkeitrikot bekommen hatten. Vielleicht würden sie ja alle zusammen gegen Deutschland antreten, in ein und demselben Trikot.

Den Türken schmeckte das würzige, fetttriefende Pastrami-Sandwich, und ich musste an meinen ersten Besuch bei Sophies Eltern denken.

»Ich sag ja nichts. Aber ein Türk? Hat's denn wirklich a Türk sein müssen?«, fragte Sophies 84-jährige Großtante, als ich vorgestellt wurde.

»Nicht Türk. Dirk. Er heißt Dirk. Er kommt aus Deutschland«, sagte Sophie sehr laut und wendete sich dann an mich. »Sie hört nicht gut. Sie stand beim Einsturz der Reichsbrücke direkt am Ufer, das muss unglaublich laut gewesen sein. Seitdem hört sie schlecht«, erklärte sie. »Die Brücke ist um kurz vor fünf in der Früh eingestürzt, und um fünf hat sie schon dem ORF ein Radiointerview gegeben.«

Sophies Vater ging zum Wohnzimmerschrank und öffnete ihn. Ein Tonbandgerät stand darin. Umständlich legte er ein Band ein. Währenddessen fragte Sophies Mutter mich, was ich trinken wolle.

Ich hatte noch Restalkohol vom Vortag im Körper und wollte einen besonnenen ersten Eindruck machen. »Ein Mineralwasser, bitte«, sagte ich darum.

»Bitte was?« Sophies Vater drehte sich zornig um. »Hier bei uns trinkt man kein Mineralwasser, junger Mann. Wir haben in Wien ausgezeichnetes Wasser. Hochquellwasser. Bei Ihnen im Ruhrgebiet müssen die armen Leute vielleicht Mineralwasser trinken, weil nur eine stinkende Industriebrühe aus dem Wasserhahn kommt. Bei uns nicht! Vom Schneeberg kommt unser Wasser, das ist das klarste und reinste Wasser, die ganze Welt beneidet uns darum. Da braucht's kein Mineral!«, schimpfte er und widmete sich wieder der komplizierten Technik.

Sophie warf mir einen entschuldigenden Blick zu. Mir gegenüber saß ihr jüngerer Bruder, beide Arme und die Hüfte eingegipst. Er war am Karlsplatz in den Spalt zwischen Rolltreppe und Aufzug gefallen und sechs Meter tief gestürzt. Sophies Mutter, eine elegante Frau, lächelte und schenkte mir Orangensaft ein.

»Sind Sie das auf dem Foto?«, fragte ich. »Was ist das für eine Tracht?«

»Eine Gailtaler Tracht. Meine Familie kommt aus dem Gailtal«, sagte sie. »Aus Kärnten, dem Grenzland zu Slowenien.«

»Windische«, warf ihr Vater ein. »Slowenen. Ihre Mutter sprach kein Wort Deutsch.« Mir war nicht klar, ob das vorwurfsvoll gemeint oder eine neutrale Information war.

Plötzlich hörten wir ein Rauschen vom Tonband. Sophies Vater bedeutete uns, ruhig zu sein, da setzte auch schon eine blecherne Stimme ein.

»Wir befinden uns heute, am 1. August 1976, um fünf Uhr früh an der Reichsbrücke. Ein Wahrzeichen Wiens, wie das Riesenrad oder der Stephansdom, fast eineinhalb Kilometer lang, die drittgrößte Kettenbrücke Europas. Mizzi Svozil ist auf dem Weg ins Spital, zu ihrer Arbeit.«

Sophies Vater drehte lauter, und wir lauschten Mizzis Stimme, wie sie 1976 von einem ORF-Mikrophon aufgenommen und live ins ganze Land gesendet worden war.

»Die ganze Brücke hat sich plötzlich einen halben Meter gehoben und ist dann laut krachend auf der Gesamtlänge abgesackt.«

Hier endete die Aufnahme. Sophies Vater spulte das Tonband wieder zurück und nahm es vom Gerät. Großtante Mizzi hatte die Augen geschlossen und schien sich zu konzentrieren. In ihrer knöchrigen Hand zerdrückte sie ein Papiertaschentuch, ein weiteres hatte sie unter den Ärmel ihrer Bluse geschoben. Ich schloss daraus, dass sie verkühlt war.

»Zum Zeitpunkt des Einsturzes«, sagte sie, und ihre dritten Zähnen schepperten dabei leicht, weil sie nicht ganz fest saßen, »befanden sich fünf Personen in vier Fahrzeugen auf der Brücke.«

Sie schien das Erlebte noch einmal zu sehen. Vielleicht spulte sie aber nur etwas ab, das sie seit 1976 schon Hunderte Male erzählen hatte müssen.

»Ein Bus-Chauffeur in einem städtischen Gelenkbus, zwei Mitarbeiter des ÖAMTC in einem Pannenhilfe-Fahrzeug sowie der Lenker eines VW Käfers, der die Pannenhilfe wegen eines defekten Reifens angefordert hatte.«

Sie machte eine Pause. Nichts geschah. Sie hielt die Augen geschlossen, die Sekunden verstrichen. Ich sah Sophie an, sie zuckte fragend mit den Schultern.

»Aus?«, fragte Sophies Bruder, der ohne fremde Hilfe nicht

einfach aufstehen konnte, um in sein Zimmer zu verschwinden. Er war dem Familientempo bei Tisch ausgeliefert.

Plötzlich öffnete sich Mizzis Mund wieder, sie presste ihr Taschentuch zusammen. »Und der Lenker eines Kleinbusses, der beim ORF als Chauffeur angestellt war.«

»Dirk ist auch beim ORF angestellt«, warf Sophies Mutter ein.

»Nicht angestellt. Ich bin freier Mitarbeiter«, korrigierte ich.

»Ach, frei? Das hast du uns gar nicht erzählt«, brummte Sophies Vater.

»Weil's wurscht ist«, sagte Sophie.

Mizzi fuhr fort. »Der Busfahrer stürzte in seinem Fahrzeug in die Donau und wurde unverletzt geborgen. Die ÖAMTC-Mitarbeiter und der VW-Fahrer befanden sich auf dem Teil der Kaibrücke, das zwar brach und sich senkte, aber nicht vollständig zerstört wurde, so dass sie sich selbst zu Fuß retten konnten. Der ORF-Chauffeur wurde in seinem Wagen eingeklemmt und am nächsten Tag tot geborgen.«

»Siehst du, bringt gar nichts, angestellt zu sein«, sagte Sophies Bruder.

»Binnen einer Stunde war ein Viertel aller in Wien verfügbaren Fahrzeuge der Feuerwehr im Einsatz, auch Polizei, Rettung und das Bundesheer. Die auf der Brücke befindlichen Wasserleitungen, die den Norden Wiens mit Trinkwasser versorgten …«

Als das Wort »Trinkwasser« fiel, blickte Sophies Vater mich streng an. Sophie hatte mich gewarnt. Deutsch und evangelisch, das war für ihren Vater etwa das Gleiche wie ein schwarzer Kommunist für einen Republikaner aus den Südstaaten.

»Wenn das so ist«, hatte ich zu ihr gesagt, »bin ich froh, dass wir in Wien sind und nicht in Belfast.«

»Dann nordirr dich mal nicht«, hatte sie geantwortet. Ich konnte nicht lachen.

»… setzten den Handelskai unter Wasser.« Mizzis Zähne schepperten erneut. »Explosionen wurden befürchtet, weil die über die Brücke geführten Gasleitungen gebrochen waren. Es herrschte tagelang strenges Rauchverbot. Und der Verkehrsstadtrat Hofmann?« Sie öffnete die Augen und schaute mich an. Ich hatte keine Ahnung, was mit dem Verkehrsstadtrat Hofmann war. Also schaute ich fragend zurück.

»War im Urlaub in der Schweiz. Am Matterhorn in einer Berghütte, und dort hat er keine Zeitung gelesen. Dann kam er braungebrannt eine Woche später nach Wien zurück und war ganz verwundert, weil die Reichsbrücke futsch war.«

Ich nickte. Jetzt wusste ich endlich auch, was mit dem Verkehrsstadtrat Hofmann gewesen war.

»Aber, sag, Sophie, hat's denn nun wirklich ein Türk sein müssen?«, flüsterte Mizzi.

Ich besuchte Doron wenige Minuten vom »Tel Aviv« entfernt in einem Tonstudio am Salzgries, wo er Musik für einen Werbejingle für ein sprechendes Schwein aufnahm, das Lust auf Öko-Produkte machen sollte. »Ja! Natürlich!«, so hieß das Produkt, und das süße, kleine »Ja! Natürlich!«-Schwein wurde wenige Wochen nach den Dreharbeiten ja natürlich geschlachtet, erzählte er mir, während er mit der Gitarre die Hintergrundmusik zu dem

Fernsehspot spielte. *Öko-Melodie des Todes fürs süße Schwein*, nannte Doron sein Werk.

Nachdem ich mit ihm alle Details wegen des Platzes geklärt hatte, rief ich Spön an. Niemand hob ab. Als ich stattdessen Frank die erfreuliche Nachricht mitteilen wollte, ging auch er nicht ans Telefon. Schließlich erreichte ich Katharina.

»Hallo, Dirk. Frank liegt im AKH, er war wieder mit den Kritzendorfern im Einsatz. Hast du mitbekommen, wie es gegossen hat?«

»Ja, hab ich. Aber was hat er? Ist es was Schlimmes?«, fragte ich.

's Gütli seufzte durch den Hörer. »Frank hat zusammen mit Ludwig einen Kanal frei geräumt.«

»Dem Sitzschläfer?«, fragte ich.

»Ja. Und dabei hat er einen Wadenkrampf bekommen. Du kennst seine Waden, es ist also was Ernstes. Die Rettung hat ihn gestern Abend ins AKH gebracht.«

»Wegen eines Wadenkrampfs?«, fragte ich ungläubig.

Sie musste lachen. »Ich hielt's auch nicht für möglich. Sie müssen ihn aber wohl wenigstens nicht operieren.« Sie brach in großes Gelächter aus. »Er wird im Laufe des Tages wieder entlassen, glaube ich. Er hat übrigens von der Botschaft noch immer keine Antwort bekommen wegen der Trikots. Ich glaub, das wird nichts. Die haben jetzt rund um die EM sicher auch was anderes zu tun, als sich um euer Córdoba-Ding zu kümmern.«

»Und weißt du was von Spön?«, fragte ich sie.

»Spön war mit Heidis Auto in der Werkstatt und hat es auf die Montagegrube geschoben. Er ist hinter dem Wagen gestanden und hat geschoben und vergessen, dass zwischen den Reifen die Grube ist. Er ist reingeplumpst. Typisch Spön, was? Drei linke Hände.«

»Liegt Spön auch im Spital?«

»Zumindest habe ich ihn dort getroffen, als ich Frank besucht habe. Spön hat sich aber nur eine Schnittwunde an der Stirn zugezogen. Isch alles guat gsi, wie ich ihn getroffen hab«, sagte die Bregenzer Schirmprinzessin.

Ich begab mich in die Camillo-Sitte-Gasse. Am Getreidemarkt erinnerte ich mich an das »KC's«, das es nun schon lange nicht mehr gab. Das »KC's« war ein chinesisches Restaurant, in dem ich mit Sophie früher oft gegessen hatte. Auch als sie schwanger war, waren wir häufig dort gewesen. Sophie hatte immer unglaublichen Appetit auf Haifischflossensuppe.

Der junge Chef des Lokals hieß Heinz und war in Wien geboren. Seine Eltern kamen, so wie die meisten Chinesen in Wien, aus der Provinz Zhejiang, genau genommen aus der ländlichen Auswandererregion Qingtian südlich von Schanghai. Ihren Kindern gaben sie deutsche Namen, um zu signalisieren, dass sie sich in ihrer neuen Heimat assimilieren wollten. Sie nannten ihre Kinder Heinz, Hans und Hugo, weil sie durch einen Fehldruck ausschließlich deutschsprachige Vornamen mit H in ihrer Broschüre vom Standesamt fanden.

Heinz leitete das »KC's«, während seine Brüder Hans und Hugo mit Sojasprossen handelten. Anfangs züchteten sie diese in der Badewanne ihrer Wohnung, dann expandierten sie und belieferten fast alle chinesischen Restaurants in Wien.

Eines Tages saß eine alte Chinesin im »KC's«. Die hochschwangere Sophie aß gerade mal wieder eine große Schüssel Haifischflossensuppe. Heinz gesellte sich zu uns an den Tisch. »Das ist meine Großmutter aus Qingtian. Sie ist zu Besuch hier. Wissen Sie schon, ob Sie ein Mädchen oder einen Bub bekommen?«, fragte er.

»Nein, wir haben das Geschlecht nicht wissen wollen«, sagte Sophie.

»Meine Großmutter kann das Geschlecht ertasten – wenn Sie wollen. Sie hat schon über hundert Kinder ertastet und sich noch nie vertan. Sie kann es spüren.«

Er rief seiner Großmutter etwas auf Chinesisch zu, und sofort stand sie auf und kam an unseren Tisch. Ohne weiteres Federlesen legte die alte Chinesin ihre Hand auf Sophies Bauch. Nach einer Weile sagte sie feierlich: »*It will be a boy!*«

»Schade. Ich hätte lieber eine Tochter gehabt«, sagte mir Sophie, als wir das Lokal verließen. Als dann wenige Wochen später unsere Tochter Kina auf die Welt kam, rief Sophie vor Begeisterung und Überraschung im Kreißsaal laut »Jööh!«. »Bei der alten Chinesin heißt TCM wohl nicht Traditionelle Chinesische Medizin, sondern traditioneller Chinesischer Mist«, lautete Roberts Kommentar.

Den Chinesen gab es nicht mehr. Auch Wien verändert sich. An der Ecke Getreidemarkt/Mariahilfer Straße standen früher vor dem Eingang zum Tabakmuseum zwei Würstelstände, in direkter Konkurrenz, keine zwei Meter voneinander entfernt. Der eine installierte eines Tages eine Leuchttafel über seinem Wagen: *Bei mir ist der Kunde König.* Wenige Wochen später erstrahlte bei seinem Rivalen eine noch größere Neonschrift: *Bei mir ist der Kunde Kaiser.* Bevor der Streit endgültig eskalierte, zog der König mit seinen Würsten entnervt weiter.

Ich ging weiter durch die Mariahilfer Straße. Unter mir rumpelte die U3. Diese U-Bahn-Linie wurde zum Zeitpunkt des Wurstkriegs unterhalb der Mariahilfer Straße gebaut – viele Jahre lang. Sie sollte die Straßenbahn ersetzen. Durch den Bau wurde die ganze Einkaufsstraße aufgerissen. Als Ersatzverkehrsmittel wurde aber kein Bus eingesetzt, sondern täglich wurden die Schienen der Straßenbahn ein wenig anders verlegt, so dass die Großbaustelle zur Riesenbaustelle wurde.

Es dämmerte bereits, als ich endlich vor Spöns Haus in der Camillo-Sitte-Gasse ankam. Im Treppenhaus roch es merkwürdig. Ich läutete, und Spön öffnete. Seine Stirn war genäht worden, er hielt sich einen Kühlbeutel an die Wunde.

»Was riecht denn hier so bestialisch?«, fragte ich.

»Der Hund. Ich bin noch nicht dazu gekommen, ihn zu entsorgen«, sagte Spön genervt.

»Du hast den Hund da noch immer liegen? Bist du durchgeknallt? Weißt du, was sich da für Gase bilden können? Das ist hochgradig gemeingefährlich.« Ich war fassungslos.

»Komm mal runter, Deutscher. Aah …« Er hielt sich den Kopf.

Ich öffnete die Tür zur Speis und schloss sie sofort wieder. Ein beißender Geruch durchdrang die ganze Wohnung.

»Wenn man die Tür nicht öffnet, geht's«, sagte Spön.

Ich sah ihn eindringlich an. »Warte hier«, sagte ich und verließ eiligst die Wohnung. Im Erdgeschoss versperrte mir der Rollstuhl von Herrn Pröhl den Weg.

»Der Marmeladinger«, rief er. »Das hammer scho gern. Unseraner tut rackern und ruacheln, barabern und hackeln, und da kummt so a ORF-Arschloch dahergschlendert wie wos.«

Ich stand vor ihm, beugte mich zu ihm hinunter und lächelte. »Was genau arbeiten Sie denn, Herr Pröhl? Und kann ich mal eben Ihre Rundfunkgeräte überprüfen? Zahlen Sie Rundfunkgebühren, Herr Pröhl? Ich bin beim ORF jetzt für die Gebühren zuständig!«

Schnaubend schob er seinen Rollstuhl in den Türstock seiner Wohnung zurück.

»Du Bemmerl«, zischte er drohend. »Nebochant! Einedrahra! Schüttler, narrischer!«

Ich verließ das Haus und kaufte beim BIPA ein paar übergroße Müllsäcke. »BIPA« – »Billige Parfümerie«, so hatte der Drogeriemarktketten-Gründer Karl Wlaschek 1954 seinen ersten Laden genannt. Wlaschek war ein kleiner Mann und vielleicht deshalb ein begeisterter Abkürzer. Seiner Supermarktkette gab er folgerichtig den Namen »BILLA« – »Billiger Laden«. Von sich selbst sprach er wahrscheinlich als »KAWL«.

Als ich in Spöns Wohnung zurückkehrte, stand die Tür der Speis offen und Spön hockte vor dem Hundekadaver. Er hatte sich ein Taschentuch um den Mund gehängt und sah aus wie eine asiatische Touristin, so klein und schmal, wie er war. Neben ihm lag eine Axt mit blutiger Schneide, in der Hand hielt er eine Schere, mit der er ein Stück Fell von Derrick abschnitt.

»Spön?«, fragte ich vorsichtig.

»Da! Schau!« Er zeigte mir eine Kralle von Derrick, an der noch blutiges Gewebe hing. »Ich werd's waschen und in ein

Medaillon geben. Zusammen mit dem Stück Fell. Was glaubst du, wird das der Heidi gefallen?«

Mir wurde leicht übel, aber ich riss mich zusammen. »Ich führ das jetzt mal auf deinen Unfall in der Montagegrube zurück«, stöhnte ich. »Heidi wird dich verlassen und dich anzeigen und nicht eher ruhen, bis du mit deinem verrückten Nachbarn im Rollstuhl zusammen in der Psychiatrie in Gugging sitzt oder auf der Baumgartner Höh eingeliefert wirst. Und womit? Mit Recht wird sie das tun! Hör jetzt endlich auf, die Leiche zu schänden! Wir müssen Derrick begraben oder verbrennen! Und zwar sofort!«

Wir steckten Derricks Körper in den übergroßen Müllsack und schoben ihn gemeinsam Stufe für Stufe die Treppe hinunter. »Kein Wort!«, schnaubte ich, als ich Herrn Pröhl mit seinem Rollstuhl anrollen sah. »Einfach mal die Klappe halten!«

Ich rief bei der Auskunft an und ließ mich mit einem Krematorium verbinden. Dort teilte man mir mit, dass wir sofort vorbeikommen könnten. Ich winkte ein Taxi heran, und wir verfrachteten die stinkende Hundeleiche in den Kofferraum.

»Simmeringer Lände, im 11. Bezirk, Richtung Alberner Hafen«, sagte ich.

»Zum Krematorium? Is des Hundi gsturm?«, fragte der Taxifahrer.

Ich nickte und sah Tränen in des Taxlers Augen.

»Ich bin vom Pech begünstigt«, sagte Spön. »Haste Scheiße am Fuß, haste Scheiße am Fuß. Weißt du, was aus Menschen wird, aus denen nie was wird? Ich.«

»Spön, es reicht!«, sagte ich. »Es gibt auch gute Neuigkeiten. Ich habe einen Platz für unser Spiel. Sogar ein ganzes Stadion.«

Spön sah mich von der Seite an. Seine Stirn war angeschwollen. »Was für ein Stadion? Spinnst du?«

»Mitten im Prater. 30 000 Leute haben da mal reingepasst.«

»Glaubst du nicht, dass das übertrieben ist? Ich hab noch nicht mal meine elf Mann zusammen. Mehr als 20 000 Zuschauer würden mich bei dem Spiel wundern.« Er lächelte schmerzverzerrt.

»Das ist das perfekte Spielfeld«, sagte ich. »1902 war dort das erste reguläre Länderspiel einer österreichischen Mannschaft – der Städtekampf Wien-Budapest. Das ist historischer Boden, das passt doch wohl zu unserem Kick.«

Spön verzog ungläubig den Mund und dachte wohl an die leeren Ränge. Ich konnte ihn beruhigen: »Das Stadion ist heute völlig verfallen. Es steht nur noch ein Teil der Stehplatztribüne aus den 20er Jahren.«

»Woran isser denn gsturm?«, mischte sich der Taxifahrer ein. »Würmer? Maner hat Würmer. Schiach. So lang wern die!« Er zeigte mit beiden Armen, wie lang der Wurm eines Hundes werden konnte. Mehrere Autos hupten, während sein Wagen führerlos schlingerte.

»Aus'm Fenster gefallen isser. Genick gebrochen,« sagte Spön. »Jetzt hat er aber auch Würmer – Leichenwürmer.« Mir wurde wieder schlecht.

Das Krematorium war ein freundliches, neues Gebäude im Nirgendwo, nahe der Donau. Eine resolute, feste Dame in einem dunklen Kostüm empfing uns an der Tür. Wir hievten den toten Derrick aus dem Taxi und warfen ihn auf einen Handwagen, den sie uns gebracht hatte. Langsam und würdevoll schob sie den Wolfshund in das letzte Gebäude, das er in all seiner Stofflichkeit besuchte.

»Sollten Sie von Ihrem Liebling noch einmal in aller Ruhe Abschied nehmen wollen, gibt es die Möglichkeit der Aufbahrung«, flüsterte sie.

Ich hoffte inständig, dass Spön nicht daran interessiert war, den nach Pest stinkenden Hund mit gebrochenem Genick und gebrochenem Bein, abgeschnittenen Krallen und einem Loch im Fell aufzubahren.

»Die Aufbahrung findet in einem extra dafür eingerichteten Raum statt, in dem das Tier aus hygienischen Gründen hinter einer Glasscheibe mit Blumen geschmückt aufgebahrt wird.«

Sie sprach so feierlich leise, dass man sie beinahe nicht verstand. Spön schüttelte den Kopf.

»Jeder Tierbesitzer kann sich durch seine persönliche Anwesenheit bei der Kremierung vergewissern, dass sein Haustier allein kremiert wird.«

»Aha«, sagte Spön, wesentlich lauter als sie. Die füllige Frau kam mir bekannt vor. Ich hatte sie schon einmal gesehen, konnte mich aber nicht erinnern, wo.

»Bei der Kremierung kommt der Tierkörper selbst nicht mit den Flammen in Berührung, sondern zerfällt unter sehr großer Hitzeeinwirkung von etwa 1000 Grad zu Asche. Aufgrund eines speziellen Systems der Abgasverbrennung entstehen bei der Einäscherung keinerlei Geruchsbelästigungen.«

Derrick stank schon jetzt so, dass eine weitere Geruchsbelästigung gar nicht aufgefallen wäre.

»Von mir aus können wir beginnen«, sagte Spön.

»Die kremierten Überreste können Sie dann in einer Urne mit nach Hause nehmen. Wir haben verschiedene Modelle. Wenn Sie sich bitte vorher entscheiden möchten? Hier ist das Standardmodell um 79 Euro 50. Die Exklusivmodelle, das ›Pfötchen‹ zum Beispiel, sehen Sie, ganz lieb sind da außen bunte Tatzenspuren angebracht, das käme auf 123 Euro bei Ihrem Hund.«

Spön zeigte mir unauffällig einen Vogel und nahm eine einfache Keramikvase in die Hand.

»Das ist die ›Bordeaux‹, sehr hübsch, geht aber nur bis vierzig Kilo. Das ist in Ihrem Fall zu klein.«

»Aber der Hund wird doch wohl weniger wiegen, wenn er verbrannt wurde? Das werden ja nicht sechzig Kilo Asche?«, warf Spön ein.

Die dicke Dame lächelte milde. »Nein, wir gehen da nach dem Lebendgewicht.« Eine fragwürdige Bezeichnung, wie ich fand. Schließlich war Derrick tot.

»Was kostet denn die Einäscherung überhaupt?«, fragte ich.

»Bei Hunden zwischen dreißig und siebzig Kilo kostet es 498 Euro«, sagte sie ruhig.

Spön sah mich an. »Haste Scheiße am Fuß!«, sagte er. »Gut, aber die Urne nehm ich nicht. Schütten Sie die Asche einfach in den schwarzen Müllsack, in dem er jetzt liegt.«

Die dicke Dame schob den Müllsack zur Feuerstelle. Sie öffnete eine Klappe, und wir schoben den Hund ohne Sack hinein. Sie schloss die Klappe und die Augen. Mit geschlossenen Augen drückte sie auf einen Knopf in der Wand. Mozarts *Requiem* kam leise aus zwei kleinen Lautsprechern. Die Frau sprach getragen über Mozarts Musik:

»Das Tier erkennt die tiefsten Tiefen uns'res Wesens, hält zu uns, selbst wenn die ganze Welt uns auch verlässt.

Die Treue eines Tieres kann uns rühren,

Weil Treue unter Menschen doch so selten ist.«

Plötzlich fiel mir ein, woher ich die Frau kannte. Ich hatte sie einmal fürs Radio interviewt. Damals leitete sie in Favoriten ein Fledermausspital. In einem Reihenhaus in einer Arbeitersiedlung lebte sie mit Hunderten von Fledermäusen zusammen, die sie fütterte und verarztete, sowie einem spindeldürren Mann, der nervös wirkte und sich vor den flatternden Tieren zu fürchten schien. Jetzt hatte sie das Metier gewechselt. Vom Verarzten war sie auf Verbrennen umgestiegen.

Das Interview mit der Fledermausfrau war damals am Anfang meiner ORF-Laufbahn. Etwa zu der Zeit meines Entpiefkenisierungssprachkurses.

»Sagen Sie einmal ›Frühstücksei‹.«

»Frühstücksei«, sagte ich.

»Nein, noch einmal: Frühstücksei. Ich mache es Ihnen deutlicher: Frühstücksaei.« Sie saß dicht vor mir, so dass ich ihren Mund genau beobachten konnte, wie er das Frühstücksei formte. »Jetzt Sie: Frühstücksaei.«

»Frühstücksei«, sagte ich. Sie klatschte in die Hände und rief: »Herrjeh! Es ist kein deutsches Ei, es ist ein österreichisches Ei! Geben Sie nicht nur die Information weiter, um was es sich handelt, sondern zeigen Sie Ihre Freude am Ei – genießen Sie es, das Frühstücksaei!«

»Frühstücksei.«

»Nein, das hat keinen Sinn. Herr Rüdisser, Ihr Früh-stücksei!«

Der Vorarlberger Kollege, der mit mir zusammen im ORF-Sprecherbüro saß, spitzte die Lippen und krächzte ein Früh-stücksei, wie Frau Wächter es hören wollte. »Frühstücksaei.«

»Hören Sie? Herr Stermann, das Frühstücksei von Herrn Rüdisser ist Ihr Ziel. Schauen Sie, wir Österreicher sprechen gern, wir wollen nicht nur schnell Daten weitergeben wie bei Ihnen in Deutschland, sondern wir haben auch Lust am Klang. *Früh-stücks-a-ei*. Bei Ihnen klingt das Ei steinhartge-kocht, ai! Ai-ai, als würden sie einen Befehl befolgen und wenn ich es sage – *Früh-stücks-a-e-i* –, da hört man's duften, das kernweiche Λei, nicht wahr? Sie haben eine angenehme Stimme, aber das Ei vom Herrn Rüdisser gelingt Ihnen nicht.«

Sie seufzte. Und wie zur Bestätigung krähte Kollege Rü-disser ein weiteres, perfektes österreichisches Frühstücksei in den Raum. Frau Wächter nickte anerkennend.

Rüdisser und ich gestalteten gemeinsam eine Reihe für das Landesstudio Wien: *Wohnorte berühmter Persönlichkeiten in den 23 Wiener Bezirken*. Ein Buch zum Thema war bereits erschienen, und nun wollten wir nachforschen, wer heute in diesen Häusern lebte. Ich schlug vor, dass wir uns nur auf Beethoven konzentrieren sollten, denn der war über 80 Mal in Wien umgezogen, aber Rüdisser teilte mir mit seiner schrill schnatternden Stimme mit starkem Dornbirner Ak-zent mit, dass er in jedem Bezirk eine andere Berühmtheit vorstellen wolle.

Den Auftrag hatten wir von der Abteilungsleiterin »Reli-gion« bekommen. Und als barmherzige Christin gestattete sie uns natürlich auch, dass wir die Ergebnisse unserer Recherche im Radio präsentierten. So sprachen wir selbst unsere kurze Serie aus fünfminütigen Porträts: der gackernde Dornbirner und ich, der ich kein einziges österreichisches Frühstücksei zustande brachte.

Wir interviewten Nachmieter von Mozart im 1. Bezirk, Schüler im 2. Bezirk, die in die gleiche Schule gingen wie einst Sigmund Freud, im 3. Bezirk sprachen wir mit einer Serbin über Robert Musil, die allerdings nicht viel mehr sagte als »Muss Mann warten«. Zu Ingeborg Bachmann, die auch einmal in ihrem Haus gewohnt hatte, fiel ihr noch weniger ein.

In Wieden, dem 4. Bezirk, befragten wir Bewohner von Schuberts Sterbehaus nach ihrer Musikalität und ob sie Brillen trügen. Rüdisser wollte »etwas Launiges« machen, mir selbst ging seine gekrähte Launigkeit auf die Nerven. Leider führte Rocco zu diesem Zeitpunkt noch Optikfreaks in Jena durch die Gegend, sonst hätte er dem Dornbirner ein Schubert-Wissen ums Mikrophon gehauen, dass kein Frühstücksei heil geblieben wäre.

Im Fünften gingen wir ins »Hotel Ananas«, weil in dem Gebäude Hans Moser auf die Welt gekommen war, allerdings unter dem Namen Jean Julier. Ich hätte lieber Bewohner eines Hauses in der Schönbrunner Straße befragt, in dem Stalin eine Zeitlang gelebt hatte, aber Moser schien Rüdisser interessanter. Jeder Kellner konnte Hans Moser nachmachen, und Rüdisser war's zufrieden – das würde ein launiger Beitrag werden.

Im 6. Bezirk wollte ich ins Haus, in dem Oskar Werner gelebt hatte; immerhin kannte ich ja von Frank die Geschichte seines letzten Interviews. Aber Rüdisser entschied, dass Joseph Haydn für unser älteres Religionspublikum geeigneter wäre. »Wir müssen dann aber aufpassen, dass wir nicht die Paukenschlag-Symphonie als Musikuntermalung verwenden. Die kippen uns sonst aus den Latschen vor dem Lautsprecher, die religiösen Greise«, sagte ich.

»Du nervst«, sagte Rüdisser, dem sein Ei-Sieg mächtig Auftrieb gegeben hatte. Eindeutig war er der Chef in unserem Projekt, während ich mich zunehmend raushielt. Er wählte die Döblergasse in Neubau, wo Otto Wagner gewohnt hatte. »Lass uns im Klo nachschauen«, bat ich. »Ich möchte sehen, ob es Pissrinnen gibt!«

»Hä? Spinnst du?«, fauchte mein Chef mich an und unterhielt sich mit einem französischen Air-France-Piloten, so gut es ging, über Jugendstil. »Was heißt denn Jugendstil auf Französisch?«, fragte er mich.

»Puh, keine Ahnung«, antwortete ich. »Vielleicht Renaissance?«

Ich hielt das Mikrophon, und Rüdisser krähte die Fragen hinein. In der Josefstadt fragte er den leibhaftigen H. C. Artmann nach Marie von Ebner-Eschenbach. Er erkannte Artmann nicht und sprach ihn vor Ebner-Eschenbachs ehemaligem Wohnhaus auf der Straße an.

»Entschuldigen Sie, ich komme vom ORF. Wussten Sie, dass in diesem Haus einmal die berühmte Schriftstellerin Marie von Ebner-Eschenbach gelebt hat?«

H. C. Artmanns Augen funkelten vergnügt. Der hagere Dichter betrachtete uns, wie ein Brit-Popper auf Bodybuilder guckt. Ich zuckte entschuldigend mit den Schultern. Artmann beugte sich zum Mikrophon runter, ganz nahe kam er mit seinem Mund. Flüsternd und eindringlich antwortete er: »Die Sonne warrr ein grünes Ei.« Artmann nickte vielsagend und ging beschwingt weiter.

»Des isch a Vollkoffer gsi«, sagte Rüdisser.

»In dem Gespräch gerade war er allerdings der Gscheite«, sagte ich und war sehr beeindruckt. Genau in diesem Moment überquerte Ernst Jandl neben mir die Straße.

Im 9. Bezirk standen wir auf der Währinger Straße vor dem Haus Nr. 50 – die letzte Wohnstätte von Heimito von Doderer. Niemand öffnete, als wir klingelten, darum entschied der Vorarlberger, dass wir wieder mal Passanten befragen sollten. »In der Hoffnung, dass es nicht wieder so Idioten sind wie der von vorhin.«

In der Volksschule gegenüber läutete es, und Dutzende Kinder kamen auf uns zu. Rüdisser wies mich an, das Mikrophon einzuschalten. Launig fragte er die Kleinen: »Kennt ihr die *Strudlhofstiege*?«

»Bist du vom ORF?«, fragten die Kinder.

»Ja, bin ich«, sagte er.

»Du sprichst aber komisch. Hast du ein Hendl verschluckt?«, fragte ein kleines Mädchen, und die anderen Kinder kreischten vor Vergnügen. Ich musste auch lachen.

»Apfelstrudlhofstiege, Apfelstrudlhofstiege«, skandierten die Kinder. Ein Mädchen mit einer roten Mütze stellte sich vor mein Mikrophon und sagte: »Noten sind gemein. Kein Kind ist nur fünf.«

In Favoriten, im 10. Bezirk, gerieten wir in Not. Rüdisser hatte keine einzige berühmte Persönlichkeit gefunden, die in diesem Arbeiterbezirk jemals gelebt hatte oder geboren war.

»Wir müssen umdisponieren«, krächzte er. »Wir gehen in

einen Gemeindebau und fragen die Leute, warum sie glauben, dass keine einzige berühmte Person hier gelebt hat. Das kann auch launig sein.«

Ich war skeptisch. Wir fuhren mit dem Bus über den Verteilerkreis Favoriten zur Per-Albin-Hansson-Siedlung. Robert hatte mir einmal erzählt, dass fast jede Urlaubsgeschichte eines Wieners aus dem 10. Bezirk mit den Worten »Bin i gstanden Verteilerkreis Favoriten« beginnt. Von dort staute es sich regelmäßig bis zur Auffahrt auf die Autobahn in den Süden.

5000 Wohnungen hat die Per-Albin-Hansson-Siedlung, die Ende der 60er Jahre aus großteils fünf- bis achtgeschossigen Fertigteilblocks errichtet worden war. Vor einem der Wohnsilos blieben wir stehen.

»Glaubst du, es ist klug, denen zu sagen, dass ihr Bezirk der einzige in ganz Wien ist ohne Promi?«, fragte ich, aber Rüdisser läutete bereits an mehreren Klingeln gleichzeitig. Der Türsummer erklang, und wir betraten das unfreundlich wirkende Haus.

»Wir machen es jetzt so, dass *du* fragst«, sagte er. »Ich bin eh schon so oft zu hören.«

Und schon klingelte er an einer sehr zerkratzten Wohnungstür. Wir hörten schwere, sich nähernde Schritte. Die Tür wurde aufgerissen. Ein offensichtlich wütender Mann im Unterhemd stand vor uns und starrte uns feindselig an.

»Wos is?!«, brüllte er.

Rüdisser stieß mich an.

»Entschuldigen Sie die Störung«, sagte ich mit etwas heiserer Stimme. »Es dauert nicht lang.«

»Jetzt scho! Es dauert jetzt scho z'lang. Wos wüst?«

»Sehen Sie, wir sind in ganz Wien auf der Suche nach Adressen, wo einmal berühmte Leute gewohnt haben.«

»Und?«, schrie er. »Do kummts auf mi, oder wos? Bin i a berühmte Person, oder wos? Hams eich ins Hirn gschissen und net gscheit umgrührt? Soll i dir sogn, wofür i berühmt bin, du deitsches Würschtl? Oaschtrittmaster bin i, und den konnst jetzt hom, an Oaschtritt, an gewaltigen, dass es scheppat!«

»Ist schon gut, vielen Dank«, murmelte ich hastig und beeilte mich, von der Tür wegzukommen.

Wir verließen das Haus. Rüdisser war begeistert. »Das war doch wirklich wienerisch!«

»Aber es war nicht launig, Kollege. Es war übellaunig.«

»Aber wenn es hier doch nun mal keine historische Persönlichkeit gab, dann ist das doch eine gute Reaktion von dem Mann. Ich bin sehr zufrieden. Guat isch gsi.«

Ich blickte ihn wütend an. »Es gab eine berühmte Persönlichkeit in Favoriten. Kennst du das Gedicht nicht? Hör zu:

Er war ein Kind aus Favoriten
Und hieß Matthias Sindelar.
Er stand auf grünem Platz inmitten,
Weil er ein Mittelstürmer war.
Er spielte Fußball, und er wusste
Vom Leben außerdem nicht viel.
Er lebte, weil er leben musste
Vom Fußballspiel fürs Fußballspiel.
Das Tor, durch das er dann geschritten,
Lag stumm und dunkel ganz und gar.
Er war ein Kind aus Favoriten
Und hieß Matthias Sindelar.«

Der Vorarlberger starrte mich verständnislos an. Das enervierte mich noch mehr.

»Kennst du das nicht?«, rief ich. »Der Papierene? Ein legendärer Wiener Fußballer? Der eine jüdische Freundin hatte? Und von dem man bis heute nicht weiß, ob er sich umgebracht hat oder ob er umgebracht wurde? In der Annagasse ist er gestorben. In Favoriten. Kohlenmonoxid.«

»Kenn ich nicht«, sagte Rüdisser. »Ich interessiere mich eher für Schweizer Fußball.« So wie später die Sportredaktion vom *Vaterland*: Frank bot den Liechtensteinern immer wieder Geschichten über den österreichischen Fußball an, aber sie wollten davon nichts wissen. »Kapfenberg gegen Ried interessiert nicht mal österreichische Leser«, meinte er. »Ich kann's denen in Vaduz nicht übelnehmen, wenn sie meine Geschichten nicht drucken.«

Wie alle anderen Beiträge wurde auch jener über das historisch-persönlichkeitslose Favoriten im ORF gesendet. Haufenweise riefen erboste Hörer an. Der Mann sei kein typischer Wiener, so rede man nicht bei uns in Wien, der Herr sei provoziert worden, weil ich als Deutscher seine Gefühle verletzt hätte, wieso überhaupt Deutsche in einem Wiener Sender beschäftigt würden, dafür sei man nicht bereit, Gebühren zu zahlen, soll der Deutsche doch bei sich im Ruhrgebiet unter Tage nach berühmten Persönlichkeiten suchen.

In Favoriten endete also meine Teilnahme an unserem 23-Bezirke-Projekt und damit auch meine Landesstudiokarriere. Rüdisser sei Dank.

Ich kehrte zurück in die Jugendredaktion. Seit Toni mit Hirsch nach England gegangen war, stagnierte meine Karriere. Ich grüßte jeden, sagte »Mahlzeit« und »Grüß Gott«, aber es ging nicht wirklich voran. In der Kantine hörte ich eines Tages Harald Juhnke hinter mir reden: »Dit Einzije, worauf ick stolz bin, is, det ick et jeschafft hab vom Wedding in den Grunewald.«

Toni hatte unzählige Jugendporträts gemacht und davon ganz gut gelebt. Ich packte die Chance auf leicht verdientes Geld beim Schopf und drehte mich zu Juhnkes Tisch um: »Hätten Sie eine halbe Stunde Zeit? Für die Jugendredaktion. ›Als ich vierzehn war‹ – das ist so eine Reihe. Hätten Sie Lust?«

Neben Juhnke saßen sechs Herren in schwarzen Anzügen. Mir fiel auf, dass ich eine kurze Hose trug.

Juhnke musterte mich. »Tut mir leid, aber ick bin volljetremmelt mit Termine«, sagte er. Der Hagere, der auch in der Kantine saß und mich beobachtet hatte, zeigte mir den Vogel. »Du bist wirklich auf der Nudelsuppe dahergeschwommen, was?«, fuhr er mich anschließend voll Verachtung an. »Du kannst doch nicht jeden, den du aus dem Fernsehen kennst, einfach anreden und ihm das Mikrophon unters Naserl halten. Heast! Das hier ist der Österreichische Rundfunk. Dass du hier Radio machen darfst, ist mir ein Rätsel. Wenn's nach mir ginge, dürfte so jemand wie du bei uns nicht mal Radio hören!«

Ich sagte weiterhin brav »Grüß Gott« und »Mahlzeit« und bekam den Auftrag, ein Jugendporträt von Herbert Prohaska zu gestalten. »Als ich vierzehn war« – nicht mit Juhnke also, nun aber immerhin mit Österreichs Jahrhundertfußballer. Ich rief Robert an und bot ihm an, mich zu begleiten. Robert war begeistert.

Wir trafen Prohaska in Graz im »Hotel Europa«. Er war zu

dem Zeitpunkt Trainer von Austria Wien, die gerade ein Auswärtsspiel gegen Sturm Graz hatten. Robert und ich waren am Vortag angekommen und hatten die Nacht im »Café Exil« und im Stadtpark durchgemacht. Am Morgen sollte das Interview stattfinden. Wir betraten das Hotel um neun Uhr, und genau in diesem Moment ging der Aufzug im Foyer auf und Herbert Prohaska stand im Trainingsanzug vor uns.

Als er uns sah, winkte er sofort dem Rezeptionisten. »Meine jungen Freunde brauchen dringend einen Kaffee«, sagte er. Wir setzten uns an die Bar. Prohaska war der geduldigste und freundlichste Gesprächspartner, den man sich denken kann. Er erzählte von seiner Jugend in Hasenleiten, einem Teil von Simmering.

»Klein Chicago hat man's genannt. Wenn's finster geworden ist, ist niemand mehr vorbeigekommen, der nicht von dort war, weil man Angst hatte. Wer dort gewohnt hat, musste keine Angst haben. Wir haben im Parterre gewohnt und haben die ganze Nacht das Fenster offen stehen gehabt, weil wir eine arme Familie waren, wo Einbrecher nur etwas hätten bringen, statt holen können.«

Immer wieder kamen Hotelgäste und baten ihn um ein Autogramm. Er hatte beim AS Roma gespielt und in Mailand bei Inter, und er erzählte uns, dass er einmal mit seiner Frau in Mailand in einem Restaurant gewesen sei, und am Nebentisch habe Adriano Celentano gesessen. »Ich wollte mir ein Autogramm holen, ihn aber erst noch fertig essen lassen. Da kam der Kellner und bat mich um ein Autogramm für den Celentano! Ich war so perplex, dass ich ihn gar nicht mehr gefragt habe. Jetzt hat der Celentano ein Autogramm vom Prohaska, ich aber keins von ihm.«

Robert hing an Prohaskas Lippen. Dieser erinnerte sich daran, wie damals in Mailand rosafarbene Hemden modern waren und er in Wien verspottet wurde, wenn er im rosafarbenen Hemd erschien. »In Italien war das aber total modern. Unser Torwart hatte allerdings ein rosa Hemd und dazu eine rosa Krawatte, den haben sogar die Italiener ausgelacht.«

Zum Abschluss bekamen wir wie Celentano ein Autogramm von Prohaska. Robert schenkte ihm im Gegenzug eine Schlammpackung. Prohaska bedankte sich lachend und verließ uns Richtung Mannschaftsbus.

»Und?«, fragte ich.

»Wahnsinnig netter Mann«, sagte Robert. »Mit dem würde ich sofort in eine WG ziehen. Stell dir vor, alle Österreicher wären so wie Herbert Prohaska.«

Die Vorstellung gefiel mir ausgezeichnet.

Als eine Livesendung geplant wurde, schlug ich das »Café Donauwelle« vor, wo Frau Maria allabendlich ein neues Programm machte, mit immer neuen Künstlern. »Komische Künstler«, sagte ich zum Tiroler, der inzwischen als Livemoderator der Jugendsendung eingesetzt wurde. »Live und merkwürdig. Vielleicht wär das was?«

Der Tiroler hatte schon vom »Café Donauwelle« gehört, ebenso ein paar der anderen Jungredakteure. Wir beschlossen, per Übertragungswagen live von dort zu senden, mit Gästen, die Frau Maria organisieren sollte: semiprofessionelle Sänger und Alleinunterhaltungsamateure. Dass dort keine Profis auftreten würden, dafür konnte ich garantieren.

Frau Maria war begeistert von meinem Vorschlag. »Jaja«, sagte sie, und der Puppenspieler in ihr drehte sie wild.

»Nicht? Natürlich werde ich selber, nicht? Jaja, und der Renee … Kennen Sie den Renee? Er singt Schlager, nicht? Jaja«, drehte sie sich und fasste sich mit beiden Händen an die Perücke. »Natürlich, nicht? Selbstnatürlich, ja.«

Der Fensterplatz war leer. »Wo ist denn die Dame, die immer dort sitzt?«

»Die Hua?« Ein angetrunkener Mann in einem Fischgrätenmantel meldete sich von seinem Platz. »Mid'm 71er is sie gfoahn.«

»Was bedeutet das?«, fragte ich.

»Heast, host du Paradeiser auf die Ohrwascheln? To-maten? Wo fahrt'n der 71er hi? Zum Zentralfriedhof is sie gfoahn. A Bankl hat's grissen, ohgrotzt is – ab-ge-kratzt.«

»Jaja«, sagte Frau Maria und wusste nicht, wohin sie sich zuerst drehen sollte.

»Oba is eh ois wuascht!«, fuhr der Fischgrätenmann resignierend fort. »I eh a. I bin's Wuaschtigste von oim!«

Ich versuchte Frau Maria die wichtigsten Informationen zu geben. Sie gab mir ihre Telefonnummer, so dass die ORF-Techniker sich mit ihr in Verbindung setzen konnten. Ich war mir inzwischen nicht mehr sicher, ob mein Plan eine gute Idee gewesen war.

Halbabgeschminkte Catsmenschen kamen mir auf der Millöckergasse aus dem Künstlereingang vom »Theater an der Wien« entgegen. Sie taten mir furchtbar leid. In der Papagenogasse hörte ich schon beim Aufsperren der Haustür altbekannte Klänge. Ein Mann schimpfte, weil er die Wohnungstür der Brustamputierten nicht aufbekam.

»Kruzitiakn!«, hörte ich ihn fluchen. »Rutsch ma 'n Buggl owa, gschissene Tür!«

Er erschreckte sich, als ich neben ihm stand. Die Brustamputierte hatte er gegen die Wand gelehnt.

»Sie hat den Schlüssel immer irgendwo in der Tasche oder
im Mantel«, sagte ich.

»Bummzua is«, sagte er, als könnte ich das nicht selber
sehen. »Bsoffen wia ra Heiseltschick. Der hams mit der Brust
a des G'hirn amputiert.«

Ich fragte ihn nicht, ob er deshalb bei ihr übernachten
wollte. Vielleicht gibt es Männer, die sturzbesoffene Frauen
attraktiv finden, dachte ich. Umgekehrt eher nicht.

Ing. Palfinger schüttelte den Kopf. Der Tiroler rauchte eine
Zigarette nach der anderen und war von Bier auf Weißwein
umgestiegen. Der Übertragungswagen stand vor der »Donauwelle«, und die Livesendung wurde zur Katastrophe.
Frau Marias Puppenspieler schaffte es nicht, sie ruhig vors
Mikrophon zu stellen. Sie wirbelte am Mikro vorbei, während sie sang, so dass es klang, als befände man sich als
Hörer auf hoher See. Leiser und lauter wurde es, teilweise
verstand man gar nichts mehr. Sie sang das Duett aus der
Zauberflöte zwischen Papageno und Papagena – allein. Dafür hatte sie sich grell geschminkt und trug einen japanischen Kimono, dessen Rückseite zerrissen war, was man
durchs Radio zum Glück nicht sehen konnte. Ums Gesicht
hatte sie sich einen orientalischen Schleier gehängt, so dass
man nicht verstehen konnte, was sie sang, selbst wenn sie
nah am Mikro stand.

Als Frau Maria endlich fertig war und der Tiroler mit dem
Live-Interview beginnen wollte, nahm sie den Schleier nicht
ab. Man verstand nichts, was sie von sich gab. Ich wusste,

dass sie wahrscheinlich »Jaja. Nicht?« sagen würde, aber dem Ing. Palfinger im Übertragungswagen wurde es zu bunt. Er verließ den Bus und stürmte in die »Donauwelle«, wo er der verwirrten Frau Maria den Schleier vom Kopf riss.

»Jaja. Nicht?«, sagte sie und drehte sich wie ein Brumm-kreisel. Der Tiroler zeigte mir jetzt schon den Mittelfinger, obwohl die Sendung gerade erst angefangen hatte. Ich musste zugeben, dass der Versuch, mit Frau Maria ein Inter-view zu führen, live an seine Grenzen stieß. Der Tiroler be-mühte sich, aber von ihr kamen Jas und Nichts, sonst nichts.

Der Höhepunkt des Abends sollte erst noch folgen: Renee. Ein schmächtiger, pomadisierter junger Mann, der sich sehr weiblich bewegte. Das Tape mit dem Playback hatte er dem bereits genervten Ing. Palfinger in den Übertragungswagen gebracht. Jetzt wurde er von Frau Maria angekündigt: »Re-nee, meine Damen, als Nächstes Renee. Jaja. Ein Sänger vol-ler Herzen. Er singt *Santa Maria* von Roland Kaiser.«

Renee trug eine Art Zorro-Kostüm und stieg auf den Bil-lardtisch. Die etwa dreißig Zuschauer klatschten höflich. Das Playback begann. Renee hielt das Mikrophon in der Hand, und als der Gesang begann, hörte man – nichts. Nichts als Roland Kaiser. Renee öffnete seine Lippen, aber es kam kein Ton daraus hervor. Ich trat näher an den Billardtisch und bedeutete ihm, dass er lauter singen müsse. Renee lä-chelte freundlich, doch kein Mäusepiepsen verließ seinen Mund. Wieder wurde die Tür aufgerissen, und Ing. Palfinger schrie: »Reiß die Pappn endlich auf, Trottel!« Aber es war nur Roland Kaiser, der über die ferne Insel Santa Maria sang, auf die ich mich jetzt wünschte. Wir erlebten den stummsten Live-Auftritt eines Sängers, seit es Radioübertragungen gab.

»Scheipi!«, schrie mich der Ingenieur an.

Als die Sendung endlich vorbei war und der Ing. Palfinger gruß- und wortlos weggefahren war, fragte ich den Tiroler, der rauchend in sein Bier starrte: »Was meinte der Techniker denn? Was heißt Scheipi?«

Er blickte auf und mir ins Gesicht. »›Scheiß-Piefke‹ heißt das.«

Frau Maria stand noch immer unter Strom und wirbelte wie aufgezogen durch ihr Lokal. Sie drehte sich zu mir und fragte: »War es gut? Ja? Jaja, nicht?«

1998 begannen die Zeitungen Anfang Mai mit den ersten Artikeln zum großen Jubiläum: *20 Jahre Córdoba. Wie wir die Deutschen schlugen. Hans Krankl erinnert sich exklusiv.* Ich half Robert dabei, in seinem neuen Geschäft am Karmelitermarkt Schlammpackungen zu stapeln. Das »Lot«, so sollte es heißen, stand kurz vor der Eröffnung. Agnieszka, die gastronomieerfahrene polnische Freundin von Klaus, hatte zusammen mit Doron das Lokal im Parterre in ein modernes »Klezmer-Hoise« verwandelt, ein jüdisches Restaurant, so wie sie es aus Krakau kannte. Doron hatte mediterrane Coolness beigesteuert. Wichtig war Robert, dass man als Besucher das Gefühl haben sollte, in Israel zu sein.

»Dann müssen Agnieszka und Doron aber bewaffnet sein, und du brauchst hin und wieder, wenn grad keiner damit rechnet, einen Selbstmordattentäter«, schlug Rocco vor.

»Und am Eingang filzen wir die Kunden stundenlang, so wie am Flughafen von Tel Aviv«, sagte ich.

Rocco trug mit Spön zwei große Kisten die Kellertreppe hinunter.

»Vorsicht!«, rief Robert. »Die Stalaktiten!« Aber Spön, obwohl der Kleinere der beiden, hatte sich bereits den Kopf angestoßen und fluchte. Im Keller hatte Robert eine Salzwelt erschaffen: vierzehn Tonnen Salz vom Toten Meer auf 38 Quadratmeter. Der Boden war vollständig mit einer zehn Zentimeter dicken Salzschicht belegt, die Wände hatte Robert mit naturreinen Salzriegeln ausgemauert.

Spön hatte seine Hilfe beim Einsalzen des Kellers angeboten, aber Robert hatte lachend abgelehnt: »Ich kann dir keine Abtreibung zahlen.«

Spön war damals mit einer Frau zusammen, die Hannelore hieß. In unserer Vorstellung würde ein gemeinsames Kind aussehen wie Helmut Kohl. »Wie kannst du mit einer Frau zusammen sein, die heißt wie die Alte des dicken deutschen Kanzlers?«, fragte Robert ihn.

»Wenn ich ein Kind möchte, das aussicht wie Helmut Kohl, muss ich mit Helmut Kohls Mutter schlafen, Blödmann!«, entgegnete Spön gekränkt.

Weil Spön nicht mithalf, war die Salzgrotte in Rekordzeit errichtet worden. Jan hatte Robert seinen ukrainischen Arbeiter empfohlen, der während der Arbeit ganze Passagen aus Joseph Roths *Hiob* auswendig aufsagte. »Seinesgleichen«, zitierte Aleksey und meinte damit offensichtlich Robert, »wird es nicht viele geben in Israel. Der Schmerz wird ihn weise machen, die Hässlichkeit gütig, die Bitternis milde und die Krankheit stark!«

»Und die Hautkranken reich«, ergänzte ich.

Bis zu fünfzehn Personen konnten in der Salzgrotte auf

Entspannungsliegen ihre Lebenskräfte stärken und die körpereigenen Abwehrkräfte unterstützen. So stand es zumindest in Roberts Prospekt: *In der Salzgrotte »Lot« herrscht ein Mikroklima, das Sie nur am Toten Meer vorfinden. Jeder Atemzug versorgt Sie mit wertvollen Mineralien und Mikroelementen wie Jod, Magnesium, Calcium, Kalium, Brom, Eisen. Dank des großen Anteils von Natriumchlorid, das antiallergisch und pilzhemmend wirkt, ist die Luftreinheit um das Zehnfache erhöht. Die Fettverbrennung wird beschleunigt, und die Mineralien verbessern die Spannung und Elastizität der Elasthin- und Collagenfasern der Haut. Sie mildern Reizungen und unterstützen die Fähigkeit der Ausscheidung von toxischen Substanzen.*

»Das heißt, wenn ich eine Nacht durchgesoffen habe, dann leg ich mich zu dir, und die Mineralien nehmen mir das Kopfweh?«, fragte ich.

»Bei dem bissl, was du verträgst, sicher, Deutscher«, antwortete Robert. »Den Text im Prospekt hat übrigens Frank geschrieben. Er wollte die Geschichte über meine Salzgrotte ans *Vaterland* verkaufen, aber die haben gesagt, dass es so was schon in der Schweiz gibt.«

»Das glaub ich nicht«, widersprach ich. »So etwas wie hier gibt es dort sicher nicht.«

Aleksey kachelte das Schwimmbecken im hinteren Kellerraum, wo Robert die Bedingungen des Toten Meeres zu simulieren versuchte. Eine Art Dead Sea Disneyland. Rund ums Becken hatte er Originalsand und Steine aus der Negev-Wüste verstreut. Das Wasser im Becken würde die exakt gleiche Zusammensetzung haben wie das Original.

»Das Tote Meer verschwindet – jedes Jahr um ein paar Meter«, erklärte Robert mit ernster Miene. »Wenn es irgendwann nicht mehr da ist, können die Leute zu mir kommen. Zum Karmelitermarkt. Alles ist genau so wie dort. Ich habe vor, sogar Fliegen zu züchten, die die Patienten nerven, weil das da unten in der Wüste ja auch so ist.«

Er sah sich in seinem Little Israel um. »Na ja, man wird sehen«, fuhr er fort. »Das Wasser ist stark solehaltig. Wenn die dermatologisch Benachteiligten eine knappe halbe Stunde darin baden, werden sie anschließend, noch mit nasser Haut, ein paar Minuten intensiv bestrahlt. Dank Rocco und seinem genialen Zahnarzt.«

Wir stiegen vom Restaurant hinab zum Toten Meer im Keller, wo Spön und Rocco gerade die Kisten vorsichtig auspackten, unter Anleitung von Dr. Braun de Praun. Als er mich sah, wies er mit großer Geste stolz über die diversen Geräte: »Ein Dermalight 80, ein Dermalight 200, zwei Dermalight 500, ein Arimed B, ein Helarium für die Heliotherapie und einmal das Highlight, wenn ich so sagen darf: der Cosmedico Arimed B6, mittels UVB-Breitband. Alles da für die Balneophototherapie.«

»Aber das sieht ja alles ganz neu aus. Ich dachte, Sie seien eher spezialisiert auf Museales?«, fragte ich.

»Die Dinger sind alle ziemlich neu«, erklärte Braun de Praun. »Ich dachte mir, Ihre Kunden haben zu neueren Produkten wahrscheinlich mehr Vertrauen, als wenn ich Holzgeräte aus dem 19. Jahrhundert besorge.«

»In Kasachstan haben zwölf Prozent der Menschen Psoriasis«, sagte Aleksey, während er weiterkachelte, »vielleicht, weil es unter der sowjetischen Führung 500 Atomtests gab, in Semipalatinsk.«

»Dann sollte ich vielleicht in der Hauptstadt von Kasachstan auch eine Salzgrotte eröffnen. Es sei denn, Semipalatinsk ist die Hauptstadt und sie zünden dort noch immer Atombomben.«

»Nein«, sagte Rocco, der alles wusste. »Die Hauptstadt heißt Almaty. Robert, ich habe mit Dr. Braun de Praun darüber gesprochen, dass du eigentlich auch eine Fischtherapie anbieten könntest. Ich hab mich da informiert. Du brauchst rötliche Saugbarben dazu, nennt man auch Knabberfische. Der Patient badet fünf Wochen lang zwei Stunden täglich mit 200 Saugbarben in der Therapiewanne, und die knabbern ihm währenddessen die überschüssigen Hautschuppen ab.«

»Gute Idee. Herr Braun de Praun klaut mir noch ein paar Hundert Barben und Agnieszka brät die Fische dann oben im Restaurant. Absoluter Bio-Fisch, ernährt sich ausschließlich von Schuppen.« Robert lachte. »Vielen Dank, ihr habt mir schon genug geholfen. Ich hätte mir das nie leisten können, diese ganzen Geräte, Herr Braun de Praun.« Er reichte ihm die Hand, und der Zahnarzt der Diebe schüttelte sie herzlich, bevor er sich verabschiedete.

»Wenn Rocco nicht in den Tiroler Bergen eine Fußballmannschaft gegründet hätte, dann hätte er Herrn Braun de Praun nie kennengelernt und diese Lampen stünden noch bei ihrem rechtmäßigen Besitzer«, sagte ich. »Alles hängt zusammen. Du kannst dir am Hintern ein Haar ausreißen, und dir tränt das Auge.«

Als wir wieder ins Restaurant heraufkamen, hielt Doron einen Brief in der Hand. »Mein Bruder gratuliert dir. Toni und Hirsch wünschen *mazel tov*. Und Hirsch hat einen Artikel der *Financial Times* beigelegt. *The Viennese Saltbaron and King of Mud is the new Lord of the City of London*, las ich.

Die Tür öffnete sich. Eine Frau kam ins »Lot«. Sie hatte ein Baby in einem Tuch um den Bauch gewickelt.

»Ich hab gesehen, dass ihr hier gerade aufmacht. Habt Ihr Interesse an einer chinesischen Selbstmassage? Ich könnte da Kurse bei euch anbieten?«

»Nein, danke. Das machen wir selbst«, sagte Agnieszka und schrieb die Preise für Falafeln, Humus, Tahina und gefilte Fisch in die Speisekarte. Im Hintergrund lief beruhigende und einschläfernde Musik – Klaus, Agnieszkas persönlicher DJ, hatte sie extra für die Salzgrotte gemixt.

»Hast du das wenigstens präpariert?«, fragte ich, als Spön mir das Medaillon mit der abgesägten Wolfshundkralle zeigte. »Das wird sonst furchtbar stinken, und wenn ich ehrlich bin, tut's das schon.«

»Ich hab's mit Schnaps übergossen. Das desinfiziert ja wohl. Außerdem hab ich die Haut, so gut es ging, mit einem Stanley-Messer abgeschnitten. Schau! Ich hab mir dabei in den Handrücken geschnitten!«

Spön hatte in der Tat einen tiefen Schnitt von den Knöcheln bis zum Handgelenk. »Ich hab mir dann auch Schnaps über die Wunde gegossen. Über die Wunde und in den Mund. Hast du eigentlich schon einmal das Österreichische Kulturinstitut in New York gesehen? Das kleinste Gebäude der Welt! Warum ist das so? Überall stehen dort riesige Gebäude und mittendrin, schmaler als ich, das Österreichische Kulturinstitut.«

»Ja, ich hab's gesehen. Es ist sieben Meter breit. Es wirkt halt so schmal, weil alles andere dort so riesig ist.«

»Abraham heißt der Architekt. Wie Vadder Abraham, der Herr der Schlümpfe. Warum müssen wir immer Schlümpfe sein und uns auch noch so darstellen in der Welt?«

»Das ist lächerlich. Ihr seid keine Schlümpfe. Ihr stellt euch auch nicht so dar, und wenn's noch mal irgendwelche wütenden Araber gibt, die ihre Flugzeuge in Häuser jagen, das Österreichische Kulturforum werden sie nicht finden. Das ist sehr clever.«

»Rot-weiß-rot. Peinlich-blass-peinlich«, grummelte Spön. Er legte das Medaillon mit der Hundekralle und dem Fell in einen Schrank, der angefüllt war mit Roberts Schlammpackungen. *Mineral rich*, stand auf der Plastikfolie.

»Ich hab so viel Schlamm, ich bin schon fast vermurt«, sagte Spön.

»Mit schönem Gruß vom tiefsten Punkt der Welt«, sagte ich.

»Glaub ich nicht, dass das Tote Meer tiefer liegt als Herr Pröhl«, meinte Spön.

Als ich im Erdgeschoss ankam, hörte ich schon den Rollstuhl gegen die Tür krachen und die Tür sich öffnen. »Mah! Des depperte Nudlaug. Hob i scho gwusst, heit is a Scheißtog. Des hob i scho im Urin gspiat beim Aufsteh!«

Die Hitze des Sommers 2003 drückte
auf die Dächer Wiens. Ing. Palfinger wurde von zwei jungen Technikerkollegen gestützt. Seine Haare waren zerzaust, sein weißer Dienstmantel fleckig und sein Blick glasig. Als er mich sah, knurrte er »Scheipi«. Seit Jahren machte er das nun schon so.

»Ist er betrunken?«, fragte ich die beiden Tontechniker, die ohne Mantel ihren Dienst taten. Sie nickten. Sie hatten ihn von seinem Technikerplatz hochgehoben, einer links, einer rechts, und langsam aus dem Regieraum geführt. Mein erster Impuls war, dass er noch immer trinken musste, um die Livesendung mit mir, Frau Maria und Renee zu vergessen, auch wenn das inzwischen ewig her war.

Ich ging weiter Richtung Archiv. In dem Studio, in dem die stündlichen Nachrichten gesendet wurden, sah ich einen kurz vor seiner Pensionierung stehenden Nachrichtensprecher: klein, mit Brille und tadellosem Anzug, so adrett, als käme das Bild zum Radioton dazu. Er kletterte gerade auf den Tisch, um von dort, im Stehen, den Hals streckend, in das an der Decke hängende Mikrophon zu sprechen. Ing. Palfinger lag schon lange im Clinch mit dem »Scheina«, wie er ihn logischerweise nannte. Als Scheiß-Piefke war ich auf der Seite des Scheiß-Nachrichtensprechers, der sich nicht aus der Ruhe bringen ließ durch seine unbequeme Haltung.

Eine ältere Technikerin saß am Platz von Ing. Palfinger. Ich grüßte sie. Wir mochten uns. Ich hatte sie am Anfang meiner Radiozeit einmal gefragt: »Wissen Sie eigentlich, wieso ich hier reinspreche und alle im Land können mich hören? Ich weiß schon, Schallwellen. Aber wissen Sie, wieso das funktioniert?«

»Wenn Sie es nicht weitersagen: Ich habe keine Ahnung. Es ist mir selber ein Rätsel«, war ihre Antwort gewesen.

Der Archivbeamte gab mir das Band »1978, 21. Juni, bedeckt, 21 Grad, leichter Wind von Ost/Südost«.

Er hatte die Fähigkeit, sich an jedes Wetter der letzten fünfzig Jahre zu erinnern.

»Und am 5. 6. 1966?«, fragte ich ihn und erhielt die gewünschte Antwort.

Als ich aus dem Funkhaus ging, stieg ich aufs Fahrrad und fuhr die Argentinierstraße hinunter, vorbei an dem kleinen Elektrogeschäft »TV und Radio Fingerlos«, was mich in diesem Moment etwas verunsicherte. Es klang wie die Klage darüber, dass heute etwas Bestimmtes im Rundfunk fehlte. So etwas wie Edi Finger – von dem ich gerade eine Aufnahme in der Tasche trug.

Robert hatte heute seinen 35. Geburtstag. Feierlich lag er in seiner Wohnung in der Wiedner Straße auf dem Sofa. Hinter ihm an der weißen Wand klebten fünf Postkarten von Hias Schaschko, einem österreichischen Graphiker, der in München lebte. Die Aufdrucke lauteten:

Mad in Austria
Es ist wie es ist
Wann hört es endlich auf zu dauern
Ich bin stolz eine Postkarte zu sein
Sechs Österreicher unter den ersten fünf

Ansonsten war die Wohnung karg eingerichtet. Ein Ghettoblaster auf dem Fensterbrett gehörte zum spärlichen Mobiliar.

»Herzlichen Glückwunsch!«, sagte ich und steckte die Kassette ein, die ich im Funkhaus überspielt hatte, drückte auf *PLAY* und legte mich auf den Boden, weil es sonst kein Möbelstück gab, auf dem ich hätte sitzen können. Den Kopf legte ich auf zwei Schlammpackungen, die sich gut als Kopfpolster eigneten.

Der Lautsprecher rauschte, dann ertönte die Stimme von Edi Finger:

Und jetzt kann Sara sich noch einen aussichtslos scheinenden Ball einholen, Pass nach links herüber, es gibt Beifall für ihn, da kommt Krankl, vorbei diesmal an seinem Bewacher, ist im Strafraum – Schuss ... Tooor, Tooor, Tooor, Tooor, Tooor, Tooor! I wer narrisch! Krankl schießt ein – 3:2 für Österreich! Meine Damen und Herren, wir fallen uns um den Hals; der Kollege Rippel, der Diplom-Ingenieur Pusch – wir busseln uns ab. 3:2 für Österreich durch ein großartiges Tor unseres Krankl. Er hot olles überspielt, meine Damen und Herren. Und wartens no a bisserl, wartens no a bisserl; dann können wir uns vielleicht ein Vierterl genehmigen. Also das, das musst miterlebt haben. Jetzt bin i aufgstanden, alle. Die Südamerikaner mit ihren Toros. I glaub, jetzt hammas gschlagn.

Die Deutschen ham alles nach vorn beordert. Eine Möglichkeit der Deutschen! Und?! – Daneeeeben! Also der Abraaaamczik – obbusseln möcht i den Abramczik dafür. Der braaave Abramczik hot danebengschossn. Der Orme wird si ärgern. Noch dreißig Sekunden. 3:2 für Österreich. Nach 47 Jahren, meine Damen und Herren, liegt eine österreichische Nationalmannschaft, aber wos für ane, eine Weltklassemannschaft, die da heute spielt, gegen die Bundesrepublik mit 3:2 in Führung. Und jetzt trau i mi scho gar nit mehr hinschauen. Aussigschossen ins Out. Schiedsrichter Klein aus Israel, ein ganz hervorragender Schiedsrichter, er hat es nicht leicht ghabt, aber hat bis jetzt klass gepfiffen. 45. Minute, noch einmal Deutschland am Ball und Prohaska haut den Ball ins Out. Und jetzt ist auuuus! Ende! Schluss! Vorbei! Aus! Deutschland geschlagen, meine Damen und Herren, nach 47 Jahren kann Österreich zum ersten Mal wieder Deutschland besiegen!

Das Band war aus. Plötzliche, andächtige Stille erfüllte den Raum.

»Und?«, fragte Robert nach einer Weile.

»Was? Ich bin eingenickt. Wie ist es denn ausgegangen?«, neckte ich ihn.

»Blödmann. Deutschland geschlagen. Aus, Schluss, vorbei!« Er schnalzte mit der Zunge. »Danke fürs Tape. Ach ja, wusstest du, dass Toni nicht mehr moderieren durfte, weil der Intendant fand, sie klingt, als würde sie Hosen tragen?«

»Nein, wusste ich nicht.«

Auf dem Boden lagen alte Fotos verstreut. Ich betrachtete die Schwarzweißfotografie eines Mannes in einer Chauffeuruniform.

»Mein Großvater«, klärte Robert mich auf. »Er hat in den Rosenhügel-Filmstudios gearbeitet. Als Fahrer. Meine Mutter hat mir erzählt, dass er einmal Marlene Dietrich fahren sollte, und die war irgendwie ungut zu ihm, da dreht er sich um und sagt: Frau Dietrich, ich find, Sie haben eine Entennase.« Wir lachten beide.

Nachdem ich Roberts Ehrentag standesgemäß mit einem gemeinschaftlichen Gedenken an Österreichs größte Heldentat begangen hatte, begab ich mich am Abend zu Sophie, um einen weiteren Ehrentag anzusprechen.

»Es war windstill, als du geboren wurdest, am Nachmittag aber begann es zu regnen. 25 Grad hatte es, und es kühlte in der Nacht kaum ab«, sagte ich unvermittelt.

Sie schaute mich überrascht an. Erst als ich das Datum dazu nannte, grinste sie. »Dein Mann im Archiv ist ein Endemit.«

»Glaube ich nicht. Solche Fähigkeiten haben auch Leute

außerhalb Österreichs. Ein Eremit ist er, das ja«, erwiderte ich und erinnerte mich an den Sommer fünf Jahre zuvor.

Wir schrieben den 21. Juni 1998: Roberts dreißigster Geburtstag. Zusammen mit Frank, 's Gütli, Rocco, Spön und Tatjana machten wir einen Geburtstagsausflug nach Drosendorf an der Thaya im nördlichen Waldviertel, direkt an der tschechischen Grenze. Es war ein außergewöhnlich warmer Tag.

Das 800 Jahre alte Städtchen war komplett von einer Stadtmauer aus dem 12. Jahrhundert umgeben. In die Innenstadt gelangte man nur durch die beiden Stadttore. »Renaissance, Barock und Jugendstil«, erklärte Spön. Wir saßen im »Moka«, dem »Mohn- & Kaffeehaus«, und aßen Mohn-Grieß-Strudel, Mohn-Zimt-Schnitten und Weißmohntorten.

»Meine Mutter ist als Kind in einem blühenden Mohnfeld eingeschlafen und hat drei Tage lang durchgeschlafen«, erzählte ich.

»Ich sag ja, deine Eltern sind eher so Hippies«, sagte Robert.

»Das war im Krieg«, sagte ich. »Und sie war drei oder vier.«

»Wenn damals alle Deutschen in einem Mohnfeld eingeschlafen wären, sähe Köln heute schöner aus. Und Hannover auch«, sagte 's Gütli.

Wir gingen hinunter zum alten Strandbad an der Thaya. Das Wasser schimmerte braun, weil es sehr eisenhaltig war. Wiener und Brünner Bürger verbrachten hier früher die Sommermonate. Im Strandbad hingen alte Schwarzweißfotografien von einem Hochwasser in den 20er Jahren. Auf diesen ragte nur das Dach des Strandbads aus dem über die Ufer getretenen Fluss.

Das Ufer war dicht bewachsen, die Äste der alten Bäume ragten bis ins Wasser. Wir mieteten ein Kanu und fuhren den stillen Fluss hinunter. An einer Lichtung legten wir an und tranken aus unseren mitgebrachten Dopplern Veltliner. In Österreich gab es zum Glück auch Qualitätswein in preisgünstigen Zweiliterflaschen.

Während die anderen zusammensaßen, ging ich kurz alleine von der Lichtung ans Ufer hinab und blickte auf das friedlich dahintreibende Wasser. Plötzlich raschelte es direkt rechts neben mir. Ich blickte zur Seite. Im Dickicht sah ich zwei dunkle Augen. Eine Frau lächelte mir zu. Sie hatte Gras und Zweige im schwarzen Haar und zerkratzte Unterarme und strich sich eine Strähne aus dem sonnengebräunten Gesicht. Sie sah aus wie eine feurige PLO-Kämpferin.

»Entschuldigung. Ich wollte niemanden erschrecken«, sagte sie und trat aus dem Unterholz. Sie schüttelte sich die Natur vom Körper und strahlte. »Ich bin auf der Suche nach Quellschneckenarten.«

»Ich bin Deutscher«, rutschte es mir heraus.

»Sophie!« Sie streckte mir ihre Hand entgegen. Sie hatte einen klaren Händedruck. Nicht verschwommen, sondern warm und klar.

»Wir machen gerade eine Exkursion«, sagte sie. »Weißt du, was Endemiten sind?«

Die Frage traf mich etwas unvermittelt. »Nein, keine Ahnung. Magst du dich zu uns setzen? Wir trinken was da oben, ein Freund hat Geburtstag. Wir sind mit einem Kanu hier.«

»Warum nicht?«, antwortete sie.

Wir kletterten das Ufer empor und setzten uns zu den anderen.

»Schau mal«, sagte Sophie und öffnete ihre Faust. »Ein blinder Höhlenkäfer. Das ist ein Endemit. Den gibt's nur hier. Der einzige Ort auf der ganzen Welt, an dem man ihn finden kann. Ein Endemit«, wiederholte sie und streichelte den kleinen Käfer mit der Spitze ihres Zeigefingers. Endemit, so erklärte sie weiter, sei die Bezeichnung für Arten, die nur in einem eng begrenzten Gebiet vorkommen, wie zum Beispiel die Galapagos-Schildkröten oder die Lemuren Madagaskars.

Tatjana lag mit Spön etwas abseits. Sie küssten sich.

»Soll ich schon mal Farbe besorgen? Und Pinsel?«, rief Robert den beiden zu. Als er Sophie und mich sah, sagte er: »Ich hab Geburtstag – und alle anderen kriegen Frauen. Dirk findet sie sogar im Wald!«

»Das ist Sophie«, sagte ich und hatte sofort das Gefühl, dass ich diesen Satz gern sagte.

Wir tranken zusammen, und Sophie erzählte von ihrem Studium und von den Endemiten.

»*Endemos* ist griechisch und heißt einheimisch«, dozierte Tatjana assistierend.

»In keinem anderen Land Mitteleuropas findet man so viele Endemiten wie in Österreich«, ergänzte Sophie. »581 Tierarten und 167 Pflanzenarten kommen ausschließlich in Österreich vor und nirgendwo sonst auf der Welt. Darum muss man sie schützen. Ausgestorben in Österreich hieße, weltweit verloren.«

»Und warum gibt es so viele bei uns?«, fragte Robert. Der Gedanke behagte ihm offensichtlich. Sechs Österreicher unter den ersten fünf im Endemitenwettkampf.

»Die einheimischen Endemiten besiedelten bevorzugt die während der Eiszeit wenig vergletscherten Randbereiche der Alpen, wo sie überdauern konnten und bis heute kleinräumig verbreitet sind.«

»Kleinräumig ist ja wohl fast alles in Österreich«, sagte Frank.

»Oft kommen sie in sensiblen Extremlebensräumen vor, also zum Beispiel in kalten Quellen,« fuhr Sophie fort, »aber manchmal auch in Thermalbächen wie dem Hansybach in Bad Vöslau; der hat das ganze Jahr über konstant 25 Grad Wassertemperatur. Aber meistens leben sie auf 1700 bis 2000 Meter Höhe. Die meisten österreichischen Endemiten finden sich unter den Wirbellosen.«

»No na, ohne Rückgrat. Das wundert mich nicht. Heil Hitler, ihr Käfer«, knurrte Robert.

»Diese Extremlebensräume sind Experimentierstuben der Evolution«, sagte Sophie und trank ihr Glas aus.

»Österreich ist eine einzige Experimentierstube der Evolution«, rief Spön aus dem Hintergrund.

»Nichts in der Biologie hat einen Sinn, außer im Licht der Evolution«, sagte Sophie.

»Und Fußball? Was hat Fußball dann für einen Sinn?«, fragte Frank, der Jahre später auch in Drosendorf an der Thaya an seinem Buch schreiben sollte, Mohn im Mund, im »Moka« vergeblich darauf wartend, dass Janssens Melkmaschine ansprang.

»Sich zu hassen, ohne einander in Stücke zu reißen, das ist Fußball«, erwiderte Robert.

Auf dem Rückweg verhielten wir uns ganz vorsichtig. Sanft zogen wir die Paddel durch das ruhige Wasser, um keine Endemiten zu verletzen. Aber was war mit mir? Ich spürte ein klaffendes Loch in meinem Panzer, und niemand schützte mich. Aber warum auch? Mir war klar: Ich wollte sie wiedersehen.

Aber one und oui?

Außenminister Leopold Figl, der nicht unerheblich an der Ausarbeitung des Staatsvertrags beteiligt gewesen war und diesen 1955 mit den Worten »Österreich ist frei!« bejubelte, wollte kurz darauf im »Gmoa-Keller« am Heumarkt zu Abend essen. Er geriet an die Schwester von Grete Novak, die das Lokal betrieb und auch in der Küche stand. »Eine gröstete Leber fürn Figl«, rief die Novakschwester in die Küche. Die Novaks kamen aus Ödenburg an der österreichisch-ungarischen Grenze. In Ödenburg gab es einen Figl, den die Novaks nicht mochten, deshalb sagte Grete Novak: »Der Figl kriegt da nix. Der soll sich schleichen.« Und der Staatsvertrag-Figl musste sich woanders etwas zum Essen suchen. »Österreich isst frei, aber nicht hier«, wird er sich gedacht haben, als er sich hinausbegab.

Inzwischen galt das gleich hinter dem Konzerthaus und dem Akademietheater gelegene Restaurant als schicke Wiener Lokalität, wozu auch ein Bild an einer der Wände beitrug, das vielleicht von Hermann Nitsch stammte, wenigstens aber diesen Eindruck vermitteln wollte. *Berühmtheit erlangte das Lokal durch seine Besitzerin Grete Novak, die den Stammgästen nicht nur durch ihre geröstete Leber in Erinnerung blieb*, hieß es in einem Prospekt über den »Gmoa-Keller«. Zumindest Figl hätte das bestätigen können.

»Hat sie ihre eigene Leber geröstet und den Leuten serviert?«, fragte Klaus aka DJ Merchant of Venice und legte den Prospekt neben die Speisekarte auf den Tisch. »Oder hatte sie selber eine geröstete Leber? Oder ist es nur unglücklich formuliert?«

Agnieszka lachte. »Ich hoffe, es gibt nicht dein Hirn mit Ei. Ist eine so kleine Portion, reicht nur für Vorspeise.«

»Te wadna iestes«, sagte der DJ zärtlich und gab ihr einen Kuss auf den Mund.

Der alte »Gmoa-Keller« hatte einen schwarz geölten Fußboden, grün gestrichene Fenster und holzverkleidete Wände, an denen Garderobenhaken angebracht waren. Grete Novak betätigte die viel zu hoch angebrachten Elektroschalter mit einem Schürhaken, schlurfte grau und verwachsen in einem Bäuerinnenkittel durchs dunkle Lokal, und wenn ein eindringender Gast ihr nicht gefiel, sagte sie »Alles besetzt«, selbst wenn das Lokal völlig leer war. Oder sie sagte »Mia ham Ruhetag«, auch wenn viele Tische offenkundig besetzt waren. Unsympathisch war man ihr schnell, dafür musste man nicht Figl heißen.

Als ich mit Robert 1988 das erste Mal im »Gmoa-Keller« war, kellnerten dort die drei ungarischen Verwandten der Novak: Roszi, Marika und Vera. Messer und Gabel servierten sie uns mit dem Wort »Äsbästäg«. Wir aßen gebratene Blutwurst mit Sauerkraut und bestellten zum Nachtisch Kastanienreis. Die alte Novak hörten wir aus der Küche schimpfen, dann kam sie angeschlurft und knallte uns zwei Teller mit gerösteter Leber auf den Tisch. »Als Dessert?«, fragte Robert vorsichtig. »Ja«, antwortete sie und schlurfte in die Küche zurück. Zehn Jahre später und grantiger als je zuvor wurde ihr das Goldene Ehrenzeichen der Republik Österreich für ihre »anerkennenswerten Verdienste für die heimische Beisl-Kultur« verliehen. Nun saßen wir also zwanzig Jahre später bei einer verdienten Wirtin der Republik.

»Lou ist übrigens von polnischen Fußballfans zusammengeschlagen worden«, erzählte DJ Merchant mir. »Ich hab ihn getroffen, er hatte eine aufgeplatzte Lippe, und ein Backenzahn fehlt ihm. Die dachten, er sei Deutscher, weil er schwarz gekleidet war und dieses gelb-rote Stirnband trug. Mitten im 1. Bezirk. Am Graben bei der Pestsäule haben sie ihn angepöbelt.«

»Wie passend«, sagte einer der Zwillinge, entweder Mathias oder Max.

»Lou ist ja nicht der Schnellste. Etwas aus der Form geraten, der Arme. Trotzdem hat er es geschafft bis zum Stephansdom. Er hat dort den Ring angegriffen und gedacht, damit sei er im Leo. Aber die Polen kennen die Geschichte nicht und haben ihn geschlagen.«

Die Geschichte bestand darin, dass sich unter dem Nordturm des Stephansdoms an einer Portalsäule des Adlertors ein Eisenring befand, der sogenannte »Asylring«. Der Ring hieß auch »Leo«, weil Leopold VI. diesen Ort als Zufluchtsort einst bestimmt hatte: Wer sich zu Unrecht verfolgt fühlte, konnte durch das Berühren des Rings Schutz vor Verfolgung finden. Noch heute riefen Kinder in Wien »Leo«, wenn sie Fangen spielten und in einen gesicherten Bereich gelangten. Lou hatte sich leider vergeblich in einem solchen gewähnt.

»Was hat Lou dazu gesagt?«, fragte ich.

»Du kennst ihn ja. Er nahm die Schläger in Schutz. Sie hätten schließlich nicht wissen können, dass er gar kein Deutscher sei«, sagte der DJ.

»Ach. Und wenn er Deutscher wär, dann wär's in Ordnung gewesen?«, fragte ich.

»Ja«, riefen Klaus, Agnieszka und die Zwillinge fast gleichzeitig.

Auf dem Tisch lag eine Abendausgabe vom *Kurier*, der seine Leser auf das bevorstehende EM-Spiel der Österreichischen Nationalmannschaft gegen Deutschland einstimmte. *Hans Krankl fordert: Vergesst Córdoba!* stand in großen Lettern auf einer der Seiten. Ich las laut: »Hören Sie auf mit Córdoba. Wir haben einmal in fünfzig Jahren unseren großen Bruder geschlagen. Ja, wir haben ihn besiegt. Punkt. Aus. Das ist dreißig Jahre her. Das interessiert heute keinen Menschen mehr. Der Geist von Córdoba liegt in Córdoba begraben. Córdoba soll vergessen werden.«

»Das ist das erste Mal, dass ich Krankl auf Hochdeutsch gehört hab«, sagte einer der Zwillinge. »Ich habe Bilder gesehen, 1978, als die Mannschaft in Schwechat gelandet ist. 5000 Leute waren am Flughafen. Mit einem riesigen Plakat: *Gmunden begrüßt die BRD-Killer!*«

»Natürlich war das Spiel bedeutungslos«, sagte der DJ Merchant of Venice. »Wir waren bereits ausgeschieden, aber ihr noch nicht! Wir haben '78 zum ersten Mal nach zwanzig Jahren wieder an einer WM teilgenommen, natürlich war das was Besonderes für uns. Wenn ihr 5:0 gewonnen hättet, wärt ihr ins Finale gekommen, bei einem Unentschieden hättet ihr um Platz 3 gespielt. Aber nein. Da war Krankl davor. Und tschüss!«

Agnieszka verdrehte die Augen. Vielleicht dachte sie an das irreguläre Regenspiel bei der WM 1974, als Deutschland gegen die fußballerisch bessere polnische Mannschaft im Wasserball gewann? Hätten beide Mannschaften damals mit »Bre Regenz«-Schirmen gespielt, wäre Polen vielleicht Weltmeister geworden.

Klaus nahm einen Schluck von dem schweren burgenländischen Rotwein. »Ich hab das Spiel damals zusammen mit meinen Eltern und meinem Großvater gesehen. Mein Großvater ist nach dem 1:0 gestorben. Kurz vor dem Eigentor von Vogts. Herzinfarkt. Gestorben, ohne das Wunder erlebt zu haben! Ein paar Minuten nur fehlten ihm zumindest bis zum Unentschieden!«

Er sah mich flehentlich an. Ein paar Tage später führte Deutschland bei der EM 2008 im dritten Vorrundenspiel wieder 1:0 gegen Österreich. Selbst wenn die Enkel ihre sterbenden Großväter diesmal bis zur neunzigsten Minute lebendig hielten: Das Wunder wiederholte sich nicht. Ballack schoss ein, dabei blieb es, und Berti Vogts stand diesmal so wenig auf dem Platz wie Krankl, Prohaska und Obermayer.

Zwei deutsche Fußballfans hatten bei den Zwillingen für das Spiel einen Flug mit dem Doppeldecker gebucht, um das Stadion und das Spiel aus der Luft zu sehen. Sie konnten nicht wissen, dass die Zwillinge Rapid-Fans waren, sie flogen daher mit den Deutschen in immer neuen Runden über das dunkle Gerhard-Hanappi-Stadion. Einige Kilometer entfernt leuchtete das ausverkaufte Ernst-Happel-Stadion in die Wiener Nacht.

Als ich 33 wurde, klingelte es in der Früh bei mir an der Tür. Ich öffnete. Meine brustamputierte Nachbarin stand nüchtern und lächelnd da, einen Kuchen in der Hand.

»Ein Guglhupf«, sagte sie. »Zum Geburtstag. Alles Gute.«

Sie überreichte mir den Kuchen, auf dem eine brennende Kerze steckte.

»Vielen Dank. Woher wissen Sie, dass ich heute Geburtstag habe?«

»Ihr Meldezettel. Lag im Treppenhaus. Bitte sehr!« Sie hatte meinen Meldeschein ordentlich in eine Klarsichtfolie gesteckt und reichte mir den Umschlag. »Achten Sie besser auf den Meldezettel. Sonst kann Sie jeder abmelden.«

»Warum sollte das jemand tun?«, fragte ich.

»Da gibt's immer Gründe. Legen Sie den Meldeschein an einen sicheren Ort«, sagte sie und drehte sich um.

»Wollen Sie den Kuchen nicht mit mir gemeinsam essen?«, rief ich ihr nach. Aber sie deutete lachend auf ihren Bauch und verschwand in ihrer Wohnung.

Ich aß den Kuchen allein vor dem Ofen. Es roch nach Holz und Harz. Ich sah aus dem Fenster. Vor dem Künstlereingang vom Theater an der Wien standen *Cats*-Darsteller in Kunstpelzen. Sie taten mir sehr leid. Als erwachsener Mensch sollte man sich nicht jeden Abend als Katze verkleiden müssen.

Mein Studium bewegte sich nach nunmehr zehn Jahren doch aufs Ende zu, aber ein paar Scheine brauchte ich noch. Ich besuchte zurzeit ein Seminar in Neuer Geschichte bei der Starprofessorin des Instituts. Sie erklärte alle Österreicher, die während der Nazizeit einen Fremdsender gehört hatten, sinngemäß zu Widerstandskämpfern. Mehrere Hunderttausend Widerstandskämpfer hatte es also in Österreich gegeben, die heimlich unter der Decke BBC hörten.

Ich zog mir einen Mantel an und setzte meine warme Mütze auf. Die wärmste Mütze der Welt, die mir ein Freund aus München für mein neues Leben in Wien geschickt hatte. Seit zehn Jahren trug ich sie, und sie wärmte mich bei Schnee und Wind. Ich legte die Klarsichtfolie mit dem Meldezettel in einen Schrank, unter die Schlammpackungen, so dass er nicht davonfliegen konnte. Mir war klar, dass ich damit eine Entscheidung getroffen hatte. Der Schlamm garantierte, dass ich für immer hierblieb.

Die Straße glitzerte. Das Blitzeis hatte aus der Stadt eine einzige große Eislaufbahn gemacht. Wie auf Eiern wackelten die Menschen durch Wien und plumpsten durcheinander. Die Autos krochen und krachten doch ineinander. Obwohl es erst Mittag war, wurde die Straßenbeleuchtung eingeschaltet. Ich rutschte langsam den Getreidemarkt hinauf und blickte hinunter auf die goldene Kuppel der Secession, die unscharf im diesigen Licht hing. Von dort eierte ich hinauf zum Denkmal von Maria Theresia, deren gebärfreudiges Becken kaum unter ihre weiten Röcke passte. Zwischen den getrennten siamesischen Zwillingen – dem Kunsthistorischen und Naturhistorischen Museum – hindurch überquerte ich den Ring zum Heldenplatz. Von dort ging ich am Reiterdenkmal für den schwulen Prinzen Eugen vorbei zur Michaelerstiege. Am Kohlmarkt drehte ein Filmteam. Scheinwerfer warfen ein unwirkliches Licht auf die Szene, das sich auf dem Kopfsteinpflaster spiegelte. Am Kohlmarkt hatte mich einmal während eines Interviews der Dackel von

Pavel Kohout in den Knöchel gebissen. Als das Interview ausgestrahlt wurde, hörte man einen plötzlichen Schmerzensschrei. Das war ich. Der Schrei war mein erstes Lebenszeichen im Radio. Wer schreit, braucht kein »Frühstücksei«. Im Schmerz sind Deutsche und Österreicher gleich.

Die Spanische Hofreitschule lag düster da, vor dem Palais Pallavicini schnaubte ein Fiakergespann. Es roch nach kaltem Nebel. Die Stadt war eine Filmkulisse, aber ich kein Darsteller. Ich bog nach links in die Bräunergasse ein, am Bräunerhof vorbei, wo Thomas Bernhard oft saß und stundenlang einen kleinen Braunen trank.

»Weil man nicht im Kaffeehaus sitzt, um Kaffee zu trinken«, hatte Toni mir vor Jahren erklärt. Zum Geburtstag hatte sie mir aus London eine Postkarte geschickt. Hirsch war dabei, die Welt komplett einzusalzen und vollzuschlammen. Sie wünschte mir alles Gute. Robert ließ sie grüßen.

Am Graben ging ich an der Pestsäule vorbei und am Meinl am Graben, dessen Besitzer Julius Meinl V. so aussieht, wie Tatjana aussähe, wenn ihre Vorfahren ausschließlich Bruder und Schwester geschwängert hätten. Da fiel mir ein, wie Robert mir einmal von seinem ersten Samenerguss erzählt hatte. Er hatte ihn nicht als Samenerguss wahrgenommen, weil er damit gerechnet hatte, dass Samen wie Blumensamen aussähe. Kleine Körner, aber nichts Flüssiges. Noch mit sechzehn hatte er geglaubt, noch niemals einen Samenerguss gehabt zu haben.

Über die Naglergasse ging es weiter zur Herrengasse, am Palais Ferstl und dem Palais Kinsky vorbei zum Schottentor. Dann die Währinger Straße hinauf, rechts in die Strudlhofstiege, auf dem Weg hinauf zum Palais Liechtenstein. Auf den letzten Stufen rutschte ich aus und stürzte hinunter auf die Boltzmanngasse.

»Dirk?«

Ich sah auf. Sophie stand vor mir, einen langen Schal um den Hals gewickelt. Für ihre kleine Mütze hatte sie viel zu viele Haare. Sie streckte mir ihre Hand entgegen.

»Was tust du denn hier?«, fragte sie.

»Ich habe Geburtstag und schaue mir zum Geschenk die Stadt an«, sagte ich und zog mich vorsichtig an ihr hinauf.

»Dann ist das mein Geschenk«, sagte sie und gab mir einen Kuss. Am Anfang hatte ich das Gefühl, sie beobachte aus den Augenwinkeln die Zeitungskolporteure. Aber dann sah ich, dass sie die Augen schloss.

»Wien – the bottle is the message«, lallte Franz. Die Wiener Todessehnsucht ist oft nur ein Kater. In Wien gelten Wein und Bier nicht als Alkohol. Ist man nicht schwer betrunken, sondern ahnt noch, wohin man torkelt, spricht man verächtlich vom »Damenspitz«. Das Begrüßungsviertel kommt vorm Fluchtachterl, das schnell zum Fluchtviertel wird, mit dem man den Fortgang des Abends begrüßt.

»Jeder deutsche Kartoffelsalat macht seine Sache im Ausland besser als du«, hörte ich ihn sagen. Natürlich sprach er die Worte nicht deutlich aus, sondern er verschlierte und verspuckte sie hustend. Sie wurden gebildet aus bitterer Magensäure und Tabakresten. Teile einer eitrigen Wurst klebten an seinen Mundwinkeln, und ich wusste, heißa, ihm geht's gut.

Franz umarmte einen dicken Baum, sein Gemächt hing traurig aus seiner heruntergelassenen Hose, als hätte es noch nie bessere Zeiten gesehen – ich bin ein Wiener Schwanz, und das ist mein Alltag. Ich reib mich an Borken, schlag mich tot, aber so bin ich …

»Du Würstel aus Nordrhein-Westbochum«, kam dann noch. Anschließend tropfte eine Zeitlang Hollunderschnaps aus seinem Mund. Franz fiel ins Gras neben der Linde und griff schwächelnd mit beiden Händen in Hundescheiße. Dann begann er zu weinen. Ich half ihm auf, schimpfend ließ er sich stützen.

»Du deitsche Schaaßtrommel, leckmern Oasch, du gschissenes …« Er stockte.

»Weh«, schlug ich vor. »Du Weh. Wie wär's damit?«

Franz blieb stehen und küsste mich sabbernd ins Haar. Seine Brille saß schief auf seinen glasigen Augen, aus seinem Mantel guckte eine *Datum*-Ausgabe, für die er gerade gratis ein sechsseitiges Interview mit einem Maler geführt hatte. Das Interview hatte eigentlich nicht stattgefunden, weil der Maler nicht gekommen war. Er war in einem Stadtheurigen picken geblieben, seit 36 Stunden trank er dort schweigend mit zwei Journalisten. Aber er hatte eine SMS geschrieben: »Komme nicht. Führ Interview mit mir allein, du Sack. Schreib, was du willst, bin schon gespannt, was ich sag. Huren!«

Franz hatte zwei Söhne. Er wünschte sich, dass sie Fußballer wurden. Der Größere der beiden war acht. Franz hatte ihn beim FC Mariahilf angemeldet, der keinen eigenen Fußballplatz hat. Die Kinder mussten zum Training nach Simmering fahren, eine halbe Stunde mit der Straßenbahn.

»Fußballvereine ohne eigenen Platz sind vielleicht ein Grund für das schlechte Abschneiden österreichischer Mannschaften«, meinte Franz. Dem konnte ich nur schwer widersprechen.

Seinem Sohn fehlte aber offensichtlich auch der Biss, Fußballer werden zu wollen. Einmal war Franz als Zuschauer bei einem Spiel und beobachtete, wie sein Sohn, seines Zeichens Torwart, mit dem eigenen Netz spielte. Er drehte den Finger im Netz und wickelte sich dabei selber fest.

»Vorsicht! Da kommt ein Angriff!«, rief Franz, aber sein Sohn hatte sich derart verheddert, dass er sich nicht befreien konnte. Selten hatte ein Stürmer einfacher getroffen. Sein Sohn weinte und weigerte sich, weiterhin nach Simmering zum Training zu fahren. Stattdessen beschloss er, Balletttänzer zu werden. Franz war dagegen, aber seine Frau setzte sich durch. Franz wollte einen Stürmer als Sohn, einen Mittelfeldrackerer, vielleicht auch einen körperbetonten Zerstörer oder einen filigranen Dirigenten mit Zug zum Tor. Aber keinen Tänzer.

Franz war verzweifelt. Und seine Verzweiflung sollte noch wachsen. Sein zweiter Sohn, sechs Jahre alt, begleitete den Bruder und die Mutter zur ersten Probe in die Ballettschule. Der Achtjährige war der einzige Bub, die Mädchen trugen Röcke und sein Bruder eine Strumpfhose mit einem kurzen Höschen. Da begann der kleine Bruder zu weinen. »Ist dir das so peinlich, dass dein Bruder tanzt?«, fragte die Mutter.

»Nein, es ist so schön. So wunderschön«, schluchzte der kleine Sohn von Franz, und er wusste, dass er auch die zweite Chance verpasst hatte, ein stolzer Fußballvater zu werden, der sich mit anderen Fußballvätern Schreiduelle am Fußballplatz lieferte.

Die Geschichte hatte Franz mir erzählt, als ich ihn zuvor im »Anzengruber« fragte, ob man mit ihm fürs Spiel rechnen könne.

»Natürlich! Trage ich Baströcke? Und Eierschoner? Hab ich schon mal blutige Füße gehabt aus einem anderen Grund, als dass ich versucht hätte, mit ihnen einen D-Zug anzuhalten? Natürlich spiel ich mit!«, schrie Franz. »Für drei werd ich spielen. Für mich und meine beiden Söhne, die sich in sterbende Schwäne verwandeln!«

Gerade verwandelte sich Franz allerdings in eine Schnapsleiche. »Wer partout keinen Alkohol trinkt, hat auch ein Alkoholproblem«, leierte er, während ihm die Zeitschrift aus der Tasche fiel, in einen frischen, weichen, duftenden Hundehaufen.

»Kennst du das, wo Qualtinger ein Viertel bestellt und der Kellner fragt: rot oder weiß? Und der Qualtinger sagt: Hams schon mal an roten Sliwowitz gsehn? Ich schon. Ich hab schon roten Schnaps getrunken. Am ersten Mai, auf der Jesuitenwiese. Da war ich so im Öl, man hätt ein Schnitzel in mir ausbacken können.«

Ich fragte mich oft, ob er überhaupt noch Blut im Alkohol hatte. Nachdem ich im »Anzengruber« nach vier Vranac und drei Plavac ein Wasser bestellte, sah er mich an, wie man aus dem Schützengraben heraus den Feind ansieht. »Wasser?«, zischte er.

»Ja. Gutes Wiener Hochquellwasser.«

»Meine Nachbarin hat Wasser in den Beinen. Magst sie auszuzeln?«

Um ihn zu ärgern, bestellte ich gleich noch ein »Null Komma Josef« hinterher, ein alkoholfreies Bier.

Er verzog das Gesicht. »Kastriertes Bier«, grunzte er. Dann schüttete er saure Wurst in sein Bierglas und warf Gurken hinterher. Ich kannte diese Prozedur. Ein Krügerl sind sechs Semmeln, würde er gleich sagen, aber als ich ihm einmal Butter und Marmelade ins Glas schmiss, wurde er wütend und beschimpfte mich als Marmeladinger und ob ich sein Bier vergasen wolle, denn das könnten wir ja eh so gut, das wär ja so urtypisch deutsch.

»Ich glaube nicht, dass die Nazis Marmelade ins Bier geschmissen haben«, sagte ich.

»Präpotente Sau«, rief er, stand auf und stellte sich an die Bar neben einen Filmemacher, der seit einer halben Stunde versuchte, sich eine Olive in den Mund zu stecken. Die beiden sahen sich an, und der Filmemacher und Franz wussten, dass die Olive niemals den Mund erreichen würde.

Um uns herum aßen die Menschen Gulasch, manche tranken dazu altes Speiseöl, beides, damit man eine Grundlage hatte, um viel trinken zu können. »Null Koma Josef!«, rief jemand, anscheinend ein Lyriker, der seinen Panzer der Schüchternheit flüssig durchbrach und lautstark seine Lieblingswürstelstände rausbrüllte. »Erstens: der Warme Hans in Linz; zweitens, die Ragoutsauce am Jakominiplatz in Graz; drittens der Nachtstand in Innsbruck auf der Maria-Theresien-Straße.« Er kam vom Land und hielt deshalb die Provinzfahne auch bei Würsten hoch.

Es gab auch ein paar betrunkene Frauen ab vierzig, die aber eher die Freakrolle besetzten. Sie waren deutlich in der Minderheit.

»Ich trinke, weil ich früher immer dachte, es heißt Leber-Zierrose. Das klang so hübsch.« Sie war Journalistin, trank einen Gespritzten, aber, obwohl es Sommer war, einen tiefen Winter-Gspritzten: ohne Wasser.

»Manchmal glaube ich, mit vierzig bist du als Frau nachts im Winter deines Lebens. Kurz vorm Bleigießen. Silvester, die Pummerin läutet bereits. Tiefverschneite, kalte Glieder. Glaubst du ans Passivtrinken?«

»Nein«, sagte ich und tat, als röche ich ihre rot-weiß-rote Fahne nicht, denn sie gehörte zu der seltenen Spezies derer, die ständig zwischen rotem und weißem Wein wechselten.

»Mein Vater hatte neben dem Bett immer einen Doppler Veltliner stehen, für den Fall, dass er nachts Durst bekam«, sagte sie. Ich wusste, dass ihr Vater ein ranghoher Sozialdemokrat aus dem Burgenland war.

Ein Kabarettist torkelte an uns vorbei, blieb am Rahmen der Toilette hängen und sank lächelnd zu Boden, wo er die Augen schloss und sich hoffentlich im Traum daran erinnerte, noch nicht die Toilette erreicht zu haben. In einer Zeitung hatte ich gerade gelesen, dass er mit dem Trinken aufgehört hätte.

»Hat er auch«, sagte mein Freund Franz. »Hat aber wieder angefangen.«

»Aber die Zeitung ist von heute. Ich hab's eben gelesen. Er hat aufgehört, steht da.«

»Kein Mensch hat jemals behauptet, dass etwas Wahres in der Zeitung steht. Wenn du die Wahrheit wissen willst, darfst du nicht Zeitung lesen. Du bist wirklich ein Wassertrinker. Ein Viertel Plavac für unseren nüchternen Evangelen!«

»In der Zeitung stand auch, er würde eine Entziehungskur machen«, setzte ich nach.

»Du bist *Spiegel*-Leser, wir sind Spiegeltrinker. Grüß Gott, Herr Kompott! Der Gute hat schon so viele Kuren gemacht, wir nennen ihn den Herrn Kurator.«

Franz fuhr sich durchs Haar, schloss seine Augen und ließ den Kopf hängen. Plötzlich begann er zu weinen. Er schluchzte, und dicke österreichische Männertränen fielen in sein Glas. Plop-Plop-Plop. Er weinte, weil's ihm gut ging, das wusste ich. Alles war in bester Ordnung, das war ihm unerträglich. Er trank, um das Glück zu vergessen, er trank sich und die Welt hässlich, weil sein Kopf ihm sagte, dass alles gschissen sein musste, und wenn nur allein eine Verdauung einmal funktionierte und der Gott ihn einen guten Mann sein ließ, wurde die Verzweiflung himmelhoch.

Er fuhr wieder hoch. »Der Weg ist das Ziel, aber der Rausch ist der Rausch, verstehst du?« Rhetorisch wie die Frage trank er auch. »Während du mich fragst, ob das Glas halbvoll ist oder halbleer, hab ich's schon ausgetrunken! Ganz leer!«

Plötzlich stand Borg da. Die Kellnerin hatte ihm ein kleines Gulasch mit Gurken in die Hand gedrückt. Er schwankte, braune Gulaschsauce tropfte auf seine Hose. Sein Schritt hatte einen großen, braunen Fleck.

Franz lachte. »Als hättst aus dem Schwanz geschissen. So sieht das aus. Wusstet ihr, dass es Wildesel gibt, die mit dem Arsch atmen?«

Borg sah hilflos aus. Er sah immer hilflos aus, aber jetzt war er es wirklich. Ich wischte ihm mit einer Serviette die Gulaschreste weg, so gut es ging. »Man sieht fast nichts«, sagte ich aufmunternd.

»Ich weiß«, sagte er tief betroffen. »Ich hab ein Mikroben-
gemächt. Wie schmaler Zwirn. Ein trauriger Zwirn des
Zorns, an dem ich hänge.«

Schwerfällig hob Borg den Teller zum Mund und schlürfte
den Rest des Gulaschs gierig auf. Links und rechts aus seinem Mund troff Sauce, doch diesmal half ich ihm nicht.

»Alkohol ist keine Lösung, aber kein Alkohol ist auch
keine Lösung«, skandierte Franz. »Hundertprozentig, ach,
hochprozentig ist das so. Ich trink mir mich schön, dass ich
überhaupt erst in den Spiegel sehen kann – *understandable*?«

»Was hast du eigentlich über den Maler geschrieben?«,
fragte ich, um die peinliche Saufphilosophie zu beenden.

Franz sah mich mit leerem Blick an und wischte sich die
Tränen aus den Augen.

»Der nicht zum Interview gekommen ist«, ergänzte ich.

»Nun ja … Ich bin auch in den Stadtheurigen gefahren«,
murmelte er. »Der Kann-mich-Maler. Säuft wie ein Kind. Mit
Strohhalm. Wodka mit Hut. Ich hab ihm gesagt, dass er so
beschissene Bilder malt, weil Wodka blind macht.«

Die Journalistin kam mit zerzausten Haaren an unseren
Tisch. »Findet ihr, dass ich eine versoffene Funzn bin?«

»Ja«, sagte meine charmante Begleitung. Die Journalistin
nickte wehmütig, rülpste leise in den Raum und verließ das
Lokal, einen schmalbrüstigen Schauspielschüler an der
Hand.

»Weißt du, was das Problem ist?« Franz blickte in eine un-
bestimmte Ferne. »Auf uns liegt zu viel Last. Wir wenigen
tragen die Last eines ganzen Landes auf den Schultern. Ihr
gschissenen Deutschen seid 80 Millionen und habt eine Kanz-
lerin, Theater, Zeitungen, Fernsehen, Hitparaden, Fleisch-

hauer, Bäcker. Wir sind nur acht Millionen, müssen aber auch Kanzler haben und Maler und Theater und Musik und Lebensmittel und Tschickverkäufer, verstehst du? Zi-ga-ret-ten-Verkäufer. Obwohl wir so wenige sind. Wie soll man das aushalten? Von mir gibt's in Deutschland zehn, und ich muss alles allein machen. Auch bestellen, weil du gschissenes Arschloch Wasser schlürfst wie ein krankes deutsches Pferd, du Holsteiner, du gschissener. Einen Pferdeleberkäs und einmal Striegeln für meinen norddeutschen Freund hier!«

Zwei Stunden später verließen auch wir das »Anzengruber«, weil es seit über einer Stunde geschlossen hatte. Der vom Alkohol losgekommene Kabarettist ließ sich nicht wecken und wurde vorm Klo liegen gelassen, aber mit einer weißen Tischdecke zugedeckt, auf der herrlich riechende Gulaschflecken waren. Im Park vor dem »Kochclub« lag die Journalistin mit noch zerzausteren Haaren als zuvor auf der Parkbank vorm Gebüsch, neben ihr eine leere Zigarettenschachtel. Ich schrieb ihr auf die weiße Pappe: »Ich find dich ganz cool, für eine versoffene Funzn.« Dann weckte ich sie, und sie sah mich an, als käme ich von einem anderen Stern. Dabei kam ich ja nur aus Deutschland. Ich sah mich um. Die Linde hatte einen Liebhaber gefunden.

»Jeder deutsche Kartoffelsalat macht seine Sache im Ausland besser als du«, hörte ich nun und nickte.

Als ich zu Hause ankam, bemerkte ich, dass meine Uhr stehengeblieben war.

»Wie spät ist es?«, fragte die Wie-spät-ist-es-Frau.

»Ich weiß es nicht. Meine Uhr ist kaputt«, rief ich zu ihr hinauf.

»Wie bitte?«, rief sie.

»Spät. Schon sehr spät«, sagte ich und ging ins Haus.

Das Trikot war mir etwa sechs Nummern zu klein und roch nach einem chemischen Todescocktail.

»Ich hab's am Naschmarkt bei den Pakistanis gekauft. Es gab nur noch große Kindergrößen, die anderen Trikots sind ausverkauft. Wir haben halt gerade eine Europameisterschaft in der Stadt!« Franks Trikot reichte ihm nicht einmal über den Bauchnabel und war bereits an der Schulter gerissen.

»Das ist albern, Frank. Das kann ich nicht anziehen. Da ersticken wir. Das ist für Sechsjährige.«

Ich hatte mir das Trikot nur über den Kopf gezogen und steckte verzweifelt fest. Ich riss den Halsausschnitt auf, um es ausziehen zu können.

»Ich habe elf Deutschland-Trikots gekauft. Mehr kann ich nicht machen. Die bayerischen Botschaftsschweine haben nicht einmal geantwortet! Kannst du dir das vorstellen? Scheiß-Piefkes! Mir reicht's. Ehrlich!«, geiferte der friesische Piefke. Er schmiss das billige Trikot mit dem deutschen Bundesadler auf den Boden und stampfte mit seinen unglaublichen Waden darauf herum. »Wirklich. Was hab ich mit meinem Land zu tun? Nichts. Am Arsch können sie mich lecken. Und zwar gepflegt!«

Frank war auf Deutschland nicht mehr gut zu sprechen. Seine Wespenstiche glühten vor Wut. »Nicht ich hab mich entfremdet. Deutschland hat sich von mir entfremdet. Sollen sie ihre Schnitzel mit Tunke fressen und daran ersticken!«

»Vielleicht ist die Botschaft auch einfach der falsche Ansprechpartner für Trikotspenden?«, schlug ich vor.

»Nicht nur dafür. Für alles! Diese Botschaft hat nur eine Botschaft: Bayern. Alles andere ist denen scheißschnurzpiepegal. Janssens Melkmaschine würde da drin nicht einmal nicht funktionieren, verstehst du? Nein, nein. Ich bin jetzt genauso lang hier wie du. Das hier ist das Land, in dem ich wohne und Steuern zahle. Und es ist ein gutes Land!«

»Die Wespen dieses Landes haben dich zerstochen, Frank.«

»Weil ich Deutscher bin. Oder war. Das kann ich dir sagen. Ich werde Österreicher. Damit wenigstens einer bei uns zu Hause Österreicher ist.«

»Und 's Gütli?«

»Die ist Schweizerin. Vorarlberg. Es kommt immer auf die Blickrichtung an.«

Hartmut hatte ein Pflaster auf der Stirn, weil ihm beim Joggen ein Modellflugzeug gegen die Stirn geflogen war. Er verteilte weiße T-Shirts von »Lego«. Er hatte auf allen Trikots das Lego-Logo durch einen Bundesadler austauschen lassen. Nur auf dem Rücken war ein großes rotes Legoklötzchen aus Kunststoff abgebildet. Natürlich verkaufte Hartmut bei »Toy, Toy, Toy« auch Fußballtrikots zur Fußball-EM, auch für Erwachsene, aber er war zu geizig gewesen, uns welche zu beschaffen. Die Lego-Hemden hatte er stapelweise im Lager liegen.

»Außerdem passt Lego gut«, sagte Hartmut, als er unsere missmutigen Gesichter sah. »Lego heißt auf Dänisch: Spiel gut. Und das werden wir. So gut, dass die Österreicher Bauklötze staunen werden!«

»Oh mein Gott«, sagte Rocco und verdrehte die Augen. »Kann man hier irgendwo seine Staatsangehörigkeit abgeben?«

»Wir können ja wieder eine Mauer für dich bauen, wenn's dir bei uns nicht passt«, sagte Hartmut. »Das sind übrigens Sven, Lars, Ralf, Michi und Bernd.« Er wies auf die von ihm mitgebrachten Mitstreiter hinter ihm. »Dirk hatte ja Probleme, genug Deutsche aufzustellen, hieß es. Jetzt sind wir elf.«

Sven, Lars, Ralf, Michi und Bernd nickten uns anderen Deutschen freundlich zu und begannen sich aufzuwärmen.

»Sven und Lars sind Controller bei der Deutschen Bank, Bernd ist Urologe am AKH. Kennst du nicht? Hast du noch keine Vorsorgeuntersuchung gemacht? Solltest du. Ab vierzig wächst sie, die Prostata, und der Beutel leiert aus.«

»Welcher Beutel?«

»Die Blase. Bernd macht Harnröhrenuntersuchungen. Schiebt das Gerät rein und sieht sich um, ob alles passt.«

Ich sah mir Bernd an. Er hatte den Kopf einer Milchkuh mit zusammengekniffenen Augen. Außerdem kurze, dicke Finger, die ich nicht in meiner Harnröhre wissen wollte.

»Michi und Ralf arbeiten in der Metternichgasse, in der Botschaft.«

»Servus!«, riefen die beiden von der Botschaft.

Frank stieß mich an. »Hast du das gehört? Bayern. Das sind niederste Niederbayern!« Seine Waden vibrierten, und seine Wespenstiche leuchteten auf.

»Lass sie!«, sagte ich. Aber Frank schnaubte vor Wut. Er zog sein Lego-Hemd aus und warf es in Richtung der Botschaftsmitarbeiter.

»Ich hab keine Lust, mit euch zu spielen«, sagte er. »Wirklich nicht. Tut mir leid, Dirk. Ich hab mir das schon die ganze Zeit überlegt. Eigentlich steh ich hier auf der falschen Seite.«

Frank ging mit nacktem Oberkörper auf die andere Seite des Platzes, wo die Österreicher sich aufwärmten. Ich lief hinüber. Bis jetzt waren nur Franz, Doron, DJ Merchant, die Zwillinge, Guido und Borg da. Dass Borg gekommen war, überraschte mich. Für ihn war Fußball »die englische Krankheit«. Ich nahm an, er sah im Spiel die Chance, Jan körperlich nahe zu kommen.

Frank stellte sich zu einem breitschultrigen Mann neben dem Tor, dessen Gesicht auch zerstochen war: Ludwig, der Sitzriese. Sein neuer Freund und Mentor bei der Freiwilligen Feuerwehr Kritzendorf.

»Kann er mitspielen?«, rief Frank mir über den halben Platz zu.

»Das müsst ihr Österreicher selbst entscheiden!«, schrie ich dem Ostfriesen zu, der mit seiner linken Wade den gesamten Pfosten verdeckte.

»Ich glaub, dein Bruder sollte sich umziehen«, sagte ich zu Rocco. »Wir sind nur noch zu zehnt.«

Roccos Bruder Ronny war aus Leipzig zu Besuch gekommen. Er war Koch im »Café Südbrause« in der Karl-Liebknecht-Straße. Leider probierte er etwa die Hälfte dessen, was er dort kochte. Sein Bauch hing schwer über dem Gürtel. Aber er war ein guter Fußballer. Er spielte in Leipzig in einer Hobbymannschaft, die den besten aller möglichen Namen hatte: FC Angstgegner.

Ronny warf seine Kim auf den Boden und lief in die Umkleidekabine des Wiener Athletic Clubs, die seit den 50er Jahren nicht mehr renoviert worden war. In einer Ecke lag eine Semmel, in die wohl schon Ernst Happel gebissen hatte, und aus dem ehemaligen Entmüdungsbecken wuchs ein grüner Pilz. Die ganze Anlage war nicht gerade ein Prunkstück des Praters.

»In der Umkleidekabine waren zwei kleine Jungs in Tanzröcken«, sagte er, als er zurückkam.

»Das sind die Söhne von Franz. Er wollte, dass sie sich das Spiel ansehen«, erklärte ich.

»Glaube nicht, dass die sich sehr dafür interessieren. Sie haben einen Ghettoblaster dabei und tanzen zu Strawinsky.«

»Aber die Frauen spielen nicht mit, oder?«, fragte Hartmut und zeigte auf Sophie und 's Gütli.

»Nein. Wir versuchen es für Robert so echt wie möglich zu machen. Und damals in Córdoba haben auch keine Frauen mitgespielt.«

»Auch wenn einige Spieler damals Damenfrisuren hatten«, sagte Ben. »Vielleicht, weil sie keine Freundin hatten? Wenn man dann die Haare wachsen lässt, hat man wenigstens das Gefühl, dass etwas Weibliches bei einem ist.«

»Gut«, meinte Hartmut. »Denn das bringt's nicht, mit Frauen zu spielen. Männer und Frauen passen nicht zusammen, außer in der Mitte!«

»Bitte«, stöhnte ich. »Spar dir deine Machosprüche für dein Spielzeugland auf.«

»Das find ich echt scheiße, wenn du hier jetzt schlechte Stimmung machst. Echt, Dirk. Ich will hier gewinnen, gut? Wer den Standpunkt vertritt, die körperliche Verfassung sei alles, braucht sich nicht zu wundern, wenn ihm die Praxis anscheinend immer neue Rätsel aufgibt. Ja, die körperliche

Eignung ist eine gewisse Vorraussetzung. Der Durchbruch einer Mannschaft zu einer wirklich großen Leistung gelingt aber nur, wenn alle seelischen Kräfte geweckt werden!« Hartmut hatte sich auch theoretisch auf das Spiel vorbereitet.

Ich sah auf die Uhr. Es war kurz nach halb zwei. Um 13:45 Uhr wollten wir anfangen, zur gleichen Uhrzeit wie 1978, aber Robert und Spön waren noch nicht da. Ich blickte zum Himmel. Immer wieder verschwand die Sonne.

»Wir können das Kind nicht Kina nennen«, sagte Sophie, als wir 2003 mit unserer kleinen Tochter eine Woche nach ihrer Geburt im »KC's« saßen. »In Österreich spricht man China Kina aus. Und China ist zu groß für ein kleines Mädchen aus einem kleinen Land.«

»Dann nennen wir sie Andorra«, schlug ich vor. »Oder Liechtenstein, und Tatjana wird Patentante. Also, ich find Kina gut.«

Sophie streichelte sich über ihren leeren Bauch. Es war ungewohnt für sie, so leicht zu sein. Vielleicht war es aber auch eine chinesische Selbstmassage.

Heinz saß mit uns am Tisch und machte auch Namensvorschläge. »Heike? Hilde? Heidrun? Hiltrud?« In der Hand hielt er die Seite mit den H-Namen.

»Ich bin immer noch für Kina«, sagte ich. In einer Ecke des Lokals sah ich die alte Chinesin sitzen, die mit ihrem »*It will be a boy*« die Fifty-fifty-Chance nicht hatte nützen können. »Ein Name, hinter dem ein so großes Land steht, schützt sie vielleicht.«

»Schutz« war ein Schlüsselwort, das wusste ich, denn Schutz war eine von Sophies Kardinalkriterien. Sie schützte sich, uns, mich, unsere Tochter, und sie beschützte 581 Tier- und 167 Pflanzenarten. Sophie streichelte sanft über den Kopf unserer kleinen Tochter.

»Und du darfst nicht vergessen, in diesem Lokal bekam sie ihr Geschlecht«, sagte ich. Sophie lächelte ihr warmes Mutterlächeln. Die alte Chinesin winkte zu uns herüber. Sie stand auf und kam zu uns an den Tisch. Heinz redete mit ihr auf Chinesisch, die neue Sprache unserer Tochter. Dann legte die alte Chinesin einen kleinen Plastikaffen in die Babytasche. »*It is the year of the monkey*«, sagte sie. Heinz, Hans, Hugo und die alte Chinesin waren die Ersten, die unsere Tochter bei ihrem Namen riefen. »Kina«, sagten sie.

Spön hatte Robert mit dem reparierten Auto von Heidi im »Lot« abgeholt. Agnieszka sagte zum Abschied, er solle an seinem Geburtstag wenigstens etwas trinken oder spazieren gehen, aber nicht arbeiten. Sie käme schon allein klar mit den Hautkranken und Entspannungsuchenden.

»Oh, du hast Geburtstag? Hab ich ganz vergessen. Herzlichen Glückwunsch«, sagte Spön. »Gut, machen wir irgendwas.«

Sie fuhren vom Karmelitermarkt über den Schwedenplatz und die Landstraßer Hauptstraße zum Rennweg, Richtung Zentralfriedhof. Neben ihnen fuhr eine Straßenbahn der Linie 71. Robert schaute aus dem Fenster in die Straßenbahn. Nur alte Menschen saßen darin.

»Ich bin vierzig geworden«, sagte Robert. »Ist das nicht etwas früh?«

Sie schauten sich an, und Spön lächelte. »Wir könnten dir ja schon mal ein Grab aussuchen. Und wenn wir erst einmal auf dem Zentralfriedhof sind, wirst du merken, dass es sich kaum mehr lohnt, noch einmal nach Hause zu fahren.«

An der Tankstelle von Erich Obermayer hielten sie.

»Musst du tanken?«, fragte Robert.

»Nein, wieso?«, fragte Spön zurück. Er hupte. Durch die Scheibe sahen sie Obermayers blonden Mittelscheitel. Er winkte ihnen zu. Kurz danach kam er heraus. In kurzen Hosen. Und in einem Trikot der österreichischen Fußballnationalmannschaft.

»Servus«, sagte Erich Obermayer. Robert erstarrte zur Salzsäule. Verwirrt starrte er den ehemaligen Nationalspieler an.

»Fahren wir nach Hasenleiten!«, sagte Obermayer.

»Alles klar, Chef«, sagte Spön und kicherte.

»Was soll das hier?«, fragte Robert.

»Wir müssen noch jemanden holen«, sagte Erich Obermayer. In Hasenleiten stand vor einem heruntergekommenen Wohnhaus Herbert Prohaska in kurzen Hosen. Seine Fußballschuhe machten laute Geräusche auf dem Asphalt. Prohaska stieg ein, grüßte freundlich und sagte: »Packmers, Burschen. Spieln wir mit den Deutschen Fitschigogerl!«

Robert verfiel nun endgültig in Ehrfurchtstarre.

»Na, endlich«, rief ich, als die vier restlichen Spieler erschienen. Dr. Braun de Praun, der sich inzwischen auch eingefunden hatte, überreichte Robert das Original-Trikot von Robert Sara aus dem Córdoba-Spiel.

»Das hab ich im Museum des Österreichischen Fußball-
bundes für dich ausgeborgt«, sagte der diebische Dentist.

Sophie, 's Gütli und Tatjana sangen »*Que Sara, Sara, what-
ever will be, will be*« und DJ Merchant of Venice beschallte den
alten Fußballplatz mit beiden Hymnen. Robert zeigte mir
den Vogel, und als beide Mannschaften zur Begrüßung an-
einander vorbeigingen, wisperte er mir zu: »Es ist, wie es ist,
und es ist fürchterlich.«

»Also gut?«, fragte ich.

Er nickte und sagte: »Ihr seid vollkommen durchgeknallt.«

»Wenn Südtiroler hier mitspielen dürfen, könnt ihr auch
Pinguine aufstellen. Aus Franz-Joseph-Land«, schimpfte Ben,
als Guido ihn über die Seitenauslinie bodycheckte. 1873 hatte
eine österreichisch-ungarische Nordpolexpedition den Ar-
chipel am Nordpol entdeckt und ihn nach dem Kaiser benannt. So gesehen hatte der Gedanke, den dortigen Bewohnern die österreichische Staatsbürgerschaft zu verleihen,
einen gewissen Charme.

»Es gibt keine Pinguine da oben. Nur Walrosse und Eisbä-
ren und ein paar Rippenquallen«, sagte Rocco und half Ben
auf. Mein Zahnarzt aus Lüderitz war wütend. Als eine meiner gutgemeinten Flanken wieder einmal abgerissen war
wie die alte Stadiontribüne, schnappte Guido sich den Ball
und lief ungehindert auf unser Tor zu, bis Ben ihn unsanft
von hinten umriss. Schnaufend beugte er sich über den am
Boden Liegenden und rief: »*Xam – i ke 'a Lúrún hòan tì kào'ao
káisep 'a laísa, lóm Ilxáí, xápú kxaó, tsií! Háese ra! Xóés! Aróma!*«

Guido blickte ihn verwirrt an und vergaß, dass sein Kreuz-
band schmerzte.

»Der Löwe ist der König aller Tiere, weil er sehr stark ist, mächtig in der Brust, schlank in seiner Taille, und weil er schnell läuft!«, übersetzte Ben flugs.

Guido erhob sich und drohend seine linke Hand. »Du sablhaxater Mauldoktor, fahlts? Cazzata, goggilore, du Dottloff! Gandaloschtia! Huren in die Wend, du Gschtraun! Mi latzlin? Hosch du an Drahner? Muasi dr oan biagn, du Bolsch?«

Bens Khoekhoegowab hatte nicht fremder geklungen als die Wutrede des Südtirolers. Trotzdem bekam Ben von unserem israelischen Schiedsrichter, einem in Tel Aviv geborenen Pantomimen und Chef von Jans Strandlokal, eine gelbe Karte. Er trug ein offizielles FIFA-Schiedsrichter-Outfit aus dem ORF-Fundus.

»Wieso das denn?«, echauffierte sich der Lüderitzer. »Mann, wir Schwarzen müssen zusammenhalten!«

Ben reichte Guido die Hand, um sich fair zu entschuldigen, und Guido nahm die Entschuldigung schließlich an, auch wenn er fortan bis zum Ende des Spiels humpelte. Er hatte Ben die linke Hand geben müssen, denn Guidos rechte Hand lag irgendwo in den Dolomiten, wo er sie als Kind in einer Rübenschneidemaschine verloren hatte.

Doron lief mit dem Ball am Fuß auf unser Tor zu, Jan grätschte ihn von der Seite um. Doron fiel theatralisch ins Gras und stellte sich dann, Nase an Nase und Stirn an Stirn, provozierend vor seinen Freund.

»Wenn ein schwuler Deutscher einen schwulen Juden so foult, ist das schwulenfeindlicher Antisemitismus«, schrie Doron und gab Jan einen Kopfstoß.

Jan fiel brüllend um und sprang wieder auf, sich die Stirn reibend.

»Aha. Und was ist das? Was ist, wenn's umgekehrt ist?«

»Wenn ein schwuler Jude einen schwulen Deutschen foult? Jeder, der einen Deutschen foult, ist ein Gerechter unter den Völkern!«

»Die Piefke muaß ma mim Oasch ins Gsicht foahn!«, rief Ludwig von Franks Feuerwehrbrigade. Frank stand in diesem Moment genau neben ihm. Ludwig klopfte ihm freundschaftlich auf die Schulter. »'tschuldige – is mir so aussigrutscht. Ist nicht gegen dich gmeint.«

Nach 45 Minuten pfiff unser Schiedsrichter ab. Kein Tor war gefallen. Sophie lag im Gras, Kina auf ihrem Bauch. Beide schliefen. Das Spiel war wohl nicht sehr aufregend gewesen, aber wir spielten ja nicht für die Galerie. Ich setzte mich zu Robert in die Wiese und öffnete eine Flasche Frucade Orange. Rocco rauchte. Herbert Prohaska, der kaum schwitzte, weil er sehr ökonomisch spielte, stellte sich zu Rocco.

»Schnorrst du mir eine Zigarette?«, fragte Prohaska, der Fußballer des Jahrhunderts.

»Gern«, sagte Rocco und gab ihm eine Kim.

»Die kenn ich eher vom Damenfußball!« Prohaska lachte.

»Wieso hast du ihm eine Zigarette gegeben. Er hat doch gefragt, ob du ihm eine abschnorrst«, fragte Ronny.

»Er hat gesagt: ›Schnorrst du mir eine?‹ In Österreich ist derjenige der Schnorrer, der die Zigarette hergibt«, erklärte Rocco.

»Aber das ist ja eine völlige Verdrehung der Tatsachen. Das kapier ich nicht. Da wird das Opfer zum Täter«, sagte Ronny. »Wenn ich dich umbringe, bist du dann in Österreich der Mörder?«

»Wenn ich dich umbringe, läuft das in Österreich unter Selbstmord, weil ich's selbst getan habe«, feixte Rocco.

Robert hing inzwischen an Prohaskas Lippen, der von Córdoba 1978 erzählte.

»Das Spiel war eigentlich grottenschlecht. Die Deutschen waren net guat, wir auch nicht. Lustig war's nur im Flieger zurück. Die Deutschen saßen mit uns im gleichen Flieger. Unsere Stimmung war deutlich besser als denen ihre«, erzählte er und dämpfte die Kim aus. »Liebes Geburtstagskind, für mich bist du der beste Mann hier auf dem Platz. Aber ein kleiner Tipp von mir.«

»Ja?«, fragte Robert.

»Zieh die Uhr aus. Mit Uhr spielt man nicht. Das schaut deppert aus im Fernsehen, wennst dauernd auf die Uhr schaust!«

»Wenn sie mich jetzt im Fernsehen bei einem Fußballspiel sehen würden«, sagte Hartmut. »Wie lang könnte ich mitspielen, bis Sie als Profi merken, dass ich kein Profi bin?«

»Bei dir?« Prohaska überlegte kurz. »Bei dir würd ich's schon bei der Hymne merken!«

Erich Obermayer nickte, und ehe Hartmut sich von der Antwort erholt hatte, pfiff der Schiedsrichter zur zweiten Halbzeit.

Schneller, als uns lieb sein konnte, passte sich das Wetter dem Niveau des Spiels an. Die Sonne verschwand hinter dunklen Wolken. Es war, als hätte man das Fluchtlicht ausgeschaltet. Heftiger Regen prasselte auf den Platz. Sophie, Tatjana und 's Gütli spannten die »Bre Regenz«-Schirme auf. Innerhalb weniger Sekunden war mein Lego-Hemd klitschnass.

»Fritz-Walter-Wetter«, rief Hartmut.

»Rapid-Viertelstunde«, rief Robert und klatschte sie selbst ein.

Spön, der mit seinen Schnittwunden auf Stirn und Hand und dem humpelnden Laufstil wegen seiner noch nicht wieder voll funktionsfähigen Achillessehne aussah wie der Überlebende eines Flugzeugabsturzes, rappelte sich auf und sammelte seine Kräfte für einen unrunden Sprint. Ein Botschaftsdeutscher holte ihn locker ein und drängte ihn ab. Spön fuhr seinen Ellbogen aus und rammte ihn dem Diplomaten gegen sein Ohr. Der Vertreter des Freistaats Bayern, der sich als Vertreter der Bundesrepublik Deutschland ausgab, fiel zu Boden.

»Foul!«, schrie er. »Der Irre hat mir das Trommelfell zerrissen!«

Spön stand breitbeinig vor seinem Gegenspieler. Erst jetzt sah ich, dass er das Medaillon mit der Wolfshundkralle an einer Kette am Hals trug.

»Sanft, wenn man ihn liebkost. Schrecklich, wenn man ihn reizt«, erklärte ich Michi oder Ralf.

»Sag mal, auf welcher Seite spielst du eigentlich?«, fauchte er zurück und rieb sich das Ohr.

Ich trabte eine Weile neben Spön her. Sein Medaillon hüpfte beim Laufen auf und ab.

»Ich dachte, du wolltest es nach Sri Lanka schicken?«, fragte ich ihn keuchend.

»Ich hab mit Heidi telefoniert. Sie ist von einem Singhalesen schwanger und will dortbleiben«, sagte Spön.

»Gibt's dort Ayurveda-Gynäkologinnen, bei denen man renovieren kann?«, fragte ich.

Hartmut, der in unserer Nähe war, lachte laut.

»Kennt ihr den? Trifft eine Frau ihren Gynäkologen auf der Straße und winkt. Sagt der Gynäkologe: Ich hab Sie jetzt gar nicht erkannt von außen! Haha!«

Dann versuchte er, einen halbhohen Ball mit der Brust zu stoppen, aber Spön trat ihm von der Seite ins Knie, so dass Hartmut den Ball verfehlte. Aber er ließ sich nicht entmutigen und lief voller Energie dem Ball hinterher.

»Sie will das Kind bekommen und der Singhalese auch«, ächzte Spön. »Soll sie. Behalte ich halt die Kralle!«

»Wow, guter Tausch!«

»Leute, flach spielen und hoch gewinnen!«, brüllte Hartmut tausend Jahre alte Fußballsätze in den Regen. Mir fiel ein, dass Hartmut in Österreich Red Bull Salzburg die Daumen drückte – ausgerechnet den »Dosen«, wie wir sie alle verächtlich nannten, weil sie von dem Energydrink-Hersteller gekauft worden waren.

Ich sah, wie Frank mit gesenktem Kopf und pulsierenden Waden auf Ralf oder Michi aus der deutschen Botschaft zulief und den Ball aus deutschem Besitz zurückholte. Der Botschaftsdeutsche blieb liegen, Frank lief ein paar Meter und passte dann zu Herbert Prohaska, der elegant Bernd stehenließ und in unseren Strafraum flankte. Robert löste sich von einem der Controller der Deutschen Bank, stieg hoch und nickte, wie zu sich selbst, zum 1:0 ein.

Robert lag, alle viere von sich gestreckt, im nassen Gras. Spön, Franz, Doron, Klaus, die Zwillinge und Heinz liefen zu ihm und warfen sich auf ihn drauf. Für Borg war der Weg zu weit, er blieb im österreichischen Tor stehen. Frank schien unschlüssig. Jubeln oder schimpfen? Lag er in Führung oder war er im Rückstand? Robert ballte die Faust und nickte mir zu. Ich nickte zurück und streckte ihm meinen Daumen entgegen.

Hartmut und der Deutschenstammtisch versuchten in der Folgezeit alles, aber Obermayer, Prohaska und die euphorisierten Österreicher ließen sich das Spiel nicht mehr aus der Hand nehmen. Frank wechselte sich irgendwann selber aus, ihm tat die Wade weh. Vielleicht eine Art Abschiedsschmerz. Er saß auf der alten Tribünenruine aus den 20er Jahren unter einer Buche. Würde es jetzt blitzen, hätte er ein gutes Plätzchen gefunden.

Kurz vor Schluss, um kurz vor halb vier, riss der Himmel wieder auf. Die Sonne strahlte, und das Spiel war aus.

»Schau oba, Opa! Wir haben's gschafft. Wir haben's wieder gschafft, Opa!« Klaus kniete auf dem Rasen und streckte die Arme in die Höhe, als erwarte er eine Umarmung.

Kina hatte ihren Butterblumenstrauß fertig gepflückt. Ich umwickelte ihn mit einem langen Grashalm und setzte sie in den Kindersitz. Den Strauß hielt sie in der Hand und winkte damit Robert und den anderen zu. Sophie suchte im Gebüsch seltene Käfer und warf uns eine Kusshand zu. Ich schob Kina über den Kies des angrenzenden Tennisclubgeländes. Auf der Rustenschacherallee stieg ich aufs Rad.

Auf der Jesuitenwiese war Hochbetrieb, im Prater blühten die Bäume. Meine Beine waren schwer. Kina kitzelte mich mit den Butterblumen. Wir fuhren den Donaukanal entlang, die Sonne schien wieder und ließ Kristalle auf dem Wasser glänzen. Mit Vollgas fuhren wir durch eine Pfütze. Kina lachte.

An der Urania war ein Stau. Wir standen an der Ampel zum Ring. Unzählige Busse aus Deutschland, Ungarn und Italien fuhren im Schritttempo an uns vorbei.

»Warum fahren hier so viele Busse?«, fragte Kina.

»Das sind Touristen. Touristen kommen gern nach Österreich«, antwortete ich.

»Ich möchte auch einmal nach Österreich«, sagte meine kleine Endemitin.

»Das machen wir«, versprach ich und streichelte ihr über den Kopf, wie einem schönen, seltenen Tier. Wir fuhren im Schatten der Bäume am Ring bis zur Staatsoper. Überall hingen Werbeplakate für die EM.

»Ist das wegen eurem Spiel?«, fragte Kina.

Ich lachte. »Nein, für unser Spiel haben wir keine Werbung gebraucht.«

Wir bogen nach links ab und rauschten vorbei an der Apotheke »Zum heiligen Geist« in der Operngasse. Hier hatte ich lange vor Kinas Geburt den Schwangerschaftstest gekauft – ein weißes Röhrchen, auf dem zwei blaue Striche erscheinen sollten, wenn das freudige Ereignis sich ankündigte. Als Sophie damals den Test machte und auf das Ergebnis wartete, putzte ich mir die Zähne. Meine Zahnbürste war weiß und hatte am Griff zwei blaue Striche. Plötzlich stand Sophie neben mir und präsentierte ebenfalls zwei blaue Striche. Sie strahlte. »Wer wird sich denn jetzt um die Endemiten kümmern?«, fragte ich sie, während wir uns umarmten. »Wir haben bald selber einen zu Haus. Bis dahin werde ich die Bayerische Kurzohrmaus und die Kärntner Gebirgsschrecke hegen und pflegen«, versprach sie. Als ich Spön von der Schwangerschaft erzählte, bot er an, bei der

Gynäkologin auszumalen, aber wir verzichteten dankend auf sein Angebot.

Auf dem Mittelstreifen der Straße waren Blumenbeete angelegt. Noch immer steckten die Schilder in der Erde: *Vorsicht: Hier schlafen Blumenzwiebeln*, obwohl alles in voller Blüte stand. Vielleicht schliefen bereits neue Zwiebeln unter den blühenden – wer wusste das schon? Über dem Eingang der Secession hing ein Transparent: *Kunst braucht kein Sponsoring. Die Erste.* Die Erste ist eine Bank.

»Hast du Hunger?«, fragte ich meine Tochter, die noch immer den Blumenstrauß in den Händen hielt.

»Ja«, rief sie.

Ich bog zum Naschmarkt ab und rollte mit ihr zum »Naschmarktstadl«. Die alte Frau Resch stand neben ihrem Stand in der Sonne. Seit zwanzig Jahren kannte ich sie inzwischen. Ihr Haar war fahl und dünn geworden, die Haut grau, ihren Kittel hatte sie in all den Jahren offenbar nie gewaschen. Der Duft von zwanzig Jahre alten Würsten klebte in seinem Gewebe.

»Wie geht's außer schlecht?«, fragte sie mich.

»Gschissen. Und Ihnen?«

»A gschissen. Und der Klaanen?«

Sie schaute Kina freundlich an.

»Mir auch. Mir geht's auch gschissen«, sagte meine Tochter und lachte.

In der rechten Hand hielt Kina ihr Frankfurter Würstchen, in der anderen den Blumenstrauß. So erreichten wir unsere Wohnung. Ich blickte auf die Uhr.

»17:25 Uhr«, rief ich und sperrte auf. »17:25 Uhr!«, wiederholte ich etwas lauter.

»Sie hat gar nicht ›Wie bitte‹ gesagt«, wunderte sich Kina.

Wir drehten uns beide um und blickten hinauf zum Fenster der Wie-spät-ist-es-Frau. Es war verschlossen. Auf der anderen Straßenseite sah ich Frau Dvorak mit ihren drei Schäferhunden.

»Frau Dvorak!«, rief ich. »Was ist mit ihr?«

»Hamdraht hat sie sich«, rief sie über die Straße zurück und wiederholte noch einmal: »Heim-ge-dreht!« Dann trottete sie weiter, mit ihren alten, nassen Hunden.

»Was heißt das?«, fragte Kina.

»Das heißt«, sagte ich und überlegte. »… das heißt, sie weiß jetzt, wie spät es ist.«

Sophie streichelte meinen Kopf. Wir lagen im Bett. Meine Beine schmerzten, und ich hatte bereits einen Muskelkater in großen Teilen meines Körpers. Mein Kopf lag auf Sophies Brust. Sie roch noch nach dem Regen und dem Gras im Prater.

»Sie war sehr alt«, sagte Sophie.

»Ja, ich weiß«, antwortete ich und stöhnte. Meine Oberschenkel brannten, und meine Waden, auch wenn sie mit denen von Frank nicht mithalten konnten, fühlten sich steinhart an.

»Wart mal«, sagte Sophie und stand auf. Sie verschwand im Bad. Ich streckte mich im Bett und betastete meine Wunden.

Nach wenigen Minuten kam sie ins Schlafzimmer zurück. »Komm«, sagte sie.

Ächzend rappelte ich mich auf, Sophie stützte mich. In der Badewanne hatte sie ein Schlammbad für mich vorbereitet. Vorsichtig stieg ich in den heißen Schmodder. Auf dem Boden der Wanne hatte sie eine Decke ausgebreitet, mit der wickelte sie mich ein. Mit dem Zeigefinger malte sie mir einen Schlammpunkt auf die Nasenspitze.

»Das war nett von euch«, sagte sie. »Robert hat sich wirklich gefreut!«

Der Schlamm war sehr angenehm. Ich lehnte mich zurück und schloss die Augen.

»Sind Freunde Endemiten?«, fragte ich sie.

»Nein. Die gibt's nicht nur in Österreich. Kängurus, das sind Endemiten«, sagte sie und lachte.

»There are no Kangaroos in Austria«, sagte ich. »Kennst du die T-Shirts mit diesem Spruch? Um Amerikanern den Unterschied zwischen Austria und Australia zu verdeutlichen? Der Spruch ist falsch. Als ich mit Kina im Zoo in Schönbrunn war, haben wir Kängurus gesehen. There *are* Kangaroos in Austria.«

Sophie saß auf einem Hocker neben der Wanne und begann sich die Zähne zu putzen.

»Hollunderschnaps. Ist das ein Endemit?«, fragte ich.

»Müssen wir auf jeden Fall schützen. Und Kernöl. Und auch Uhudler und Kaiserschmarren. Und Wiener Schnitzel und ›gschissen‹ sagen und Ski fahren können, schneller als alle anderen. Und sich kleiner fühlen, aber gleichzeitig wichtiger nehmen, als man ist. Und die Heimat großer Töchter sein, und wenn's regnet, gemeinsam Kanäle auspumpen, und die Uhrzeit sagen, wenn man danach gefragt wird. Und die Dialekte schützen, auch die, die nur in einem eng begrenzten Gebiet vorkommen, so wie die Galapagos-Schildkröten oder die Lemuren Madagaskars oder die Kärntner Gebirgsschrecke. Und unsere Tochter müssen wir auch schützen.«

»Ja, das müssen wir«, sagte Sophie. »Und nicht nur die.«

Sie hielt mir ihre Zahnbürste vor die Augen – dachte ich. Aber es war gar keine Zahnbürste. Und es hatte zwei blaue Striche.

James Frey
Strahlend schöner Morgen

Roman
Aus dem Amerikanischen von Henning Ahrens
592 Seiten. Gebunden mit Schutzumschlag
ISBN 978-3-550-08767-7

Old Man Joe, der Trinker, das Ausreißerpärchen Dylan
und Maddie, Amberton, der Filmstar, der heimlich
Männer liebt, und die behütete Einwanderertochter
Esperanza – sie sind die Hauptfiguren in diesem großen
amerikanischen Gegenwartsroman über die Megacity
L.A. In ihren Geschichten entfaltet sich ein Kosmos
urbanen Lebens, ein Kaleidoskop aus grellen und
dynamischen Bildern, aus Sehnsüchten und zerstörten
Träumen.

»*Strahlend schöner Morgen* lässt sich als Zivili-
sationskritik lesen, als Bestandsaufnahme dessen,
was falsch läuft auf der Welt – Umweltverschmut-
zung, Armut, Gier, Überbevölkerung, Verkehrs-
chaos, Verbrechen. Gleichzeitig ist dieses Buch
eine Feier der Menschlichkeit und steckt voller
Zuversicht.«
Welt am Sonntag

ullstein

Titus Arnu
Nackt am Grill

Ein Mann geht an seine Grenzen
208 Seiten. Klappenbroschur
ISBN 978-3-471-35032-4

Auf der Suche nach dem verlorenen Kick

Einmal im Leben muss man alle Hemmungen sausen lassen, sagt sich Titus Arnu, der seine Abenteuer normalerweise am Schreibtisch sucht. Er stellt sich Mutproben, die in keinem Handbuch stehen. Er steigt als Wrestler in den Ring, stürzt sich von Skisprungschanzen, futtert sich beim Gourmet-Marathon durchs Land und kämpft heroisch gegen Schnecken. Arnu geht selbst dahin, wo es richtig weh tut: auf Grillpartys im Nudistencamp. Die Chronik eines Bürohengstes, der auszog, um seinen Mann zu stehen.

»Titus Arnu hat mehr Ahnung von Männern als Dolly Buster, Marie Curie und Guido Westerwelle zusammen!« *Jan Weiler*

List

Katarina Mazetti
Mein Leben als Pinguin

Roman. Aus dem Schwedischen von Katrin Frey
304 Seiten. Gebunden mit Schutzumschlag
ISBN 978-3-550-08784-4
www.ullstein-verlag.de

Wilma aus Stockholm, Lehrerin und tapfere Optimistin mit Unterbiss, hat es nicht leicht im Leben. Deshalb erfüllt sie sich ihren großen Traum: eine Reise in die Antarktis, zu den Pinguinen. Doch am Flughafen in Paris geht wieder mal fast alles schief: Erst in letzter Minute stolpert sie buchstäblich ins Gate – und Tomas direkt in die Arme. Der wurde vor kurzem von seiner Frau verlassen und vermisst seine Kinder. Traurig sucht er die Einsamkeit – doch da hat er nicht mit Wilma gerechnet. An Bord der *MS Orlowskij* entdecken sie, dass man zusammen weniger allein ist – denn stehen Pinguine nicht immer ganz eng beieinander im eisigen Wind am Ende der Welt?

ullstein